BEAR GRYLLS
贝尔·格里尔斯
天生求生者

BORN SURVIVOR
Survival Techniques from the Most Dangerous Places on Earth

荒野求生

贝尔野外生存手册

Bear Grylls

[英] 贝尔·格里尔斯/ 著　　赵苓汐/ 译

金城出版社
GOLD WALL PRESS

中国·北京

图书在版编目（CIP）数据

荒野求生：贝尔野外生存手册 /（英）贝尔•格里尔斯著；赵苓汐译. -- 北京：金城出版社有限公司，2025. 7. -- ISBN 978-7-5155-2772-7

Ⅰ. G895-62

中国国家版本馆CIP数据核字第20259RW789号

Copyright © Bear Grylls, 2007
This edition is published by arrangement with Peters, Fraser and Dunlop Ltd. through Andrew Nurnberg Associates International Limited Beijing
Translation copyright © 2025, by Gold Wall Press CO., Ltd.

荒野求生：贝尔野外生存手册
HUANGYE QIUSHENG: BEIER YEWAI SHENGCUN SHOUCE

作　　者	（英）贝尔•格里尔斯
译　　者	赵苓汐
责任编辑	龙凤鸣
责任校对	李凯丽
责任印制	李仕杰
开　　本	710毫米×1000毫米　1/16
印　　张	16
字　　数	300千字
版　　次	2025年7月第1版
印　　次	2025年7月第1次印刷
印　　刷	鑫艺佳利（天津）印刷有限公司
书　　号	ISBN 978-7-5155-2772-7
定　　价	79.80元

出版发行	金城出版社有限公司　北京市朝阳区利泽东二路3号　邮编：100102
发 行 部	（010）84254364
编 辑 部	（010）64391966
总 编 室	（010）64228516
网　　址	http://www.jccb.com.cn
电子邮箱	jinchengchuban@163.com
法律顾问	北京植德律师事务所　17600603461

致我亲爱的儿子，杰西与马默杜克。每当我身处困境之时，你们和你们的妈妈如同黑暗隧道尽头的明灯，为我指引回家的方向。

爱你们的爸爸

智慧或许令人钦佩，但有时却无法比拟一种华丽的、不计后果的冲动。这种冲动，恰恰是真正能够激励人类，令人心跳加速、精神振奋的原动力。

　　赢得维多利亚十字勋章的勇士们所凭借的不是智慧，而是在明知困境不可逆转的情况下，依然选择疯狂冲刺的决心。绘制《蒙娜丽莎》或创作《英雄交响曲》的艺术家所依赖的也并非智慧，有智慧的人从一开始就不会投身艺术。为了实现一些疯狂的梦想，人们不惜将自己推向忍耐极限。这并不是智慧的体现，而是他们内心深处的一种倔强。激励人们不惜一切去追求一段看似无望的爱情的，也不是智慧的力量，而是一种无法抑制的激情，一种在濒死时分品尝危险滋味的原始生存冲动。

理查德·莫里森（Richard Morrison），《泰晤士报》

前 言

你知道这些有趣的事实吗？北极地松鼠是唯一已知的能将体温降到0℃以下的哺乳动物。瓢虫翅膀的鲜艳色彩是一种有力警告，受到惊扰时，其腿部会分泌出油性的黄色液体，散发出恶臭气味，以此威慑捕食者。

如今，人们习惯于将自然界称为"荒野"，大自然似乎野性难驯，杂乱无章，是人类无法掌控的一片混乱。但事实并非如此。对自然界了解得越多，我越发意识到，自然是生命的一部分，自有其秩序。若你能花些时间观察就会发现，在植物世界和动物世界的表象之下，有一个静谧的世界，永远在运动、成长、变化，相与为一，步调一致。

讽刺的是，人类世界才是一片"荒野"，真正的和谐只存在于大自然中。在人类世界中，无论走到哪里，都会有混乱的景象：往大了说，是国家之间的对抗，种族与信仰之间的对抗；往小了说，有企业污染河流，行人乱扔垃圾的现象。这才是我们生活中真正的"荒野"与不和谐之处。这一切都是我们自己造成的，也是滥用的结果。大自然与此截然不同，没有贪婪，没有浪费，没有嫉妒。只有在这样的世界里，才会出现生命的奇迹。

雪花莲之所以能够傲然挺过严冬，正是因为大雪覆盖其上，使其免受霜冻的伤害。而在这样的雪地里，赤身裸体的人类

仅能维持几分钟的生命。我曾目睹，在暴风雪的肆虐下，海鹦在 9 级强度的巨浪与北极冰川之间笨拙地拍打着翅膀，但它们似乎沉醉于这惊险的飞翔之中。那时，我和队友们乘坐的刚性充气船上配备了最新的装备、技术和干式潜水服。然而，将要丧命于寒冷与恐惧的却是距离陆地 800 多千米的我们，而非那自由翱翔的海鹦。自然界在各个方面都要比人类更强大。

只有当我回归这所谓"荒野"的自然之中，才能提振精神，感受到内心的澎湃。我的感官逐渐适应周围的一切，我开始能在黑暗中视物，分辨森林的气息，辨别东风和西风。我重新找回了作为人的自我，回归了大自然赋予我的原始形态。自然"荒野"帮助我卸下了人类社会所强加的假面，摆脱了城市街道上压抑已久的敌意，褪去了让人们丧失希望与梦想的麻木。

如今的人们在行走时常常低着头，视线紧盯着人行道。对这些人而言，生活变成了熬过每一天、应付老板、忍受面试的痛苦过程。诚然，这些都很重要，但如果我们的视野仅局限于眼前的人行道，我们将错失多少美好的风景呢？

午餐的间隙，不妨坐在公园的长凳上，抽出片刻时光仰望天空。为什么在大自然的怀抱中，我们会感受到内心的舒畅、激发出无尽的想象力、唤醒内心的雄心壮志与美好梦想？这或许是因为大自然赋予了我们这样的本能。

前言

人生的意义远不止人行道上的步履匆匆。生命只有一次,大自然创造了一个非凡的世界,等待着我们去尽情探索与享受。

尽管人类对自然界造成了种种破坏,但迄今为止,自然界仍是最先进的、最卓绝的生态现象组合。人类最精湛的技术也无法同化茧成蝶的过程相提并论。我敢打赌,你从未认真思考过这一伟大奇迹。

每一次的探险之旅,都让我对世界的奇妙感到惊叹。世界看似渺小,实则广阔无垠,千变万化,每一次探索都带给我无尽的惊喜。你是否知道自然最伟大的魅力所在?那便是隐藏于丛林深处的花朵,它们孤独地盛开,无人见证其美丽,却依旧纯洁、清新、绚烂。仿佛这样的奇迹只是上帝的私心所致,只为他的喜悦而生。

这个世界充满了这样的美景与奇迹,我们有责任去理解、保护并尽情享受它们。人生只有一次,世界处处充满神奇,等待着我们去探索。了解得越多,我越发意识到这个世界还有无尽的宝藏等待人们去发掘。

希望这本书不仅能为你带来生活的启示,更能激发你探索大自然的热情,享受大自然赋予我们的无尽乐趣。自然并不可怕,相反,它是如此美好与可爱。对于一切动物与植物,人类有绝对的支配权。

我曾见过一个矮小瘦削的沙漠牧民,他能同时操控 11 条世界上最致命的毒蛇在他的脚上爬行,简直令人难以置信。

数百年来,我们的祖先传承了许多非凡的"绝技",确保我们能够在最恶劣的

环境中获得食物和水源，并生存下来。我们不能让这些技能消失在历史的长河中。试想，如果你与朋友被困在荒岛上，没有任何补给，而你知道如何从树苗中汲取水分、如何不用火柴即可点燃篝火、如何捕捉蛇类并将其剥皮，这难道不值得骄傲吗？当然值得，因为这是你历经数千年进化的一部分，这是你的生存本能。

现代生活的种种高科技确实让我们的生活变得更加便捷，但它们使生活变得更美好了吗？如果是，为何抑郁症还会如此猖獗？我们是否远离了内心真实的自我？这令人深思。

我只知道，大自然能让我找回真实的自己。当我需要独处时，当我悲伤痛苦时，我会去登山。在山间，我找到了平静与慰藉，那里就像是我的家。我在那里呐喊、痛哭、深呼吸，那就是自然。

运用这本书中的工具，你可以轻松应对冒险之路上遇到的很多麻烦。但最重要的是，运用你的天性。或许你已久未想起这一天性，但它一直都在那里，等待着你去激发。有了自然天赋的陪伴，生活会更加丰富多彩。

所以，不要害怕唤醒你的自然本能，也不要只关注脚下的人行横道，因为生活还有更加广阔的天地。

我喜欢总结。如果你时间紧迫，或者记忆力不佳，请务必牢记本页内容。在生死攸关的时刻，许多人往往误判事物的轻重缓急。因此，在深入了解荒野生存之道的核心内容之前，首先应该掌握的是这些简单易懂的求生顺序。

第一要务

生存优先级

保护（Protection）

在野外生存环境中，自我保护是首要之务。在极端气候条件下（例如，在零下的低温环境中穿着湿衣服，可能会在几小时内危及生命；同样地，暴露在毫无遮荫的酷热中也会有类似的危险），或在面临危险的动物或即将爆炸的飞机等紧急状况时，保护自己始终是首要任务。因此，若因取水而导致自身体温过低，显然是不明智的。

救援（Rescue）

接下来，要为获救做好准备。运用手边能用的任何材料，在避难处附近摆出一个巨大的SOS求救信号。一旦救援人员得知有人被困，将立即展开搜救。因此要把握住早期获救的机会，时刻做好准备。只要周边环境安全，应当原地等待，不要随意走动。如果你在车辆中，不要轻易弃车离去，尽量待在附近。我听过太多这样的故事：酷暑时节，在澳大利亚的内陆，有人汽车抛锚，四处寻找帮助，然而几天后才在离车几英里的地方被发现，死于脱水。因此，要聪明地保证自己的安全，确保自己能被发现，然后等待救援。躲在一个没人能发现的雪洞里并非明智之举。

如果救援人员无法抵达，或者几天过去仍然没有搜救的迹象，那么就需要考虑自救。自救是不得已时采用的手段，但获救才是生存的最终目标，因此必须不惜一切代价自救。用石头或任何能找到的东西在地面留下记号，表明要去的方向和离开的时间，然后做好准备继续前进。

水源（Water）

在确保自己免受风雨侵袭并为救援做好准备之后，必须维持生存，等待救援。此时，饮水问题尤为迫切。以"三"为单位来思考：在没有适当的保护措施抵御极端温度的情况下，人的生存时限仅为三个小时；缺水状态下，只能维持三天的生命；相比之下，没有食物时，人们可以坚持三个星期。因此，明确需求的优先级至关重要，找到水源是当务之急。

食物（Food）

如果计划自救，能量补给则更为关键。但请牢记，在没有食物的情况下，人体内大量的肌肉和脂肪可以供能，生存时间远超过缺水的情况。缺水时，务必限制食物摄入，尤其是高蛋白质食物，因为蛋白质的消化过程需要更多的水分。我们可以学习远古人类的觅食方式，在选择追逐大型猎物之前，先寻找易于获取的浆果、蛆虫或蚱蜢。这样才能真正地维持生存，等待救援的到来。

总结一下，这就是PRWF原则：保护、救援、水源和食物，即生存的第一要务。

目录

第一章
生存基础
001

第二章
山区酷暑
053

第三章
极寒之地
091

第四章
丛林
133

第五章
沙漠
173

第六章
海洋
205

"强大的人在反对声中成长,正如风筝逆风而上。"
——纳尔逊·曼德拉(Nelson Mandela)

第一章

生存基础

灾难时有发生，无论是个人还是社区，甚至是整个社会，都无法避免命运的突然降临。

讽刺的是，在人类发展的当前阶段，我们或许掌握了前所未有的新技术，但也忘记了许多人类祖先曾赖以生存的技能。

如今，我们理所当然地认为，无论身处地球的哪个角落，都可以实时交谈和会面。除了海洋最深处，地球上几乎没有什么地方人类无法到达。科技让我们可以锁定几英尺内的方位；可以跨越大洲发送求救信息，以便救援机构迅速采取行动；可以帮助挽救生命垂危的人；只需按下一个按钮，便可以带来光明和温暖、热水和食物。

然而，当这一切被意外剥夺时，会发生什么呢？

当电力中断，我们骤然陷入深沉的黑暗与寂静之中。电脑和电视屏幕瞬间熄灭，切断了我们与外界的联系；供暖系统停摆，日常洗漱和餐饮变得困难重重。

在这短暂的几个小时内，一切都显得那么不同寻常。我们开始察觉原来自己还有邻居，与陌生人的交谈和互助成为新

穿过佛罗里达州的大沼泽地——这是一个残酷的地方。

第一章　生存基础

的常态；这些行为在平日里并不常见。然而，突然间灯光再次闪烁，我们重返熟悉的日常，轻松地将这次经历视作一段小插曲，深信在很长的一段时间内都不会再次遭遇。

人们对各种技术的依赖日益加深，这是一把双刃剑。从表面上看，现代世界似乎越来越可靠、越来越智能化，但矛盾的是，这种进步反而使人变得越来越脆弱。一旦这些"系统"出现故障，我们在短时间内根本无法应对。

当技术出现故障时，哪怕是最微小的问题，也常常让人感到无助与迷茫。这本书的目的正是要纠正这种失衡，重新教给人们一些曾是人类祖先必需的生存技能。令人惊讶的是，这些技能在生活中早已被淡忘。这本书是一本关于"怎么做"的指南，教导我们在断电后如何求生，以及如何在户外环境中生存下去。

书中探讨了当人们赖以生存的技术被完全剥夺时，会是怎样的情境。或许我们会突然失去与外界的联系，或许会发现自己身处一个陌生世界——可能是沙漠、丛林，抑或是高山冰川。

这一切是如何发生的并不重要。或许是你驾驶的轻型飞机在前往偏远小屋的途中坠毁；或许是在荒芜的原野上与登山队失散；又或许是在山路上遭遇了暴风雪。更加令你难以置信的是，你除了身上这套衣服以外一无所有。你迷失了方向，孤身一人，人们可能认为你已经遭遇不测，因此没有人再继续寻找。

手机或 GPS 留在了文明世界，现在都无法使用。没有安全的栖身之地，没有水源，也没有火源，你不知道自己身在何处，而夜幕已悄然降临。周围潜伏着未知的生物，处处隐藏着危险，天气开始变得非常寒冷。一个打火机、一个水壶或一个睡袋——这些看似普通的物品现在成为生存的关键。哪怕用废弃的圣诞拉炮制作一个简单的指南针也好。但是，这些物品都留在了你曾经依赖的文明世界中，无法获取。

从现在起，你必须在这个绝境中独自求生，或者面对死亡。

本书中的信息将帮助你应对这种情况。在接下来的章节中，我将介绍各种可能遇见的地形，以便让你学习掌握一些求生技能。同时，我将分享我在英国特种空军部队[1]（SAS）服役期间学到的专业求生技能，讲述攀登世界上最高、最险山峰的经历和一些趣闻轶事，以及许多鼓舞人心的真实故事。这些故事中的男女主角在极端环境中克服重重困难并幸存下来，得以分享自己的经历。

我将介绍的许多特殊技能和技巧都与特定的地形有关。例如，在冬季的雪山中搭建庇护所的方法，与在热带雨林中搭建庇护所的方法截然不同。但在本章中，我想首先介绍的是适用于所有地形的常规技能。

---

[1] 英国特种空军部队（Special Air Service，SAS），是全球最精锐的特种部队，也是世界上第一支正规的特种作战力量，以能在短时间内准确而高效的完成任务著称。

生存心理学

当灾难突然降临，我们孤独地置身于充满未知的恶劣环境中，为何有的人能够绝处逢生，而有的人却注定在劫难逃？其实，答案就藏在达尔文的进化论中，简而言之，就是"适者生存"。身体强壮、知识渊博的人，更有可能在各种恶劣环境中成功地生存下来。

在人类与大自然的对抗中，体能和知识发挥着至关重要的作用。宇航员、探险家、山地救援队成员和救生艇员不仅具备丰富的知识储备，更有卓越的身体机能，这决定了他们能够从容应对所面临的严酷环境。

然而，实际远不止于此。几乎所有令人惊叹的求生故事中都有一种无法解释的未知力量"X"，这种力量只能归因于神秘的人类精神。

几乎所有令人惊叹的求生故事中都有一种无法解释的未知力量"X"。

有一些非同寻常的故事值得讲述。这些故事中，有的是著名大型探险失败后的求生故事，有的则是个人意外地陷入危机，在看似不可能的情况下绝地求生。

在第一类故事中，沙克尔顿[1]（Ernest Shackleton）在1914—1917年进行的南极探险是一个典型。当时，整个探险队所乘坐的"坚忍号"船被困在冰山群中，情况危急。然而，一小群人驾驶着一艘敞篷船，在地球上最危机四伏的水域行驶了1300多千米，最后成功寻求到救援，完成了一次令人难以置信的求生壮举。另一个案例则发生在外太空。在阿波罗13号飞船（美国阿波罗计划中第三次载人登月飞船）的三个燃料箱中，两个发生了致命性的爆炸，但船员们却驾驶着破损的飞船成功返回了地球。

第二类故事包括两个美国人海伦·克拉本（Helen Klaben）和拉尔夫·弗洛里斯（Ralph Flores）的经历。1963年2月，他们驾驶的轻型飞机在行驶到加拿大最西部的不列颠哥伦比亚省（British Columbia）和其西北部的育空地区（the Yukon）交界处时，因一场冬季暴风雪而坠毁，但二人幸免于难。尽管身受重伤，没有任何丛林技能和野外经验，而且食物也相当有限，他们还是在接近零下45℃的气温中存活了7个星期。

这两类故事反映出两种截然不同的求生环境，无论是探险队的队员还是陷入危机的个人，都展现出了顽强的意志力和智慧，克服重重困难生存了下来。第一类故事中，两队队员并非普通人，他们具备作家汤姆·沃尔夫[2]（Tom Wolfe）所说的"正确的

---

1 欧内斯特·沙克尔顿，1874年2月15日—1922年1月5日，英国南极探险家。
2 汤姆·沃尔夫，1930年3月2日—2018年5月14日，美国演员，编剧，被誉为"新新闻主义之父"。

品质"，因此需要面对如此险恶的生存环境。

能够入选探险队就已经证明了他们有着过人的身体素质以及坚忍不拔的意志。尤其是阿波罗13号的队员，他们还有大量的训练和经验作为支持，这大大提高了他们在极端环境中生存的可能性。

第二类人的求生故事则更加艰难。这类人没有专业技能，但却拥有隐藏的"X"力量，即求生意志。克拉本和弗洛里斯只是普通人，他们根据天气预报决定飞行计划，这本身就是一种判断失误。由于缺乏相关知识，他们未能利用本书中介绍的所有求生技巧。尽管如此，他们仍然活了下来。这是为什么呢？答案指向了生存的核心——求生精神。如果在生存知识和求生精神之间做出选择，我会毫不犹豫地选择后者。在挑选探险队的队员时，我采用同样的标准，英国特种空军部队选拔士兵也是如此。每个人都可以学习技能，但并不是每个人内心都有燃烧的火焰。

这团火焰是所有求生故事的核心要素。不过，在深入探讨其根源之前，我想先提炼出那些幸存者所展现的重要精神特质。这些"规则"将助你成功应对野外生存的挑战，是"求生意志"中不可或缺的重要元素。

当你孤身一人面对突如其来的困境时，首要任务是保持冷静，避免因惊慌失措而导致情况进一步恶化。在恶劣环境中，物资极度紧缺，体力也十分有限，因此必须谨慎地使用每一样物资，同时努力保存体力。

你必须尽可能客观地审视当下处境。否认困境是紧张情绪下的一种常见反应，但这

沙克尔顿的"坚忍号"船残骸。

样做只会让你失去更多的生存机会。同时，抱持明天就能获救的乐观想法可能会以失望告终，从而严重打击日益低落的士气。

当有人目睹你的艰难，或许会劝你："面对现实吧，你还有其他选择吗？"然而，我和许多灾难幸存者一样，选择以乐观的态度面对困难。根据我的经验，那些自称"现实主义者"的人，往往只是用这个词来掩饰内心的悲观。真正的幸存者眼中看到的是机遇而非问题，是希望而非绝望，是可能而非不可能。

请记住，生与死的区别往往在于你如何选择。你的处境，会随着你看待它的方式而改变。若你觉得自己处境堪忧，毫无生还之机，那么在这场生存的较量中，你已经败下阵来。

相反，如果你选择倾听那些没有野外生存技能但最终活下来的幸存者的故事，你会明白，即使看起来不可能的事情，也有可能变为现实。而最有可能存活下来的人，往往是那些始终坚信自己能够生存下去的人。

与其沉浸在厄运之中，不如集中注意

力，寻找那百万分之一的生存机会。事实上，能够活下来已经是一种超乎寻常的幸运。据统计，大部分受困人员都能在 5 天内获救。请相信这一点，保持积极的态度，你就会永远拥有希望。所有的幸存者都应该紧握希望，这是逆境中的指引之光。

这种情况下，要专注于自己还能活着是多么幸运！

现在，你如同置身于明镜前，长处和短处暴露无遗。但切忌妄自菲薄。人无完人，有人畏暗，有人惧虫。有人认为自己生来胆怯，而更多的人则过分夸大自己的能力，这是最糟糕的生存态度。

请记住，勇气和恐惧是一枚硬币的两面，相互依存。没有恐惧感，就没有真正的勇气。同样，如果不正视并克服自己的弱点，就谈不上真正的强大。在野外，你必须直面每一个挑战，跨越每一个障碍，无论是搭建庇护所、寻找食物还是渡河。只要做到这些，就能逐步建立信心和决心。

情绪的突然变化也会袭扰你的思绪。深知自己可能再也见不到所爱的人，这种痛苦有时会让你感到无法承受。但是，不要试图把这些"负面"情绪压制下去，越是压制，这些情绪则越强大，最终将你反噬。不如坦然地接受这些情绪，巧妙地将它们转化为自身的求生意志。不要顾影自怜，因为一旦失败，你的亲人便不得不承受痛苦，独自生活。因此，为了他们继续前行吧，永不放弃。让家人亲切的面庞成为你指路的明灯，与家人美好的回忆成为你力量的源泉。

水疱、痛苦和疲劳可能会持续一周，也许一月，也许一年，但总是暂时的。在这漫长的人生旅程中，生存的喜悦、重聚的欢欣，以及回首往事的骄傲，却永远不会消逝。

许多人在讲述自己如何幸存下来的故事时，都会分享他们的思想活动。一方面，他们能够果断而清晰地思考，专注于手头的任务，将其分解成一个个切实可行的目标；另一方面，他们还能牢记崇高的信仰或家庭观念，这些信念帮助他们跨越了看似无法逾越的障碍。

思想是我们最强大的武器。那些在囚禁中忍受酷刑和孤独并幸存下来的人向我们展示了巨大的思想力量。

他们常常谈及，思想是逃离困境、克服困难、战胜痛苦的利器，甚至是喜悦的来源。

看看这个特别的案例。贝克·韦瑟斯（Beck Weathers），新西兰人，参加了 1996 年那场致命的珠穆朗玛峰探险。在那次探险中，短短几天就有十多名登山者遇难。贝克在珠峰附近遭遇了暴风雪，昏倒在地一动不动，严重冻伤，极度脱水，生命体征表明他已死亡。然而，两天一夜之后，他却挣扎着站了起来，成功下山。

卡姆勒博士（Dr Kamler）在其著作《极限生存》（*Extreme Survival*）中详细描述了人体在濒临死亡时是如何应对急性压力的。在最极端的情况下，脑干深处一个名为扣带回的区域将接管一切工作，压制大脑接收的所有感官、情感和理性输入，从而"创造"自己的现实。扣带回似乎是濒死经历中一些奇迹发生的源头。

但是，正如卡姆勒博士所写，尽管科学手段能够检测到扣带回发出的脑电波，"但始终存在着一个难以逾越的神秘障碍，阻碍着我们了解自身。人类意志的根本性质一定是不可知的。最终，解释极端环境中的生存奇迹不仅需要科学，还需要信仰"。

那么如何唤醒这份求生的热情和斗志呢？这是每个人都具备的，还是只有极少数人才有呢？我相信，每个人身上都有这种精神。或许，我们一生都在追逐虚无的浮华，以至于将它遗忘在了岁月的尘埃中。金钱、财产和地位都只是过眼云烟，无法点燃内心的火焰。

很多时候，只有身处这种噩梦般的生存境地，所有浮华褪去，我们才会停下脚步，让内在的精神重新燃烧起来。人的精神或意志是压制不住的，也是无法完全扑灭的。无论压抑了多久，它们都能在关键时刻重新燃起。在第二次世界大战中，那些试图摧毁众多抵抗战士的党卫军士兵，就是最好的例证。尽管他们可以施以殴打和镇压，但只要人们内心的意志和精神仍在燃烧，他们就无法真正取得胜利。

那些依赖意志和精神生存的人，常常谈及信仰的力量。尽管有时难以察觉，但信仰却是他们生活的动力和支撑。每个人都需要希望，远比你以为的要多。希望也需要一个寄托之处，对我而言就是基督教的信仰。每个人都有自己寻找信仰的方式，而耶稣基督点燃了我内心求生的火焰。身处孤独、恐惧和寒冷中时，还有比耶稣基督更好的陪伴吗？只有自大的人才会说自己什么都不需要。

因此，我相信每个人都有绝地求生的能力。事实上，这是人类的核心本质，如果没有这种能力，人类这个物种不可能延续至今。但在科技发达的现代社会中，我们被"保护自己不受任何伤害，甚至是死亡"的观念，以及科技所束缚，越是这样，人性的另一面就越是试图挣脱。

如今，我们前所未有地注重安全，但同时也渴望着冒险。这无疑解释了为什么如此多的冒险家都表示，只有在面对极端危险时，才能感受到"真正地活着"。矛盾的是，只有当他们直面死亡时，才最能领悟到生命的真谛。

或许最终我们要承认，人与自然是紧密相连的，是奇妙造物的一部分。我相信，这种创造的根源最终归结于信仰问题，而不是科学问题。无论信仰是什么，如果没有信仰，我们就像船失去了舵，就可能失去人类曾经拥有的所有航海图。这是我们绝对不想看到的场景。

火：上帝的礼物

掌握如何生火是早期人类最伟大的发现之一。车轮的发明也相当了不起，但在生死攸关的时刻择其一，我想答案不言而喻。在世界上的某些偏远地区，居民生活中不需要使用车轮，但无论在何处，火对于人类生活都是不可或缺的。

当你置身于危机四伏的荒野之中，四周漆黑一片，寒风刺骨，此时，只有火是你真正的朋友。自古以来，火就被视为上帝的礼物，是神圣之光的化身。

火带来了光亮和温暖，还能驱赶野兽和害虫，有了火就有了做饭和烘干的地方。但在没有现代方法和现代设备的情况下，要想让火燃起来却是一项艰巨的任务。因此，我们对这个神圣的朋友必须给予应有的爱和尊重。

在日常生活中，安全火柴、打火机以及各种燃料如汽油和引火物等，都是我们习以为常的物品。但这些随处可见的生火材料其实是在近代才开始被广泛应用

火能给予温暖和光明，带来舒适和保护。

第一章　生存基础

的。自 19 世纪初，塞缪尔·琼斯（Samuel Jones）为路西法火柴[1]（Lucifer Match）申请专利以来，摩擦起火式火柴（类似于我们今天使用的火柴）开始进入人们的生活。而在此之前，从古到今，摩擦起火的技术几乎没有改变过。

现代方法点火快速便捷，省去了生火所需的耐心。自地球诞生以来，燃烧的化学反应从未改变过，即适量的空气、热量和燃料的组合。但在缺少现代化学物质的情况下，我们似乎丧失了为火创造适宜条件所需的心态。

在野外，耐心显得尤为重要。事实上，如果没有耐心，你的处境只会越来越艰难。日常生活中总是不够用的时间，此刻突然变得充裕起来。我们必须摈弃一蹴而就的想法，任何急于求成的尝试都可能破坏生火的条件，而火可能会是你的救星。

在雨水或潮湿等不利的环境因素下，生火确实会面临挑战，但在大多数情况下，只要有坚定的决心，就一定能够把火点燃。生火的秘诀在于周全的准备工作，而其中最为关键的便是耐心。花上两个小时精心准备，确保火种的点燃，总比匆忙一个小时后火势熄灭来得更有价值。

请始终牢记，资源是有限的：精力、士气、燃料和火花都可能消耗殆尽。时间或许是你唯一可以挥霍的资源，但即使是时间也需要谨慎地管理。尽量在夜幕降临前把火点燃，因为在黑暗中寻找合适的生火材料将更加困难。

自古以来，火就被视为上帝的礼物。

生火有一套标准程序：选择合适的地点，寻找并准备最佳材料来制作火绒、引火物和燃料，制造火花，呵护火焰以及布置火堆。每一步都需要精心策划，有条不紊地关注每一个细节。针对不同的地形条件，你可能需要在这个基本模型的基础上作出相应调整，但原则是不变的。

选址

谨慎选定生火地点。在选择庇护所的搭建位置时，迎风或背风是重要的考量因素。围坐在篝火旁的人都知道，风向是多变的。但少量烟雾是可以容忍的，而且还有额外的好处，那就是可以有效地驱赶蚊虫。

用烟熏蜂巢来取蜜。

---

[1] 在现在的火柴盒上，人们经常能看到安全火柴（Safety Match）的字样。在安全火柴发明之前，人们使用的火柴名叫路西法火柴（Lucifer Match）。这二者最本质的差别就是火柴头燃烧的化学物质不同。如今的安全火柴是依靠红磷燃烧，而路西法火柴则是依靠白磷燃烧。

009

不过，当风势过大时，可以考虑在背风处生火，比如巨石、堤坝或树干背后，或者在两根圆木的 V 字形交叉位置生火。

另一种选择是挖一条沟，在沟中生火，这样也能减少风的影响。如果地面足够平坦，下雨时雨水就不会流进住处，这样更加理想。应避免在树旁、冰墙旁，或在任何融雪会从上方滴落的地方生火。

夜间如何取暖是选址时需要考虑的问题。如果环境温度太低，则把火堆生在触手可及的地方，这样可以最大限度地利用热量，在夜里照看火堆也省心省力。一个构造简单的热量反射工具能够将热量反射到我们身上，从而显著提升温度。这种反射工具可以是倒下的树干，或者火堆另一侧的一堆小石头。更有效的方法是将两根倾斜的立柱固定在地上，两根柱子之间堆放小树枝。这种倾斜的热量反射工具背向着火堆，效果最好。

很少有事情能这样美好：半夜时分，躺在温暖的庇护所里，懒洋洋地伸出手来，给火堆添一根柴。因此，应将木材放得近一些，但也不能过于接近，以免对自己或装备造成危险。

观看自然电视节目——我的火堆。

第一章 生存基础

选定生火地点后,首先清理出一块约2平方米的地面,深度直至土壤或岩石裸露出来。

无论季节和天气条件如何,直接在地面上生火往往会遇到困难,因此一定要先用小木条或石头在地面上搭建一个平台,以便生火。如果无法避开沼泽地,可以用纵横交错的木头搭建一个高台,再垫上木条,铺上几英寸厚的土。如果条件允许,应优先选择新伐的木材做燃料,这样可以确保火堆持续燃烧,不会过早熄灭。

生火三大要素

生火的三大要素分别是火绒、引火物和燃料,三者之间的区别在于它们的易燃性和燃烧速度不同。要想顺利把火点燃,三者必须同时具备,另外还需要适量的热量和氧气。

火绒

火绒是生火的重要元素之一,现代方法已基本将其淘汰。在安全火柴尚未问世之前,人们常常随身携带一个"火药盒",内含打火石、钢块和火绒。火绒通常是烧焦的棉花,只需火星便能点燃。现在的首要任务就是寻找天然火绒。

大自然会一如既往地慷慨解囊。根据经验,我们应尽可能在地面寻找火绒。土壤本身很潮湿,但灌木丛中的小树枝或枯树上的枝条通常会比较干燥。理想的火绒应能被轻松点燃,因此细小蓬松的纤维材料最合适,例如鸟巢或鼠窝的里层、干苔藓、干草、松针、香蒲、干棕榈或蕨类植物。为保证火绒能在低温下燃烧,并获得充足的氧气供应,必须将这些材料拉扯开、撕碎并梳理整齐。为了达到最佳效果,干木柴的厚度不能超过牙签。

在此过程中一定要随机应变。一旦你熟悉了哪些是优质火绒,接下来的寻找就会变得相对简单。例如,铁线莲的种子头部带有绒毛,这类植物极易点燃,与枯草混合后便能形成蓬松的火绒团,火星落在上面就会燃烧。如果你用的是干草,则至少需要揉成柚子大小的一团。

此外,许多蘑菇的纤维状内壁也是丰富的火绒来源。例如,木蹄层孔菌,俗称火绒菌,在许多林地树木上很常见,它类似干燥、柔软的腐木,可以被碾成一堆可燃的碎屑。

在阴雨绵绵,寒冷刺骨的天气里,生火确实更具挑战性。但只要我们稍加努力,火焰一定能燃起来。要时刻注意保护好自己,并确保火堆和所有材料都遮盖妥当。

011

应尽可能在地面寻找火绒。

另外,保持火绒干燥也至关重要。为了实现这一点,在找到合适的材料后,务必将其捡起来放入口袋或贴身处。如此一来,这些材料就会在你走动的过程中变干,稍后便可使用。

选择树皮等富含树脂的材料做火绒也会有帮助。例如,桦树、杜松、雪松和云杉中的树脂丰富,比大多数植物更耐潮。用小刀将小木棍刮成"火棒"(如下图),露出更为干燥的树枝内部,为接触火花提供更大的表面积。这些小木棍可以用来引火,就像简易火柴一样。

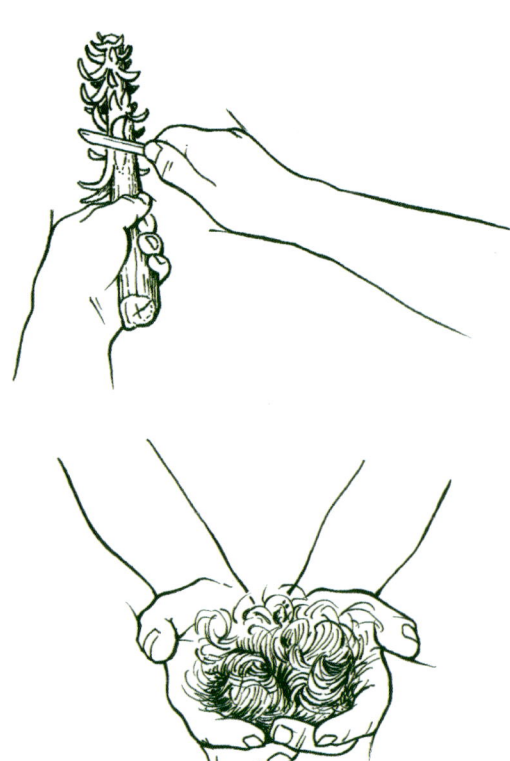

一些寻觅到的人造物品也非常有效,如棉絮、卫生棉条或剪成条状的胶片。再次强调,准备工作不容忽视。将卫生棉条揉成绒毛状,这样棉条的密度就不会太大,空气也能流通。

最后,记得收集你认为所需数量两倍的火绒,以备不时之需,避免第二天早上需要重新收集。

引火物

引火物是火绒和主要燃料之间的中介。为确保有效引燃主要燃料,引火物需要燃烧足够长的时间。由于火绒产生的火焰持续时间较短,温度也相对较低,因此引火物必须足够小,才能轻易点燃。将松树等软木切成铅笔大小的细条是最佳选择。

一旦火焰成功燃起,我们可以逐渐添加更大块的引火物,直到火势足以点燃主燃料。常绿植物的枯枝富含树脂,是很好的引火物,但其燃烧速度较快。

燃料

我们的主要燃料最好能够燃烧足够长的时间。理想情况下,其燃烧速度应足够慢,以节省木柴,同时产生足够的热量,并留下可重复使用的"煤炭"。

燃料的类型将决定火势如何,以及其适合烹饪还是取暖。软木(针叶树、雪松、云杉和松树等常绿植物)比硬木(山核桃木、山毛榉和橡树等阔叶树)燃烧得更猛烈、更迅速,但产生的烟更多、热量更少。硬木一开始较难点燃,但炭化后不易熄灭,可以用泥灰覆盖来保持焖烧状态，以便在早上重新点燃。在收集燃料时，要寻找地面上比较干燥的材料，最好是枯树枝。

树枝越是垂直于地面，雨水落在上面的面积就越小，树枝就越干燥。此外，动物粪便也是理想的燃料。在印度部分地区，有些人收集并晒干大象粪便，将其作为取暖燃料进行出售来谋生。在野外时，我经常用大象粪便做燃料，虽然气味不佳，但效果很好。

关键的火花

在精心准备好所有生火材料后，现在我们需要一种有效的方法以产生足够的热量制造火花。因为没有这一朵关键的火花，所有的努力都将付诸东流。如果你幸运地随身携带着一些火柴，那就太好了。但请务必确保火柴干燥，并节约使用：当一根火柴足以解决问题时，千万不要用两根。

然而，仅仅拥有火柴并不意味着你能立刻点燃火焰。大多数现代点火材料的可燃性有限，且极易受潮，不适用于极具挑战性的情况。最终，你可能会发现自己不得不采用祖先的原始办法来生火。

摩擦起火

最原始的生火方法是通过摩擦产生热量。其原理是通过快速摩擦木头，产生细小的焦木屑，这些焦木屑会形成余烬，点燃火绒，最终燃起熊熊大火。

弓钻取火法

弓钻取火法是最古老、最有效的摩擦生火方法之一，至今仍被世界各地的土著居民所沿用。

其原理是将一根类似钻头的主轴插入木质底板中不断旋转，摩擦产生足够的热量从而产生余烬。由手拉动弓旋转钻头，其旋转效率极高，这是本文提到的所有摩擦起火方法中最为高效的一种。通过使用压板（最好是硬木制成），钻头可以向底板施加极大的压力（如下图）。

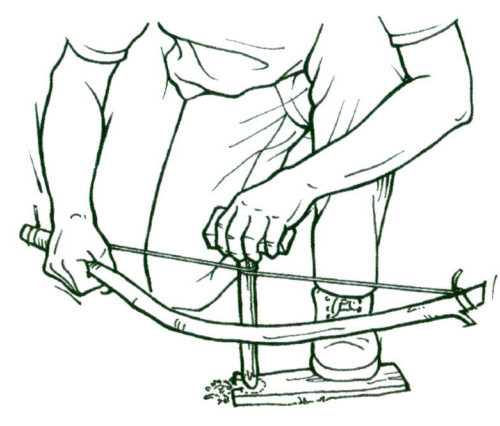

弓钻取火法的三个主要元件是钻头、弓和底板。务必确保这些元件坚固耐用，尺寸合适，并由恰当的木材制成。在理想的情况下，钻头与底板应采用同种木材，桦木、桤木、梧桐木和柳木都是不错的选择。

底板

底板最好是一块厚约2厘米、宽约10厘米、长约20~25厘米的风干木板。

拉动弓旋转钻头时，需要用脚踩住底板，使其固定不动。因此，底板的尺寸只要适合用脚踩住即可。接下来，在底板侧边一厘米处挖一个凹槽，以便钻头插入其中并旋转。然后在底板边缘开一个小口，与凹槽相通。当凹槽中形成了余烬，就会通过这个小口掉落到余烬盘上，从而点燃火绒。

钻头和压板

钻头上端应该逐渐变细变钝，以减少与压板的摩擦。相反，钻头下端可以更粗糙、更宽大，与底板上的凹槽紧密贴合，以最大限度增加摩擦力。压板可以是一块光滑的石头或硬木，适合放在手掌中，一侧稍有凹陷，以便放置钻头。为进一步减少摩擦，可以尝试将草塞入压板凹陷中。

生两堆小火，分别用于烹饪食物和取暖照明，这样做比生一堆大火更为高效。

弓

弓应选用具有弹性的新伐木材制作，直径约为1.5厘米，长度可达1米。尽量将木材两端切割出自然的凹痕，为绳索提供卡点，绷紧绳索并在弓的两端系紧。

余烬盘和火绒巢

余烬盘可以用各种薄的材料制成，只要能够塞入底板凹槽下方并接住余烬即可，干燥的薄树皮是不错的选择。接着把火绒扯松，团成鸟巢形状，捧在手中，小心翼翼地将钻头推入一半，在火绒巢中形成一个半圆形的小坑，这就是稍后放置余烬的地方。

生火

接下来到了最精彩的部分。将弓绳绕着钻头转一圈，钻头下端对准底板凹槽，压板放置在钻头上端，余烬盘放置在底板的缺口下方。单膝跪在底板上，尽可能靠近凹槽，但不要挡住钻头。然后来回拉动弓，持续向下施力，使钻头旋转。保持动作平稳而连贯，不久，凹槽周围会开始有烟雾出现，此时，要加快拉动速度并加大力度。当凹槽周围冒出浓浓烟雾时，停止拉动，小心翼翼地将余烬通过缺口抖落到余烬盘上。轻轻扇动带着火星的余烬，小心地将其转移到先前准备好的火绒巢中，轻快地吹气，直到火绒被点燃。

钻木取火法

钻木取火法的原理与弓钻取火法相似，都是通过钻头和底板之间的摩擦产生余烬。二者主要区别在于钻头旋转的控制方式。在钻木取火法中，钻头是通过双手来回旋转控制的。

在潮湿的天气里，因为难以保持稳定的摩擦力，这种方法会受到一定限制。为了顺利取火，要确保钻头光滑笔直，没有凸起，以免在旋转过程中伤害双手，可以在手上吐口水以提高抓力。手不要握得太紧，先轻松地来回搓动，再稳步加快旋转速度，同时从上到下转动钻头。

火绳法和火锯法

在热带地区的原住民中,火绳法和火锯法是两种广受欢迎的生火技巧。火绳法利用一根细长的藤条,在劈开的木棍之间来回用力拉动,从而产生热量。而火锯法则是将两根竹子放在一起摩擦产生热量。

现代生火方法

打火石和钢、镁块、放大镜、望远镜和照相机镜头等现代发明都能产生火花,为点燃火绒提供能量。此外,把汽车电池和普通手电筒电池的接线柱与电线交叉,也可以产生火花。

虽说受潮的火柴可以在阳光下晒干,但更好的防水方法是把火柴放在头发上摩擦,或浸入蜡中。无论天气如何,打火石和钢一起刮擦都能产生火花。镁块上削下来的碎屑与火绒混合也会大大提高生火的成功概率。另一个方法则是将镁混合到打火石中,以产生质量更高的火花。

高锰酸钾等化学物质与乙二醇类防冻剂或糖混合也能产生火花。

火的类型

生火和添柴的方法多种多样,因此,在生火之前,我们需要明确火的主要用途,以便更有效地利用燃料。一个明智的选择是生两堆小火,分别用于烹饪食物和取暖照明,这样做比生一堆大火更为高效。做饭用的火需要平稳燃烧,以便在上面放置烹饪工具,因此柴火交叉摆放是最好的。

为了防止地面潮湿对生火造成影响,我们可以搭一个小型圆木台,这对生火很有帮助。在寒冷的天气里,应将积雪清理干净,露出地面,或在雪地上用树枝搭建一个平台。

交叉形火

交叉形火的木条呈十字形交叉摆放,层层叠叠,能充分释放热量,并留下一层厚厚的的余烬,非常适合烹饪。我最喜欢用这种火。

星形火

星形火顾名思义是将厚木块呈星形缓慢地送入中心区域。这种方法能够避免切分笨重的原木,并为炊具提供一个稳定的平台。

长条形火

在寒冷的冬季,平行铺设的长条原木是开放式庇护所取暖的最佳选择。这种方法提供了足够的空间和稳定的平台,可以放置一些烹饪工具。

圆锥形火

圆锥形火的形状像印第安人旧时使用的圆锥形帐篷,火焰在中间燃烧,像一个通风良好的烟囱。这种方法的优点是可以提供更多光线,但缺点是燃烧得更快,且稳定性较差。

壕沟火

这种方法非常适合在强风中生火。顾名思义,你需要挖一个长度约1米,深度和宽度各30厘米的壕沟,沟内铺上石头。这些石头随后可以埋在土里,整晚都能提供地面热源。一定要小心潮湿多孔的岩石,比如砂岩,这类石头可能会爆炸。有一次,我在冰川河流里差点体温过低,是这种火床救了我的命。

蛇洞火

在斜坡背风处挖一个洞,用一根棍子或其他工具从上方推入,这样就形成了一个烟囱。通过在地下生火,可以集中热量源用于烹饪,而且还能节省燃料。这种生火方式能够吸入大量空气,减少烟雾产生,在大风中也能轻松点燃。

> 你可以用灰烬或干燥的矿土覆盖火堆,让火在夜间继续焖烧;还可以把树皮卷成管状,用来运送燃烧的木材。

第一章 生存基础

无论是哪种类型的火,保持其高效燃烧的关键均在于仔细调节气流,并确保木柴紧密排列,避免不必要的热量损失。火焰中最热的部分并非火焰本身,而是烧红的木炭。受热均匀的炭床热量从周围的岩石上反射回来,最适合烤肉和烧烤。

运输火种

经过一番努力成功生火后,宝贵的火种值得保留下来。寻找干燥的火绒往往是最困难的环节。因此,我们可以点燃一些多余的布料,制成炭布,或者携带一些生火留下的木炭碎片,这些木炭即使数月后也很容易点燃。

你可以用灰烬或干燥的矿土覆盖火堆,让火在夜间继续焖烧;把树皮卷成管状,用来运送燃烧的木材。

穿越阿尔卑斯山(the Alps)的雪崩地区。

017

准备食物

无须多言，即使在最绝望的情况下，也应该把卫生问题置于首位，尤其是食物卫生。一旦降低卫生标准，比如用脏手处理食物，你必然会为此付出代价，而这个代价可能危及生命。要知道，即使是轻微的胃病也会导致脱水和疲劳。

因此，养成良好的卫生习惯，做到每天洗脸、洗手、洗脚和刷牙至少两次。每次准备食物时，务必彻底洗手。如果无法获得流动水源，也要尽量用其他方法代替。比如，尝试在湿润的灌木丛中搓手，甚至使用干燥的泥土进行清洁，也比完全不清洁要好。

> 最好猎捕小型动物，如兔子、蛇、蜥蜴和鸟类。

野生动物

独自狩猎大型野生动物不仅费时费力，还极度危险。而且由于你只能随身携带有限的肉，大部分猎物很可能会被浪费。因此最好猎捕小型动物，如兔子、蛇、蜥蜴和鸟类。

兔子

首先取出兔子内脏，然后剥皮，去掉头和脚。把剩下的兔肉用锋利的木棍串起来，放在热炭上翻转烤熟。

蛇类

去掉蛇的头部、外皮和胃，将蛇肉切成片，放在热炭上烧烤味道最佳。除此之外，也可以将整条蛇缠在一根木棍上，再用一些藤条蔓草将蛇肉的上下两端固定进行烤制。这种方法的烤制效果很好，而且比较省时。

蜥蜴

只需去掉蜥蜴的头部和内脏，然后带着皮在热炭上烧烤即可。

鸟类

如果不立刻处理鸟的头部、羽毛和内脏，鸟肉会很快腐烂。还应尽快放血，血液中富含营养物质，不要浪费，趁热饮用味道最佳。接着把鸟肉包裹在树叶或薄树皮中，直接放在热炭上烤熟。

鱼类

将鱼内脏清理干净，保留鱼鳞，用树叶或树皮包着烹饪。揭开覆盖物后，鱼鳞就会剥落，露出里面熟透的鱼肉。一个判断鱼是否煮熟的技巧是观察鱼眼：当鱼眼白从鱼眼窝里跳出来时，说明鱼已经熟了。

保存肉类

如果你成功捕杀了鹿等大型动物，而未来一段时间内食物供应可能紧张，那么可以尝试把新鲜的肉进行烘干或熏制，以延长其保存期限。

第一章　生存基础

但这一过程需要你在捕获猎物的地点停留两到三天,因此,如果你每天都在行进,那么最好不要尝试这种方法。

所有动物(包括人类)体内的含水量都高达70%,去掉水分后,肉也会更容易携带。但肉中的脂肪不会变干,还容易滋生细菌,因此要将脂肪去除,煮熟并食用。然后将猎物切成条状,越细越好,以增加风干的表面积,帮助干燥。

在地面上以45度插入一些尖锐的棍子,然后把生肉条挂起来,这样所有的肉都能均匀地暴露在阳光和空气中。如果周围苍蝇很多,最好用慢火熏肉。一般来说,树皮是很好的燃料,但不要使用冷杉或松树的树皮,因为它们会产生烟灰,使肉变质。

储存食物

务必确保所有食物都远离昆虫和捕食动物的嗅觉范围。柔软的水果和浆果最好包裹在树叶或苔藓中保存;若身处海边,可以用海藻包裹海鲜,保持湿润。此外,千万不要在庇护所或露营区存放食物,这会吸引不速之客,它们可能会把你当作食物吃掉。在落基山脉(Rockies),灰熊和棕熊是很大的威胁,我会把所有吃剩的食物放在一个罐子里,用绳子将其悬挂在离营地至少100米远的树枝上。

> 此外,千万不要在庇护所或露营区存放食物,这会吸引不速之客,它们可能会把你当作食物吃掉。

在加利福尼亚的内华达山脉(Sierra Nevada)用明火烧烤捕到的鱼。

导航与天气

除非确保停留在原地能获救，否则必然要适时地迈步前行。在调整好心理状态并明确自身处境之后，确定地理位置与方向便成为首要任务。

据我的经验，面对不同地形，所需的知识和技能也各不相同。地面的自然特征，实际上是大自然赋予的珍贵线索，为我们提供了有力的方向指引。不同地形，如沙漠、丛林、极地等，提供的信息各不相同，我将在后续章节中具体阐述。

在这里，我想介绍一些关于生存导航的原则。当你独自一人，身处陌生的环境，没有全球定位系统、地图、指南针或其他导航工具的辅助时，这些原则将成为你求生的关键指南。

在决定离开一个地点之前，你需要明确自己的目标和方向，并确定当前位置无法获得救援。同时，你需要权衡可携带的装备和补给品（如果有的话），并考虑天气可能带来的影响。

若你所在的位置地势较高，或者能够清晰地观察周围地形，那么在脑海中或纸上绘制一份地形草图将很有帮助。同时要注意明显的地标，以及山脊和河流的走向，这将有助于在行进过程中重新确定方向。

临时导航工具

了解指南针四个方位基点的方向，对于决定行进方向至关重要。在缺乏明显特征的地形中，如沙漠或海上，基本方向变得尤为重要。如果连自己所站方位的东南西北都不清楚，一切行动将徒劳无功，因为你很可能只是在原地打转，最终耗尽自己的能量和水分。

以下是一些简单但非常实用的临时导航工具，我经常使用这些工具来定位。

木棍成影法

首先，寻找一根长约1米、拇指粗细的直棍，折掉所有小枝，以便观察准确。然后，将这根棍子垂直插入平坦松软的土地中，在棍子的阴影尖端仔细做上标记，等待15分钟后，再次在阴影尖端做标记。两个标记之间的连线即为东西轴线，与这条线成90度画一条线，即为南北轴线。

在北半球，将你的左脚放在第一个标记上，右脚放在第二个标记上，则面向正北。在南半球则恰恰相反。

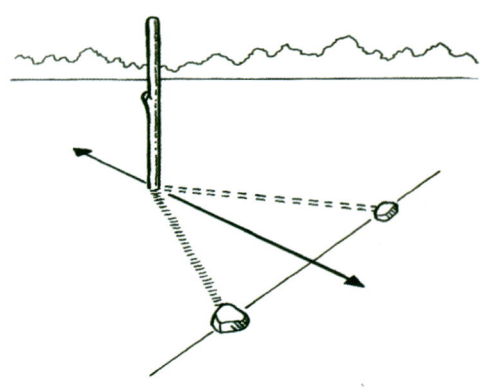

手表法

如果你身处北半球，戴着能正常工作的手表，那么可以很容易地推算出基本方位。将时针指向太阳，然后平分时针和12点之间形成的夹角，画一条线，这条线就是南北轴线。

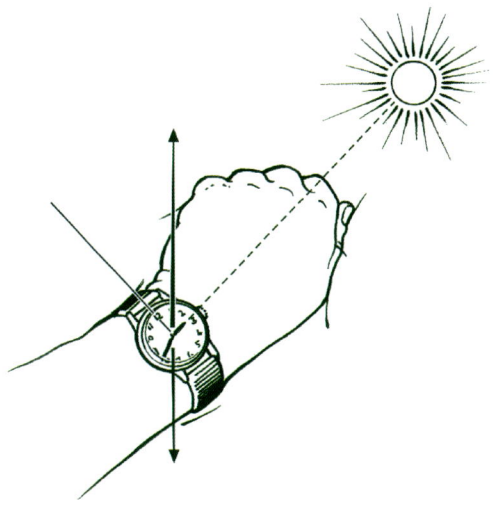

记住，太阳从东方升起，从西方落下。通过观察太阳在天空中的位置，结合当前时间，你可以轻松判断出这条线的哪一端指向北，哪一端指向南。

若身处南半球，则将12点钟的位置对准太阳，然后将时针与12点之间形成的夹角一分为二，就能得出南北轴线。

如果你使用的是电子表，只需在地上模拟一个表盘，根据所处半球，将时针或12点刻度对准太阳即可。

简易指南针

除铝、银和金等金属之外，其他任何易生锈的金属薄片都很容易磁化制成指南针。针或剃须刀片是最合适的材料，甚至拉直的回形针或铁丝网也能派上用场。如果能找到一块磁铁（例如扬声器或耳机中的磁铁），那就更完美了。此外，一片丝绸、合成材料（如降落伞）或你的手背，都能产生微弱的磁力。

制作指南针的关键步骤是摩擦金属物体。沿金属物体的长边摩擦大约30次。如果你使用的是合成材料，要注意在每次摩擦后将针提起，再从相同的位置重新开始。摩擦完毕后，将针放在一片薄薄的树叶或树皮上。如果使用刀片，则将其悬挂在细线末端。这时，针或刀片会慢慢地向南北方向移动。

另一种方法是使用电池对针进行磁化。在针上缠绕一些绝缘线，如果电线是非绝缘的，则用树叶将针包起来。将两端连接到电池两极（电池至少有两伏），然后等待5分钟即可完成磁化。

请记住，这两种方法磁化的磁性会很快消失，需要经常给针"充电"。还要记住，在北极地区，磁场的变化会使指针产生较大偏离。

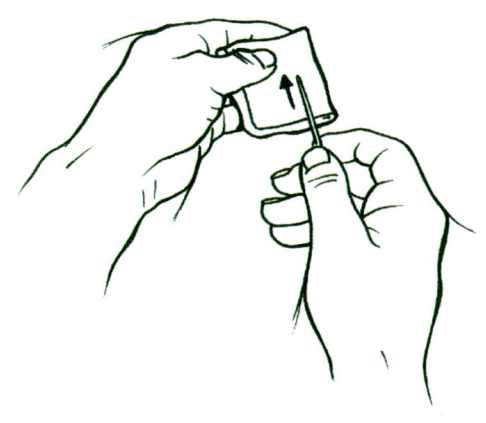

天体导航原理

在广袤的沙漠和无垠的海洋中，地形特征无从寻觅，此时，掌握太阳系的基本知识和天体相对于地球的移动规律，或许能成为关键时刻的救命稻草。

在晴朗的夜晚，抬头仰望星空，我们可能会被眼前浩瀚的景象所震撼。对于远古的人类祖先来说，用生动的故事和形象来解释天体运动，无疑更贴近他们的认知。夜空中移动的星群仿佛构成了一幅幅熟悉的图案，狮子、马、狗、鱼和人在天空中舞动，仿佛进行着一场神秘的仪式。

直到近几个世纪，我们才揭开横跨天空的光带之谜，原来它是由数百万颗与太阳无异的恒星所组成的，这些恒星位于我们称之为银河系的星系中。而我们的太阳系，只是这浩瀚宇宙中数十亿星系中的一员，位于一个不起眼的角落。

夜空中那些明亮闪烁的星星，正是离我们最近的银河系邻居，它们遵循一套固定的规则运动。地球每24小时完成一次自转，每365天绕太阳公转一圈。地轴倾角（即黄赤交角）约为23度，这意味着在公转过程中，南北半球与太阳的距离时而远时而近，由此产生的温度变化形成了四季更替。

月亮约每29.5天环绕地球一周。太阳的光线反射到月亮上，形成了月光，而月亮的圆缺则取决于太阳照射的角度。对这些天文现象的观察，催生了一种古老的导航方法。即使在今天没有现代导航仪的情况下，我们仍可使用这种方法。

人类祖先意识到，太阳、月亮和星星大致从东方升起，横跨天空，再从西方落下。几百年来，这一事实，加上对北半球北极星和南半球南十字星的观测，成了长途航行的基础，直到指南针和可靠地图的出现。

> 夜空中那些明亮闪烁的星星，正是离我们最近的银河系邻居，它们遵循一套固定的规则运动。

日间导航

在白天，只需观察太阳在天空中的路径，再结合对地面自然现象的敏锐观察，就能轻松掌握指南针的基本方向。

众所周知，太阳从东方升起，从西方落下。事实上，由于地球的倾斜，情况并不完全如此。在春分和秋分（3月21日和9月21日前后），太阳确实从正东方升起，但在北半球的夏至（6月21日前后），太阳会从东偏北50度的位置升起，到了冬至（12月21日前后），太阳则会从东偏南50度的位置升起；日落时也是如此。在南半球，这种现象恰好相反；而观察者越靠近赤道，角度变化就越小。

夜间导航

夜间行进是否可取，很大程度上取决于地形条件。若在某些时段内，星空清晰可见，那么总有一些璀璨的星座可以为我们指引方向。

巧用月亮

和太阳一样，月亮也是东升西落，因此，在满月之夜，我们同样可以使用木棍成影法来确定方向。

小贴士：请记住，理论上，月亮的光亮面总是靠近太阳。如果月亮在日落前升起，其光亮面则朝向西方；如果月亮在日落后升起，其光亮面则指向东方。当月升与日落交汇时，那就是月圆之夜。

还要记住，在北半球，四分之一月亮（即新月）的两个端点连线大致指向南方，而在南半球则相反。至于满月，如果你眯起眼睛仔细观察，会发现月亮上似乎有一只兔子和两只耳朵。将靠近中心的耳朵画线延长，穿过月亮，就能得到一条大致指向北方的延长线。

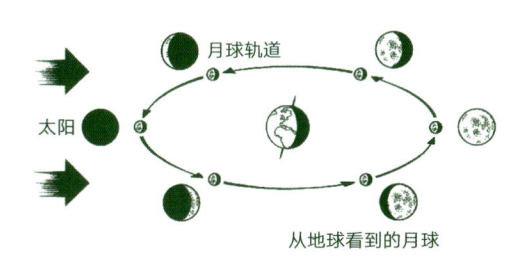

从地球看到的月球

北半球：寻找北极星

正如我们所见，太阳和月亮在天空中的运动轨迹是东西向的。大体上，我们熟悉的猎户座和北斗七星等恒星皆是如此。然而，在北半球，有一个独特的例外，那就是北极星。北极星，也称为北星或极星，位于众多星座旋转轴的最北端，坚定地指向正北方。只要掌握了方法，我们很容易找到它。不过要记住，所处的纬度越高，北极星的指引作用就越有限。在北极地区，北极星几乎就在头顶正上方。有两种方法可以确定北极星的位置。第一种是寻找北斗七星（又名大熊星座）。北斗七星非常显眼，形状类似于传统的牛拉犁或长柄平底锅。它也是北半球最亮的星座之一。平底锅外缘的两颗星星直指北极星。在脑海中测量这两颗星星之间的距离，然后向外延伸大约4倍，这样就能找到北极星了。

如果北斗七星被云层遮盖，则需要借助仙后座来定位北极星。仙后座看起来像一个巨大的字母 M 或 W，与北斗七星一样，它也围绕北极星旋转。连接 M 或 W 的顶点做一条直线，这条线大致指向北极星。北极星极其明亮，易于辨认，在夜空中找到它并不困难。

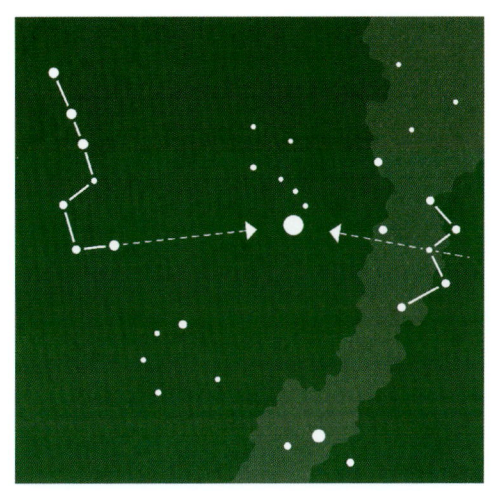

南半球：寻找南十字星

在南半球，没有足够明亮的星星可以与北极星相媲美。幸运的是，我们可以借助南十字星，它以其独特的魅力成为南半球的指路明灯。

南十字星因其独特的十字架形状而易于辨认。沿着银河云带找到一片墨迹般的黑暗云团（被称为煤袋星云），靠近这片云团的就是南十字座。它由四颗星星组成，其中两颗尤其明亮。注意不要将它与假南十字星混淆，后者有五颗星星，且亮度较低，星星之间的间距也较大。

确定正南方向的方法很简单。如果南十字星呈直立姿态，你只需从其中心臂向地平线画一条垂线，这条线便指向正南。如果南十字星略显倾斜，那么将中心臂向地平线延伸约五倍的长度，再从这一点画一条垂线，这样就能找到正南方向了。

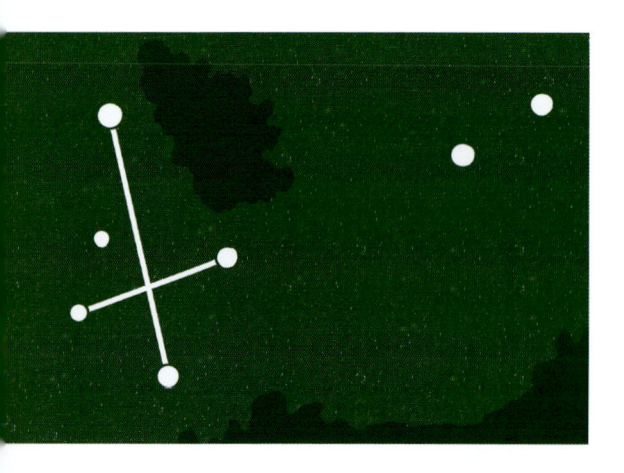

星象

在多云的夜晚可能难以找到上述星座。此时，任意选择一颗明亮的星星，用两根木棍对准它，监测其运动轨迹，便能判断方向。在北半球，可以总结出以下规律：

- 向左移动：星星在北方；
- 向右移动：星星在南方；
- 向上移动：星星在东方；
- 向下移动：星星在西方。

南半球则恰好相反：

- 星星向上移动，说明你面向东方；
- 星星向下移动，说明你面向西方；
- 若能找到猎户座的腰带三星，即北方天空中最闪耀的三颗星星，再找到与腰带大致垂直的三颗较暗的星星，即猎户座之剑，那么，剑指向腰带的方向即为北方。

在赤道上，头顶上方星星会从正东方升起，从正西方落下。

一旦找到了方向，你可以在夜空中选择一个点或一颗星星作为你的向导。

但要注意，不要持续跟随同一颗星星超过20分钟。因为随着时间的流逝，星星会在天空中悄然移动。但北极星是个例外，它是一颗恒星，因此你可以放心地一直跟随它前行。

预测天气

观察天气的变化，对于决定何时前行或驻足至关重要。所处地形不同，应对策略也不同。在沙漠里，炎热的日子意味着要找阴凉处躲起来，不适合行进；而在山区，这却是前进的好机会。另外，沙漠中远处的暴风雨可能意味着水源，而在山区则暗示着危险，应及时寻找庇护所。

预测短期的恶劣天气并不深奥复杂。当天色暗沉、乌云密布、远方雷声隆隆、阵风四起时，通常意味着你应该采取预防措施。我在英国特种空军部队工作时，有人告诉过我一个小窍门：云表里如一。换句话说，如果云层看起来阴沉昏暗，那么天气也将如此。

认识不同类型的云及其预兆，对于预测超过六小时以后的天气变化非常有用。

当空气冷却超过其饱和点时（相对湿度为100%）就会形成云。为了方便识别，云按照高度可分为三类：

- 高云：5000~14000米；
- 中云：2000~5000米；
- 低云：低于2000米。

按照形状也可分为三类：

- 积云：成堆积状；
- 层云：成层状；
- 卷云：成卷曲状。

诚如每一位气象预报员所说，天气预报既是一门艺术，也是一门科学。不过，了解上述的云层类型以及随之而来的天气还是有价值的。毕竟天气总是充满了不确定性。

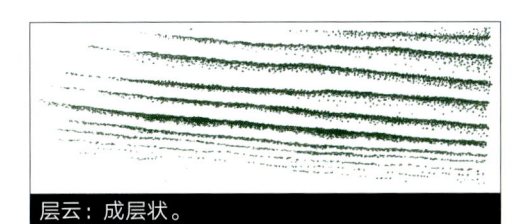

积云：成堆积状。

层云：成层状。

卷云：成卷曲状。

	云的类型	特征	可能的天气
高云	卷云	细而飘忽的条纹，形似马尾（注意：卷云很难描述，一些密度较大的卷云并无变化。）	先晴后雨
	卷积云	形似鲭鱼的花纹，或沙滩上的波纹	阵雨
	卷层云	无固定形状，有光环效应	雨
中云	高积云	涟漪状的积云	阵雨
	高层云	如同波光粼粼的水面	雨
低云	层积云	堆叠的层云	无变化
	层云	无固定形状，层层堆积的云	小雨
	雨层云	层层叠叠的云堆积在高空	暴风雨
	积云	蓬松，堆积在一起	好天气
	积雨云	蓬松，堆积得很高	雷雨

交叉风向规则

了解风向是预测天气变化的另一重要指南。风向变化与锋面经过时产生的大气压力变化有关，大气压力的变化会影响风向。以下规则仅适用于天空中的云层高度适中或较高的情况。

背风而立时：

· 如果高云从左侧飘来，天气可能会转坏；

· 如果高云从右侧飘来，天气可能会转好。

在南半球则相反。

闪电

荒野之中，一场雷雨不仅会让你浑身湿透，更潜藏着危险，因此绝不能掉以轻心。

更重要的是，雷雨天气总是伴随着闪电。当闪电周围的空气因巨大力量而膨胀和收缩时，雷声便随之而来。闪电击中地面，释放出巨大电能，电流会迅速蔓延至周围的一切，包括你。如果你碰巧在错误的时间出现在错误的地点的话，请记住，闪电不会只击中一个点，电流会向下向外传播。一旦感知到雷雨的威胁，请迅速寻

第一章 生存基础

找地势较低的地方躲避，远离空旷地带、独木和巨石，这些都是闪电的"目标"。

尽快找到不易导电的干燥物体（如登山绳或木头），坐上去，双臂环抱双腿，双脚离地。保持这种胎儿般的姿势，可以确保身体与地面的接触面积最小，从而降低被闪电击中的风险。避免接触任何金属工具，如冰斧或登山杖，珠宝和手表也要取下。

山洞在此时成了最佳的避雷场所，但请务必远离洞口，因为电流可能会在洞口产生火花。同样的道理也适用于岩石悬崖。即使是平坦无特征的地面凹陷处也可能传导接地电流。

在雨林中，猛烈的雷暴是日常现象。有时闪电的威胁近在咫尺，声音震耳欲聋，令人恐惧不已。曾有一位丛林专家与我分享了他的经历：在一次暴风雨中，他被几英尺外的一道闪电击中。击中的一瞬间，他本能地捂住了脸。被强大的力量抛向半空时，他闭着眼睛透视到了双手的骨头。能活着讲述这段经历实属幸运。我想他不太可能再次被闪电击中，所以在丛林中的雷雨夜里，我紧紧地跟随他的步伐，寻求安全的指引。

在厄瓜多尔阿特拉斯山脉（the Atlas Mountains of Ecuador）高处，恶劣的天气正在逼近。

绳结，陷阱和工具

绳结

打结没有什么秘诀，只需要不断地练习，关键在于耐心。平时花时间熟悉各种绳结及其用途是必不可少的。因为在危机四伏的陌生环境中，临时学习可能为时已晚。

因此，我给所有户外活动爱好者的建议是，外出散步时随身携带两根绳子。当其他人在河边晒太阳、打瞌睡时，你可以潜心练习下面介绍的一些绳结，直至熟练掌握。学会打好绳结是极具成就感的。学习闭着眼睛打结是一个非常有用的技能，因为在某些紧急情况下，你可能需要在黑暗中迅速做出反应。

绳结的用途广泛且各不相同。在海上航行时，绳结知识对于驾驶风力驱动船至关重要。这是因为作用在帆、绳索和绳结上的力是不断变化的，这也说明了为什么老式祖母结行不通。

绳结最基本的功能是将两个物体牢固地绑在一起。为实现这一目的，我们可以将两根绳子绑在一起防止滑落，或者将一根绳子固定在其他物体上作为锚，又或是用一根绳子将两个物体绑在一起，比如架在高处的树床的竖杆和横杆。

在海上或悬崖边，一个打得好且合适的绳结甚至可以决定生死。而在其他情况下，如营地里，一个不合适的绳结可能只会带来不便。想象一下在暴风雨中转移营地时，挣扎着解开一个湿漉漉的祖母结，这无疑是在浪费宝贵的时间、体温和体力。但有一点可以肯定，任何错误的绳结都可能导致无法预料的后果。尤其是在野外环境中，如果关键时刻无法解开绳结，后果可能是致命的。

绳结的用途各不相同。有些绳结需要在承重时坚固无比；有些绳结则需要结实又容易解开；有些绳结需要在拉紧时形成一个紧固的环；还有一些需要将不同大小的光滑材料固定在一起。每个人打结的目的都应该是确保所使用的绳结适合其用途（尽管通常有多种选择），并确保绳结本身不是薄弱环节。

基本绳结

反手结和反手绳圈

用途：这是最简单的绳结之一，也是许多其他复杂绳结的组成部分。通常用于将绳子的末端系紧固定，以防止滑动或磨损。此外还可以用来套在各种突出物上以承受压力。这种绳结在负重情况下会变得很难解开。

第一章　生存基础

八字结和八字绳圈

用途：八字结比反手结更可靠，也更容易解开，即使系错了，最终也会变成反手结，仍然很安全，故而在攀岩者和登山者中很受欢迎。八字结常用于攀岩安全带和固定点上的保护绳。为了安全起见，在自由端打个半结。

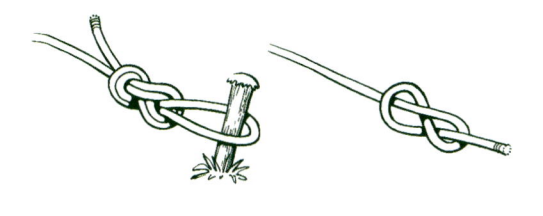

双反手连接结

用途：主要用于将各种绳索绑在一起，比较牢固，但最好不要在承力很大的情况下使用。

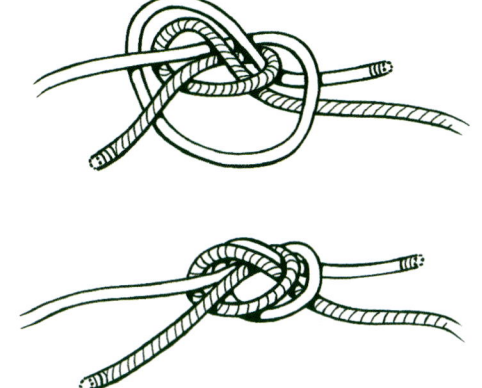

连接结

平结

用途：使用最广泛的绳结之一，适用于捆绑大小相同的绳子，但如果绳子直径不同（或由尼龙制成）则会打滑。如果绳子粗细适中且没有受到很大的拉力，则很容易解开。记住：右套左，左套右。在两端松开的地方打一个半结，可以进一步固定。

接绳结和双接绳结

用途：这种绳结比上述两种方法都更适合用于连接绳索，是连接不同粗细或不同材质绳索的理想选择。注意打结时必须拉紧，否则很容易松开。双接绳结最适用于湿绳索，在受力情况不断变化时也不会打滑。

关键时刻打不上或解不开绳结可能会带来致命后果。

渔人结和双渔人结

用途：渔夫常用这种绳结绑定渔具。在山林中，登山者常用渔人结和双渔人结连接湿滑的绳索，绕过树木或岩石，做成安全的绳圈。在丛林中，这种绳结最适用于捆绑类似藤蔓的弹性材料。这种结很难解开，但能很好地将细绳固定在一起。

圈结

单套结

用途：最基本的圈结，经常与其他结一起使用，应该用半结固定。

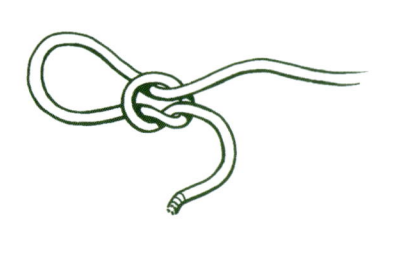

布林结（我的最爱）

用途：布林结非常实用，且使用范围广，应该成为你的首选。在海上和山林中运用广泛，打结速度快，而且非常结实可靠。布林结在受力时不会滑脱或收紧，是在腹部捆绑救生绳的最佳选择之一。记住那句童子军的口诀："小兔子，钻出洞，绕一圈，回洞中。"在生死攸关的时刻，最好把自由端用半结固定好，以免松脱。

活布林结

用途：活布林结特别适用于陷阱，其主要特点是在圈住东西时会收紧。因此，这种绳结具有潜在危险性，绝对不能用于固定人的四肢。

三布林结

用途：这种布林结有三个环，在提升或拖拽重物时非常有用。在山区，这种绳结特别适合用作起重安全带，打法是在两条大腿和胸部各绕一圈。

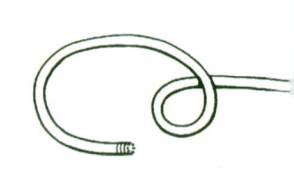

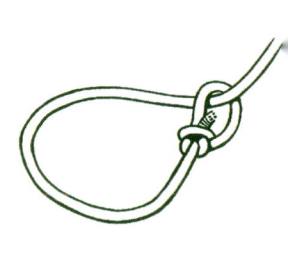

第一章 生存基础

> **学习闭着眼睛打你喜欢的结，因为你永远不知道什么时候需要在黑暗中快速打结。**

普鲁士抓结

用途：又称"马夫结"，是一个滑动的圈结，可以连接到树枝或其他绳索上，用来固定脚或手。在受力时，普鲁士抓结十分稳固，不会滑动，但松开后可以前后移动。掌握普鲁士抓结的打法对于登山非常重要。

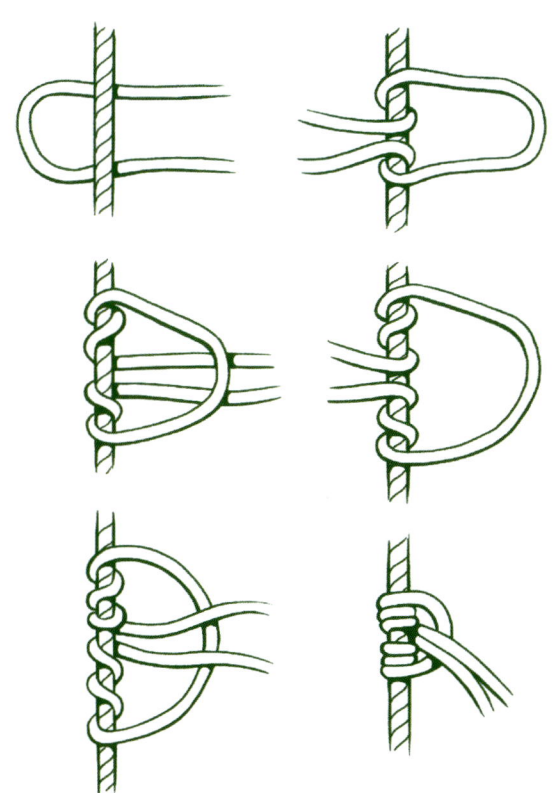

另外，还有一种法式普鲁士结，即在绳索上缠绕七八圈，然后将下端穿过上端的绳圈。法式普鲁士结比传统的普鲁士结更容易解开。

在阿尔卑斯山的一个冰缝中，我正是利用了法式普鲁士结才得以逃出生天。这种结有一条长长的脚带，让我可以站在上面慢慢沿细绳攀登。若非如此，我恐怕至今仍困在那个冰缝之中。

编结

十字编结和圆周编结

用途：十字编结和圆周编结主要用于将木材、树枝、木杆或竹子捆绑在一起，用于修建庇护所、平台、墙壁或制作木筏。学会使用这两种编结是生存的基本要求。十字编结可用于连接两根横杆，形成垂直的十字形结构。

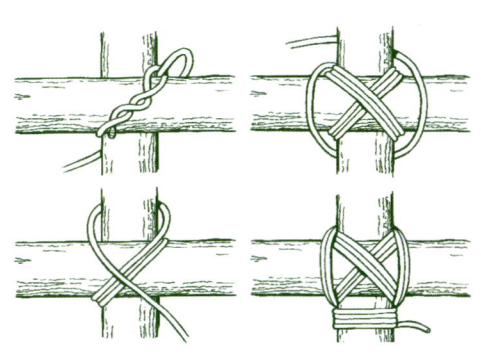

圆周编结则用于连接两根杆子，以延长有关结构。

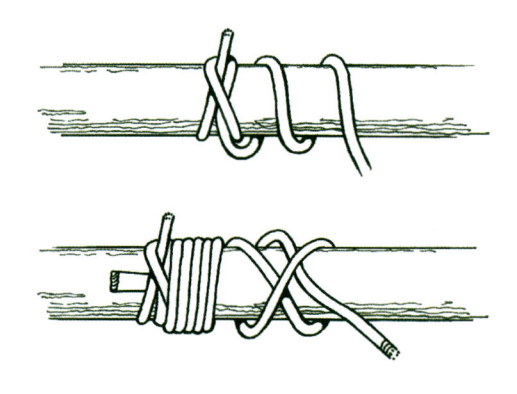

绳头结

用途：若打法得当，这将是一个简单但有效的绳结。其主要用途是将刀片连接到手柄上，或将矛刺固定到矛身上。打好绳头结的关键是一定要将其拉紧。

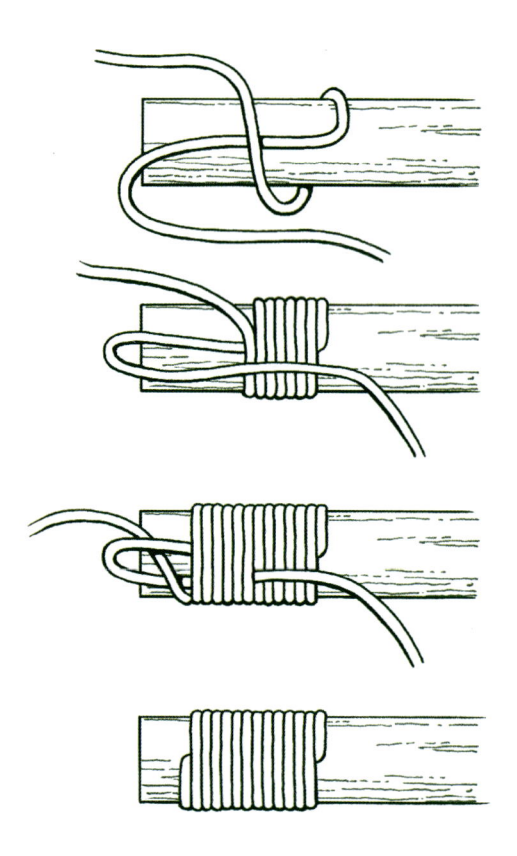

套结

双套结

用途：套结主要用于将绳子固定在某个点上。当杆子或柱子水平时，双套结最有用。反之，如果杆子与地面成一定角度，那么双套结可能会打滑。

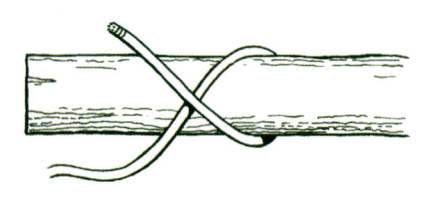

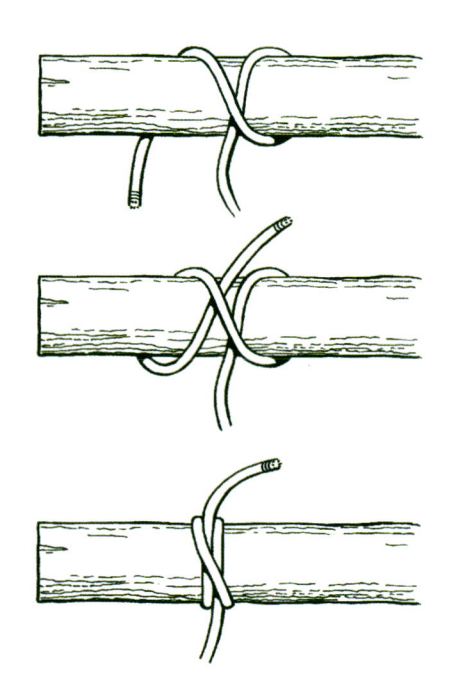

旋圆双半结

用途：常用于将绳子固定在树枝或柱子上，可以用滑动的方式轻松解开。这种结具有一定的防滑性，可以承受来自各个方向不均匀的拉力。

陷阱

在野外寻找食物时，我们的首选应该是寻找可食用的植物。相较于捕捉野生动物，这种方式通常更容易，并且不需要消耗过多体力。不过，如果手头有捕猎工具，那么设置陷阱捕猎也值得一试。设置陷阱工序简单，不需要消耗大量时间和精力，最好在每晚睡觉前完成布置。寻找庇护所、收集木材、生火、布陷阱，这是野外生存的口诀。完成这些任务后，便可以安心休息，让陷阱发挥作用。值得一提的是，捕鱼往往比捕捉哺乳动物更容易，我会在后续的章节中介绍捕鱼的最佳技巧。

对于动物来说，落入陷阱无疑是相当痛苦的，我们无法确保它们能在短时间内无痛死亡。正因如此，包括英国和美国在内的许多国家，都已经将大多数设置陷阱的行为列为非法手段。但在极端的荒野求生环境中，当你心灰意冷之时，如果用陷阱捕获到一只兔子，可以极大地提振士气。

陷阱可以由一根铁丝、绳子或一截绳索制成，需将一端做成圆环状的套索。这样当动物被套住并挣扎着想要脱身时，套索就会越勒越紧，直至其咽气。这种方法虽然不是最佳选择，但在饥肠辘辘、食不果腹时，仍然值得一试。

只要将套索放在合适的位置，大多数动物都可以被套住。常见的位置有巢穴入口附近，或动物途经地的上方。需要注意的是，不要将陷阱设置在巢穴门口，而是放在离洞口一到两步远的地方，因为动物刚从巢穴里出来时最为机警。制作的套索一端要能自由滑动，另一端要牢牢固定在树上或柱子上。夜间，动物看不见陷阱时，效果最好。

成功的捕猎基于三大原则：选择合适的目标动物并了解其习性；制作简单但有效的陷阱以诱捕并杀死动物；将陷阱放置在正确的位置并保持伪装。

下文将依次讨论这些要素。

寻找庇护所、收集木材、生火、布陷阱，这是野外生存的口诀。

了解动物习性

第一步是根据实地情况确定要捕获的动物种类。野心不宜太大——鹿肉固然美味，但杀死一头鹿可比想象中的更困难。即便能成功捕杀一头鹿，大量的鹿肉无法一次性消耗，会迅速腐烂。除非将其晒干保存，否则新鲜鹿肉太重，无法随身携带。此外，其血腥味还可能引来其他野生动物（如熊），从而危及生命。

捕捉兔子、松鼠、狐狸甚至獾或黄鼠狼等小型哺乳动物，可能是更为实际且收获颇丰的选择。在真正的野外环境中，必须抛开个人喜好和偏见，将获得食物放在第一位。

受困于阿尔卑斯山时设置陷阱。

首先，要通过野外的蛛丝马迹，证明所在地区有一定的种群数量。一旦确定要捕获的动物种类，下一步就是观察该动物的习性（例如它们睡眠、觅食和饮水的地点），这对选择陷阱位置至关重要。

制作陷阱

决定好要捕获的动物种类之后，关键是制作一个合适的陷阱。动物大小不同，重量不等，什么样的陷阱效果最好也不尽相同。以下是制作陷阱时需要考虑的要素。

选择材料

材料的选择是不可忽视的一环。虽然绳子或绳索都可以采用，但铁丝才是最好的陷阱制作材料。制作陷阱时，善用发散性思维，懂得利用手头资源进行创新。我曾使用从降落伞的金属外壳上拆解下来的铁丝制作陷阱。如果不能一击毙命，动物则可能会咬断绳子逃跑。因此，推荐使用最细的、能够牢牢固定住动物且强度足够高的材料。

套环

设置陷阱的目的是确保猎物的脖子能被牢牢套住,因此套环的大小取决于猎物的体形。如果套环太大,可能导致猎物挣脱,过小则可能无法有效捕捉。理想的开口尺寸应略大于猎物的头部(松鼠为三指宽,兔子为拳头大小)。为确保捕获成功,应把套环设置在稍高于地面的位置,通过树枝的支撑,使其底部弧线与猎物的胸部齐平。

张力陷阱

巧妙利用张力,将小树枝通过绳索与固定在地面上的触发杆连接,再将陷阱与触发杆连接。当猎物触发陷阱时,触发杆松开,树枝回弹,将猎物从地面提起。这种陷阱设计的优势在于,其他捕食者难以轻易获取你的猎物。

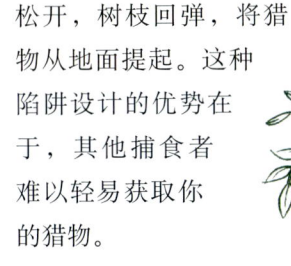

张力式陷阱(或弹簧式陷阱)有无数种变体,请尽情发挥想象力。例如,一个触发器上可以连接多个陷阱。这意味着工作量更少(只需一个触发杆),可以同时设置的陷阱更多,因此捕获猎物的成功率也更大。

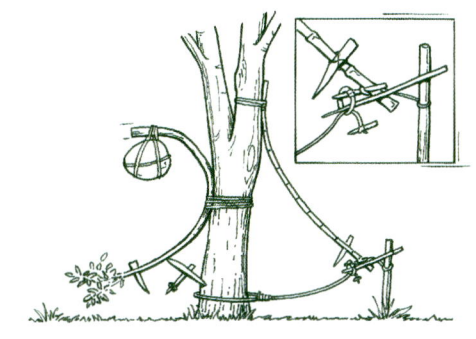

诱饵与致命陷阱

在陷阱中添加诱饵能显著提高捕获猎物的成功率。诱饵的选择多种多样,可以是动物尸体的残骸、小型啮齿动物,也可以是能吸引猎物的毛皮碎片。

在致命陷阱中,这些诱饵特别有效。猎物在诱饵的引诱下,更容易撞击触发器,导致重石或树枝掉落,从而困住猎物。任何可用的枯木或小石头都可以简单快速地设置致命陷阱。

我建议设置 8~10 个陷阱，并保持耐心。虽然陷阱数量并没有硬性规定，但通过大量制作和设置陷阱，持续观察和调整位置，最终必定有所收获。请记住，人总比兔子聪明！

位置

布置陷阱的最后一步是选择一个黄金位置。灌木丛中，动物摩擦遗留下的毛发，往往暗示着这是一条经常使用的路径。动物们会沿着同一条路径移动和停留，通过观察它们的习性，你可以发现许多重要细节，例如它们的巢穴位置和觅食地点。这些地点之间的路径，是放置陷阱的最佳位置。

原始人能够生存下来主要依靠制作工具的能力。

为了引导猎物走进陷阱，栅栏或障碍的设置需巧妙而隐蔽。确保栅栏、障碍和陷阱能与周围的灌木丛完美融合。新断裂的树枝应用泥土覆盖，以消除人为迹象。此外，尽量减少对该区域的干扰，将暴露的皮肤遮盖起来，避免留下气味。如果条件允许，利用燃烧树叶产生的烟雾来掩盖气味，或用湿草或泥巴擦拭铁丝来消除异味。

工具

在野外环境中，发挥你的想象力与创造性思维是制作工具的关键。你会发现许多自然物品都可能成为有用的工具，如刀、棍棒、矛、弓和炊具等。设计这些工具并不复杂，只要有足够的耐心，寻找合适的材料，并采用有效的制作方法，就能将其打造成实用的工具。

我记得在英国特种空军部队选拔的开放日，未来的新兵们带着各种复杂的兰博刀出现在现场，似乎以为自己即将从大使馆的窗户跳进去执行任务。

然而，最有用、最实用的刀具往往是最简单的瑞士军刀。它携带轻便，但锋利无比，既能劈柴，也能给动物开膛破肚。我见过的大多数生存专家都只携带袖珍小刀，但总是磨得很锋利。

石头、骨头和木材均可制成工具。

石头

石头可用来敲击和劈砍，燧石则可制成用于切割的精细刃口。我就曾用这样的燧石刀片割下响尾蛇的头。

骨头

骨头有很多用途。用石头打碎骨头，骨头碎片可以制成鱼钩、矛尖和手柄。

木材

木材的用途完全取决于你的想象力。从制作工具的角度来看，木材主要分为两种类型：硬木和软木。软木常用作火种，最好不要用来制作工具。可以用指甲来区分硬木和软木：如果用指甲按压树皮能够留下痕迹，那就是软木；如果没有留下痕迹，那就是硬木。

请记住，如果要用木头作为打击物或要将其削尖，最好先进行淬火处理。将木材尖端放在燃烧充分的火上旋转，直到木材发出嘶嘶声并冒出蒸汽，这样便完成了淬火。经过淬火的木材，其细胞会增大，树液会变稠，从而变得更耐打击。

烹饪工具

锅和碗

锅和碗可以用木头、骨头、角、树皮或其他类似材料来制作。但请注意，如果想在木头上凿出凹槽来做锅和碗，避免使用刀子等尖锐的工具，因为这样不仅效果不佳，还会留下满地木屑。一个更好的方法是将烧红的煤炭放在选定的木头上，适时地鼓风保持木头焖烧。随着煤炭的热量传递，木头会逐渐碳化，接着挖出碳化的空腔并将其抹平，一个简单的锅或碗就制作完成了。

刀、叉和勺

为了确保食物的纯净口感，避免木质树脂的味道污染食物，应选择不含树脂的木材进行雕刻，橡木、桦木等硬木是理想选择。

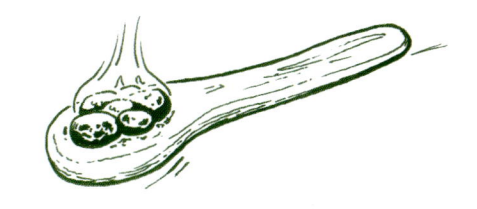

水瓶

用大型动物的胃制作水瓶。首先，彻底清洗胃部，确保无残留物。然后将其底部绑紧，顶部留出足够的空间，并用绳子固定住。这样一个简易的水瓶就制作完成了。

武器

棍棒

提到棍棒，《摩登原始人》[1]的形象便浮现在脑海中。一根木棒，或一端绑着石头的结实木杆，实际上是非常有用的武器，既可以保护自己免受野兽伤害，也可以杀死蛇或解决在陷阱中挣扎的动物。

长矛和投掷棒

长矛和削尖的棍子可以用来杀死野生动物，但最好用于防卫而不是攻击，另外还可以用来捕鱼。

---

1 《摩登原始人》(英文名称 the Flintstones，原意为"打火石家族")，美国动画电视剧。

> 在真正的野外环境中，必须抛开个人喜好和偏见，将获得食物放在第一位。

选择一根又长又直的木棍，去掉树皮，用绳头结把削尖的骨头绑在木棍的一端。先用火将木棍淬火硬化。山毛榉是制作这类工具最合适的木材。

弓和箭

一把好弓的关键在于选材的精准。造弓的木材应该结实、纤长、柔韧且没有结节，如红豆杉、橡木、山核桃木和桦木。弓杆需要在火上烘干几天，然后在两端开槽，拉紧绳索。至于箭，桦树苗是最佳选择。确保箭杆笔直，长度约为60厘米，直径约为1厘米，这样的箭更具精度和威力。

我曾经在亚马孙河上亲手制作过弓箭，并用箭成功地射中了食人鱼。关键在于箭要足够长（约2米），这样才能近距离射击，同时确保自己的影子不会出现在水面上。

其他实用物品

挖掘棍

挖掘棍可以应用于许多杂事，包括挖蚯蚓或蛴螬以供食用。制作方法是找一根长约1米、直径2厘米、接近笔直的硬木棒，去掉树皮，将一端制成凿子形状，并按照上述方法进行淬火硬化。

我经常制作较长的挖掘棍，用作步行手杖。步行手杖在山区非常有用，可以帮助我穿越雪地、试探冰面和茂密灌木丛，还能用于挖掘蚯蚓和云杉根。

松树胶

松树的新鲜树液是上好的胶水。收集方法是割开树皮，让树液顺着树枝滴入容器，然后将其加热。使用时，将树脂涂在木棍上，点燃木棍，让树脂融化，滴落在需要黏合的表面上。最后撒一些灰，激发黏合过程。这种方法非常有用，而且操作相对简单。

拾荒

早期的人类是出色的拾荒者。他们善于利用其他动物的劳动成果，渔翁得利。我曾在肯尼亚目睹狮子猎杀斑马的场景。新鲜的斑马尸体还留有余温，在秃鹫蜂拥而至之前，狮子已经享用了斑马的鲜血和内脏以及大部分的肉。在我将狮子吓跑之后，剩余的斑马肉便成了我的美食。我细细地品味了斑马的颈部肌肉，同时不忘带走一些以备不时之需。不过在缺水的情况下，进食过多的肉类可能导致消化问题。如果水源充足，拾荒便是一种高效的食物获取方式。例如，鸟蛋就是一种美味的资源。在莫阿布沙漠（the Moab Desert），我曾捡到几只乌鸦蛋，在太阳烤得滚烫的石头上将其炒熟，美味至极。

食用在一具腐烂的小鹿尸体上找到的蛆虫。

生存药物

在生存环境中，保持身体健康是决定你能否坚持到底的关键因素。良好的身体状况也将有利于保持积极的心态。求生之旅伊始，如果你有幸安然无恙，那么首要任务就是维持这种状态。反之，了解一些无须医疗设备即可进行的简单急救程序显得尤为重要。

许多基本的急救技术（如复苏体位和人工呼吸）均假定救援人员在场。这在生存环境下是不现实的，因为你是唯一的幸存者。所以在这里，我只介绍广泛适用于各种地形的自我急救技术。在后面的章节中，我将针对特定的地形介绍特定问题，如冬季山区的失温、丛林地区中的毒蛇咬伤和沙漠地区中的中暑。

急救的基本要点包括清晰的思维、常识、一些基本的医疗知识和随机应变的能力。其中最重要的是随机应变的能力。这里分享一个实例，我的滑翔伞伙伴吉洛曾因牙齿疼痛难忍，无法等待长达一个月的候补治疗，当天晚上他毅然决定在自己的工作室动手钻牙，立刻缓解了痛楚。

人类的潜能往往超出想象。医生的白大褂可能让人感到安心，但在生死关头，没有白大褂的你也能做得很好。另一个值得借鉴的例子是阿伦·罗尔斯顿（Aron Ralston，美国登山家、探险家）。在犹他州的蓝约翰峡谷（Blue John Canyon）探险期间，他的手臂被压在岩石下长达5天，他明白如果不采取手段脱困，则会面临生命危险。于是，他用小刀截去了肘部以下的部分，绑上止血带，采取了必要的急救措施。接着他安装了锚点，用绳索滑降到峡谷底部，逃到了安全地带。

防患于未然，这句老话是野外生存的重要原则。在日常生活中，我们可能习惯了依赖医生来解决健康问题。但在野外，你必须成为自己的医生，利用有限的资源来处理各种突发状况。

保持健康

从生理上讲，保持健康的秘诀主要在于避免脱水，从食物中摄取足够的能量，以及保持高度的个人卫生。

水

水是生命之源，占人体的70%。没有食物，一个人可以生存数周；如果没有水，大多数人在几天内就会面临生命危险，而在极端地形中，这个时间甚至可能缩短。水是身体维持正常运转的必需品，

> 急救的基本要点包括清晰的思维、常识、一些基本的医疗知识和随机应变的能力。

参与了消化食物、排汗、排尿、排便和呼吸等多个生理过程。

在对身体没有额外压力的适宜温度下（20℃），人的肾脏每天会排出超过2升的水，同时，我们无意识地通过汗液蒸发掉了1升以上的水。若受到高温、寒冷、运动、海拔、烧伤或疾病等因素的影响，这些数值会显著升高。为了维持身体的正常运作，所有排出的水分都必须得到及时补充。否则，身体就会陷入脱水的状态，导致思考能力与工作效率降低。

当身体无法摄入足够的水分以弥补流失的水分时，血液会变得更黏稠，无法将氧气输送到肌肉，从而影响皮肤的散热功能。一旦体液流失达到5%，人们会感到口渴、烦躁、恶心和虚弱；如果流失达到10%，会出现头晕、头痛、无法行走和四肢麻木的症状；而当体液流失达到15%时，可能会导致视力丧失、排尿疼痛、舌部肿胀、耳聋和皮肤麻木。如果体液流失超过15%，所有的不适都会神奇地消失，因为此时生命已经岌岌可危。

常见的脱水症状包括：尿液颜色深黄且异味重、尿量减少、皮肤弹性减弱、指甲失去血色以及身体疲惫。这些症状在感到口渴之前就会出现。因此，不要等到口渴时才饮水，因为那时身体已经处于脱水的状态。

我曾在珠穆朗玛峰（Everest）体验过这种感觉。当时，我们连续攀登了16个小时，终于抵达了海拔8000米的南山口，但还需等待几个小时才能融化足够的冰来解渴。由于严重脱水，我们的尿液变成了深褐色，甚至出现了幻觉。这样的状态对生存极为不利。

为了预防脱水，最佳的策略是减少体液流失。因此，要避免阳光直射，并确保任何消耗能量和产生汗水的活动是值得做的。最好的办法是定时少量饮水。干旱气候下，人体每小时可流失3.5升水。

在山区中很容易脱水，即使是雪山也是如此。

体液流失（升）	脉搏频率（次/分钟）	呼吸频率（次/分钟）
0.5	100以下	12~20
0.6~1.5	101~120	21~30
1.6~2	121~140	31~40

检查脉搏

如上表所示，检查脉搏频率和呼吸频率是估算体液流失量的简便方法。

净水

冒险饮用不干净的水存在严重的健康隐患，甚至可能导致生病，失去更多的身体水分。如果不确定水源是否纯净，请将水烧开至少5分钟再饮用。

食物

在没有食物的情况下，人最多可以存活三周，长时间的饥饿会导致身体和精神的迅速衰弱。为了保持健康，你需要确保饮食均衡，摄入适量的碳水化合物、蛋白质、脂肪、维生素、矿物质和纤维素。仅仅摄入兔肉或鱼肉作为食物来源可能会很危险，因为这些蛋白质过于单一，没有足够的脂肪来维持生命。除了蛋白质之外，你的身体还需要碳水化合物和脂肪来提供能量。

了解营养学的基本知识以及各种营养元素的重要性，将有助于你在野外寻找食物时做出明智的选择。

蛋白质

蛋白质是人体最重要的组成部分之一。人体的肌肉、皮肤和骨骼的生长都需要蛋白质。野外常见的蛋白质来源有：肉类、蛋类、鱼类、蒲公英、坚果、骆驼奶、山羊奶或牛奶以及动物血液。

碳水化合物

碳水化合物是人体的主要能量来源，能被人体快速分解，产生大量热量并储存在肝脏中，但很快就会消耗殆尽。野外常见的碳水化合物来源有：香蒲、坚果和水果。

脂肪

脂肪是良好的储能方式，特点是难以分解。野外常见的脂肪来源有：骨髓、肝脏、鱼肚、动物脂肪、骆驼奶、山羊奶或牛奶。

矿物质

缺铁将导致身体无法产生足够的热量。野外常见的矿物质来源有：动物血液、鱼类、蒲公英、荨麻。

维生素

维生素是人体新陈代谢不可或缺的元素。缺乏维生素会导致坏血病和其他各种疾病。野外常见的维生素来源有：松针、云杉针、荨麻、多种树木的内层树皮、鱼类、大多数可食用的植物和浆果。

纤维素

纤维素是肠道健康的关键，它帮助分解食物，促进肠道蠕动。缺乏纤维素会导致肠易激综合征。野外常见的纤维素来源有草和松针。

生存植物

日常生活中，植物是人类最重要的食物和营养来源之一。当我们陷入生存困境时，植物显得更加重要。如今各种人工栽培的粮食作物都曾是野生植物，从玉米、大米等主食，到各类蔬菜水果、坚果、香草和香料。目前，仍有众多的野生作物在自然界中繁衍生息。不仅如此，我们日常饮用的大部分饮料，包括酒、茶、咖啡和软饮料，也都源于植物原料。

荒野中隐藏着众多富有营养的可食用植物，尽管许多可能不易识别。然而，由于篇幅和地域的限制，这份植物清单必然是有选择性的。例如，英国的树林和树篱中蕴藏着丰富的水果、浆果和坚果，为人们提供了宝贵的生存资源。

因此，在这篇概述中，我主要介绍一些自己食用过的，或在全球范围内具有普遍应用价值的植物。此外，我还列举了一些比较罕见的植物，它们只存在于沙漠或低温的极端地形中。

香蒲

生长地区：香蒲常见于世界各地的河岸、湖泊、溪流和湿地。外观：高度在1~3米之间，独特的外观使得它极易辨认。香蒲种子的头部外形奇特，有人形容它像软木浮标，也有人觉得它像棍子上的香肠。其根茎在地下横向生长。用途：香蒲的根茎可食用，含有约46%的淀粉和11%的糖分，既可以生吃，也可以在火上烤熟再吃，烤熟的根茎味道像甜栗子。香蒲种子头还可以用作火绒和绝缘材料。

蒲公英

生长地区：蒲公英生长在北半球温带地区阳光充足的开阔地。外观：蒲公英白天开放，晚上闭合，其鲜黄色的花朵分外夺目。叶子平均长度约15厘米，边缘呈锯齿状，紧贴地面生长。用途：蒲公英叶片富含钙、维生素A和维生素C，叶片可以生吃也可煮熟食用，根部可以煮着吃或烤着吃，是咖啡的绝佳替代品。

荨麻

生长地区：荨麻生长在北半球温带地区溪流边的潮湿地带。外观：荨麻高度通常在1米左右，外观独特，叶片边缘和背面带有细小的刺毛。用途：荨麻的嫩芽和叶子可食用，营养丰富，植株顶端的叶子富含蛋白质。食用前，需要用水煮约15分钟保证熟透。

玫瑰果

生长地区：玫瑰果生长在北半球的树篱和林地边缘。外观：玫瑰果是犬蔷薇的果实，犬蔷薇是一种攀缘的刺蔷薇，茎呈拱形，开出粉红色的花朵。玫瑰果呈椭圆形，长10~20毫米，通常为鲜红色。用途：玫瑰果的维生素C含量极其丰富，还含有维生素A、维生素D和维生素E。玫瑰果的种子会刺激肠道，因此最好泡水服用。此外，玫瑰果还对头晕和头痛有很好的疗效。

睡莲

生长地区：睡莲生长在温带和亚热带地区。外观：睡莲通常为白色或红色，花香扑鼻，巨大叶片漂浮在水面上，团簇着花朵，极具辨识度。用途：睡莲的花朵、种子和根茎均可生吃或煮熟食用。食用根茎应先去皮，煮熟后其中的液体有助于缓解腹泻，舒缓喉咙疼痛。

竹子

生长地区：竹子遍布全球，约有1000个品种，从云雾缭绕的丛林到气候寒冷的高山均有分布。外观：竹子可以长到15米高，非常适合做家具材料。用途：嫩笋可生吃或煮熟食用。竹子可用作建筑材料，建造各种生存建筑，包括庇护所、床、木筏和炊具等。竹子非常结实，很难砍伐，我曾为了砍倒竹子而烧毁其根部。

龙舌兰

生长地区：龙舌兰多生长在墨西哥，常见于中美洲、南美洲热带地区、加勒比海地区以及美国南部和西部。外观：龙舌兰从根部直接长出厚厚的肉质叶片，叶尖和叶缘极其锋利，叶片呈黄色和绿色。龙舌兰茎秆巨大，只开一次花。用途：龙舌兰的叶子可以用来制作绳索，其汁液会像肥皂一样起泡，花和芽煮熟后可食用。墨西哥人用龙舌兰来制作龙舌兰酒，味道极佳。

梨果仙人掌

生长地区：梨果仙人掌常见于美国、中美洲和南美洲的沙漠和半沙漠地区，也分布在全球其他类似地区。外观：绿色、扁平的叶片呈垫状，果实呈梨形。用途：梨果仙人掌的所有部分均可食用。叶片富含水分，能帮助伤口愈合。要小心仙人掌上的细小尖毛，将其放在沙子里搓一搓便可去除。仙人掌的种子在烤熟后可以磨成面粉食用。

北极柳

生长地区：北极柳常见于北美洲、欧洲、亚洲、亚极地地区以及温带地区的山区和石质荒地。外观：北极柳是一种低矮的灌木状柳树，叶片圆润且绿得发亮，表面覆盖着一层银色的绒毛。北极柳生长在密集的草垫上，离地高度很少超过45厘米。用途：其嫩叶富含维生素C，无论是地上还是地下的新芽，剥去外皮后都可以生吃。

鹿蕊

生长环境：鹿蕊具有很强的抗寒能力，需要开阔的环境和良好的排水，在欧洲北部的寒冷环境和美国的炎热环境中都能生长。外观：鹿蕊是一种绿色的脆弱地衣，具有鲜红色的生殖结构。用途：鹿蕊全株均可食用，但味道通常较苦。食用时需捣碎后在热水中煮沸，可用作治疗腹泻的药物。如果在死鹿的胃里发现了已经部分消化的鹿蕊，可以直接食用。第二次世界大战中的挪威反抗军就是依靠这种方法在困境中求得了一线生机。

生存树木

在广袤的荒野中，生存挑战无处不在，而树木是一个特别温暖的存在。它们既能遮风挡雨，又能提供各种实用的帮助。树干和树枝可以用来建造庇护所和木筏；树皮、种子、果实、树叶和针叶，无一不是营养丰富的食物来源；从树根、树干、树枝或树洞中流出的液体，是难得的生命之饮。如何区分各种树木并了解其各自的特点，是每个生存者都应掌握的技能。

树木大致可分为三类：阔叶树、针叶树和棕榈树。阔叶树的叶子宽大而扁平，大多数都是季节性树木，会在冬季落叶。而那些常年不落叶的树木叫作常青树。针叶树的叶子呈针状，且四季常青（落叶松除外），它们的果实通常是木质球果。棕榈树的树干上没有树枝，叶子通常从树干顶部的中心长出。

以下是几种在荒野环境中非常有用的树木。

山毛榉

生长地区：山毛榉生长在温带地区，遍布美国东部、欧洲、温带亚洲和北非。外观：树干匀称，树皮光滑且呈浅灰色，树叶为深绿色，种荚上长有尖刺。用途：山毛榉果的果肉洁白，营养丰富，是极佳的生存食物。

杜松（雪松）

生长地区：杜松喜欢开阔的空间和充足的阳光，分布于北美洲、欧洲、中东、亚洲和北非的山区。外观：杜松的叶子小而密集，气味独特，易于辨认。用途：杜松的浆果可以生吃，其树枝可以制成滋补茶。

云杉

生长地区：云杉分布于南北半球的温带，一直延伸到极寒山区。外观：金字塔形或柱状的针叶树，针叶长而多刺，颜色从深绿色到银蓝色不等，高度可达30米。用途：云杉的针叶泡在热水中可制成富含维生素C的优质茶。

松树

生长地区：松树喜光，生长在北半球温带地区，在美国、加勒比海、中东和亚洲部分地区均有分布。外观：松树的种类多达100多种，均为常绿植物，会分泌树脂，树液有黏性，且气味独特。大多数松树的树皮厚而呈鳞状，树枝呈标志性的螺旋状生长。用途：松树湿润的白色内层树皮可以生吃或磨碎食用，而针叶可以泡茶，这两者都富含维生素A和维生素C。松果内的松子也可食用。树液加热后可用作胶水，还可用于紧急补牙。此外，用手捏碎松针，将树脂涂抹在皮肤上可以作为驱蚊剂，每隔一小时左右需要再次涂抹。值得一提的是，云杉和松树的针叶都含有树脂，因此燃烧起来又热又快，是很好的引火物。

椰枣树

生长地区：椰枣树原产于北非和中东地区，如今在其他亚热带地区也有分布。外观：高大笔直，与其他棕榈树一样，没有分枝，只有树干顶部的叶冠。用途：椰枣树成熟的果实呈黄色，晒干后可以长期保存。其叶片可以用来盖屋顶和墙壁，而树干则是极好的建筑材料。

尼帕棕榈

生长地区：尼帕棕榈主要生长在亚洲的沿海地区。外观：树干短而粗大，大部分生长在地下。叶片巨大，可长达4.5米。用途：幼嫩的花茎汁液富含糖分，果实种子均可食用。宽大的叶片则是极好的铺盖材料。

棕榈藤

生长地区：棕榈藤主要生长在非洲、亚洲和澳大利亚的热带雨林地区。外观：棕榈藤是一种攀缘植物，通过叶子上的尖刺附着在其他热带树木上，其茎可达60米长。用途：茎干中含有大量可饮用的水，茎尖和树干可生吃或煮熟食用。另外，藤茎还可以缠绕起来制作绳索。

西米棕榈

生长地区：西米棕榈常见于亚洲的热带雨林，主要生长在潮湿多雨的内陆地区。外观：粗壮而短小，树干带刺，树皮厚实坚硬，树叶呈冠状。用途：树干下部柔软的白色内层可以捣碎、过滤并制成粥，这种粥营养丰富，富含淀粉糖。西米棕榈的果实也可食用。

猴面包树

生长地区：猴面包树生长在非洲和澳大利亚的热带草原上。外观：猴面包树的独特之处在于树干呈球状，直径可达7.5米，树干顶端有短而粗的枝条。其果实呈葫芦状，长度可达45厘米，表面覆盖着浓密的短毛。用途：猴面包树的树干中空，可以储存水分，其树根、树叶、果实和种子均可食用。另外，树皮还可以用来制作绳子。

个人卫生

身体

养成每天洗澡的习惯，特别注意手（尤其是指甲缝）、腋窝、裆部、牙齿、脚和头发的清洁。记住，任何隐蔽、潮湿又温暖的地方都容易滋生跳蚤。

在没有肥皂的情况下，可以用烟灰、沙子或沃土进行清洁，也可以自己动手用动物脂肪和灰烬制作肥皂。在没有水的情况下，"空气浴"也极有好处。在不影响身体健康的前提下，尽可能多地脱掉衣服，在新鲜的空气中暴露一个小时，这对身体健康非常有益。阳光具有杀菌作用，可以在合适的时候把衣物放在阳光下暴晒。

牙齿

保持牙齿和口腔的清洁非常重要。如果没有牙刷，可以用树枝做成"咀嚼棒"——咀嚼树枝的一端使纤维破裂，然后沿着牙齿和牙龈摩擦。如果附近有河流，则可以用香蒲来洁牙。将香蒲的细茎拉开，形成一个齿状截面，将这一面紧贴在牙齿上，可以让牙齿更清新。然后将这根细茎一分为二，用粗糙的一面刮擦牙菌斑。这种清洁方式是当地土著印第安人的传统办法，效果非常好。用盐水（不要吞咽）或树皮泡茶漱口，可以预防喉咙感染。

脚部

每个士兵都要遵守一条重要原则：用心呵护自己的双脚。善待十个脚趾，因为你需要依靠双脚一步步走出绝境。定期清洗、擦干并按摩双脚，预防措施永远是关键，不要等到脚部出现问题才进行处理。

一旦感觉双脚有任何不适，如湿热难耐，请短暂地休息，将双脚暴露在空气中，然后轻轻擦干，重新穿上袜子和靴子，这样做可以帮助缓解不适感。

可以尝试在袜子内侧放置适量的苔藓。苔藓是天然的垫料，能够减少摩擦，从而降低起水疱的风险。如果双脚不幸起了水疱，切忌随意触碰。水疱破裂后，应视为开放性伤口处理。

阳光具有杀菌作用，可以在合适的时候把衣物放在阳光下暴晒。

医疗问题

在野外面对突发的医疗状况时只能依靠自己。这种情况下，你的选择难免会受到限制，但是请务必保持冷静，努力控制恐慌情绪，稳定的心态对于妥善解决问题很有帮助。轻伤应立即处理，避免其恶化到危及生命的程度。

伤口

皮肤破损时就会产生伤口，这些伤口可能源于轻微的割伤、擦伤、烧伤、冻伤，甚至是水疱。不论伤口看起来多么微小，我们都不能掉以轻心。除了失血的危险外，更应该警惕致命的感染。任何与伤口接触的细菌都可能引发感染。

止血的关键是按压伤口和抬高伤处（但请注意，抬高受伤部位并不适用于蛇咬伤的处理）。如果伤口正在出血，应迅速坐下按压伤口，并尽可能让伤口位置高于心脏，这样能减轻血液流向伤口的压力。按压伤口时，务必保持足够的力度和时长，这样才能有效止血。每隔15分钟稍微放松一下，观察出血情况。

接下来的关键步骤是清洁伤口。在缺乏淡水的情况下，特别是在需要冲洗伤口中的杂物时，可以考虑使用尿液进行清洁，因为尿液是无菌的。除非伤口非常严重，一般不建议将其封闭，以确保空气流通。

休克

当心脏无法提供足够的血压将血液泵送到全身，以维持各器官与组织的正常运作时，人体便会陷入休克状态。休克可能源于各种外伤，也可能是感染、中暑、失水、失盐、过度疲劳或严重呕吐所致。

失血超过2升很可能致命，因此一定要避免失血过多。失血状态下要立即寻找庇护所，注意保暖，抬高双腿并少量饮水。

水疱

不要尝试刺破水疱，否则可能导致细菌感染，让其顺其自然即可。如果水疱破裂，应像处理其他开放性伤口一样进行处理。尽可能用清水冲洗，保持伤口处的空气流通。

首要任务是清洁伤口并保持卫生。如果没有淡水，可以使用尿液。

烧伤

无论烧伤面积大小，最佳治疗方法都是立即用大量流动的冷水进行冲洗。将烧伤部位浸泡在冷水中，时间越长越好，确保身体组织得到充分冷却，避免进一步的热损伤。由于组织在受到灼伤后会持续受到伤害，因此长时间的冲洗是必要的。烧伤后体液流失增多，应大量补充水分，维持身体的水电平衡。

晒伤

无论是在冬季的高山隘口，还是在炎热的沙漠地带，晒伤都是一个不容忽视的问题。在面部和其他裸露的皮肤上涂抹泥土可以有效地抵御阳光中的紫外线，尽管这种防晒方式不够美观。事实上，猪喜欢在泥浆里打滚并非没有道理。我曾在阿拉斯加和喜马拉雅山使用过这种方法，效果非常好，尤其是在冰川地区，由于阳光折射，日晒强度很高，防晒措施尤为重要。

疖子

在棍子末端包裹布料，蘸取沸水后轻触疖子，帮助疖子冒出头。用锋利且消过毒的工具挤出疖子。排出脓液后，用流动的水冲洗伤口，并覆盖纱布以防再次感染。

真菌感染

阳光中的紫外线是解决真菌感染的关键。将感染的皮肤暴露在空气和阳光下。避免用手抓挠，因为这可能加重症状。一些天然杀菌剂也能起到一定的辅助作用。

皮疹

护士长的智慧在此处仍然适用。如果皮疹呈湿润状态，则要保持皮肤干燥；如果皮疹呈干燥状态，则要保持皮肤滋润。有时，煮熟的橡子或硬木树皮对流脓的皮疹有独特效果，而动物油脂则能滋润干燥的皮疹。

虱子和蜱虫

虱子和蜱虫可通过排泄物传播斑疹伤寒，因此必须经常检查衣物和身体，一旦发现，立即清除。在条件允许的情况下，将衣物放在阳光下暴晒或用水煮沸，这样做能有效驱虫。避免抓挠被虱子叮咬的部位，以免引发感染，应用清水冲洗叮咬处。至于寄生在皮肤上的蜱虫，烟熏能使它们松开下颚，但可能导致呕吐物残留，因此这并非理想之选。无论采用哪种方法，都要将蜱虫连同头部一起拔出，否则会导致感染。燃烧的树枝、酒精或香烟头都可以作为应急工具，有效驱除蜱虫。

扭伤

如果脚踝受伤，最好先穿上靴子，以防脚踝肿胀后难以穿回。保持脚踝稳定，避免移动，向上抬起以减轻肿胀。用冰袋冰敷可以有效消肿；如果没有，冷水也能起到相似的效果。记住 RICE 原则：休息（Rest）、冰敷（Ice/Cool）、按压（Compress）、抬高（Elevate），这 4 个步骤将有助于扭伤恢复。

骨折

若遭遇骨折，理想的情况是固定伤处以减少活动。活动性骨折可能导致内出血，进而引发休克。如果必须进行活动，则应用夹板牢牢固定骨折部位。

脱臼

脱臼后，复位宜早不宜迟。你自然会知道该怎么做。如果可以的话，尽早迅速地进行复位，长痛不如短痛。复位后立即休息，注意保暖并多饮水。

天然杀菌剂

泥炭藓

泥炭藓不仅富含碘质，更是一种天然敷料。我曾在阿尔卑斯山的一次冒险中，因自制雪鞋而割伤了自己。我用了泥炭藓外敷，它既能清洁伤口，又能迅速止血，效果非常好。

野蒜

野蒜可以直接涂抹在伤口上，也可以煮水后用野蒜水涂抹伤口，具有杀菌功效。

盐水

盐水有助于杀死细菌。

蜂蜜

无论是蜂蜜本身还是蜂蜜水，都对细菌具有显著的抑制效果。

蛆虫

千万别小看了蛆虫。尽管不起眼，但它们实际上是一种非常有用的蛋白质来源，并且具备药用价值。如遇开放性伤口严重感染且持续恶化，使用蛆虫进行治疗是一个明智的最终选择。

与其躲避苍蝇，不如让它们在伤口上产卵。当蛆虫孵化出来以后，把伤口包起来，让蛆虫吃掉坏死的组织和脓液。当鲜血开始出现时，说明腐坏的部分已经被清理得差不多了。此时，冲走剩余的蛆虫并定期检查，确保它们全部消失。

保持信心，坚定地活下去。

贝尔的五大生存法则

第一，求生意志

无论你掌握了多少生存技巧，求生意志永远高于知识。在绝境中，只有你自己才能决定放弃还是坚持，而这个决定正是你与众不同的地方。记住，痛苦只是暂时的，而希望则是永恒的。

第二，生命之源

在极端环境下，人体可以忍受长时间的饥饿，在没有食物的情况下存活三周之久。但如果没有水，生命难以维持超过三天。因此，保持充足的水分摄取是头等大事。

第三，甜蜜家园

归属感是人类最深层的本能之一。尽可能为自己建造一个温暖、干燥又舒适的庇护所，它会给你带来身体和心灵上的抚慰。突然间，一切困难似乎都变得不那么可怕了。

第四，上帝之火

利用有限的资源成功生火能极大地提振士气。火能带来温暖，解决温饱问题，甚至在必要时提供保护。掌握生火技巧是生存的关键技能之一。

第五，保持信念

有信念是值得骄傲的一件事。对自己有信念，对上帝有信念，对彼此有信念。古往今来，一次又一次的实践证明，信念是人类伟大的盟友，是人类最强大的力量源泉。

"愿希望之火重燃,愿祈祷得到回应。生命中的旱季终将过去,春雨会再次滋润大地。"

——萨拉·巴恩·布雷思纳克(Sarah Ban Breathnach)

第二章

山区酷暑

一年四季之中，世界各地的高山都很容易受到低温、强风和冰雪的侵袭。而在酷暑季节的低坡和山谷，大自然展现出了最迷人的魅力。

对于人类而言，生存的最大挑战往往在于极端温度与食物水源的匮乏。然而，在酷暑季节的山区，与其他地形不同，这两点并非主要因素。

因此，你应当感到庆幸。毕竟积极的心态在任何生存环境中都至关重要。当然，这并不意味着安全返回文明世界就变得轻而易举。地球上的山脉覆盖了从南极到撒哈拉沙漠（the Sahara Desert）边缘的各种气候带，危机四伏。

乌拉尔山脉（the Urals）从北冰洋一直延伸到俄罗斯和哈萨克斯坦的边境，覆盖着茂密的泰加林。密集的针叶林使导航变得极为困难，而森林里的棕熊也时刻威胁着你的人身安全。冬天，气温低至零下60℃，地面冻得结结实实；而在短暂的夏季，积雪融化后形成沼泽，使行动变得极为艰难。

安第斯山脉（the Andes）是世界上最长的山脉，以雄壮的身姿贯穿了南美洲西部，从加勒比海（the Caribbean Sea）一路延伸至合恩角（Cape Horn），长达7200千米，沿途汇聚了地球上众多令人惊叹的地

积极的心态在任何生存环境中都至关重要。

貌：世界上最高的活火山之一——厄瓜多尔的科托帕希火山（Cotopaxi）；地球上最干旱的地方之一——智利的阿塔卡马沙漠（the Atacama Desert）；还有巴塔哥尼亚的火地岛（Tierra del Fuego）——其海平面上覆盖着壮观的冰川。

不过，北半球温带地区大部分山脉的最高峰在夏季仍然白雪皑皑，而山下的森林和山谷的气候却相对温和。欧洲的阿尔卑斯山和比利牛斯山（the Pyrenees），以及北美的落基山脉皆是如此。

无论是夏季还是冬季，这些雄伟的山脉往往展现出壮丽的景色。然而，其陡峭的山坡并不适合逗留。因此，如果你不幸遭遇困境，无法迅速获救且暂无栖身之地，最好的做法是迅速下山来到山谷中。山谷中更加温暖，找到庇护所、水源和食物的机会也更大。

然而，如果不经过深思熟虑和精心规划，这个看似明智的决定也可能充满危险。虽然重力能助你一臂之力，但对于没有受过专业训练的人来说，在近乎垂直的地形上攀岩是极其危险的。大多数情况下，你很难看清下方的地形。这意味着你可能会在几个小时候后发现，唯一的出路就是回到原点，白白消耗了体力和士气。

我曾在新西兰的一次探险中亲身经历过这种困境。当时我独自一人，选择了与登顶路线不同的下山路线。下山过程中，岩壁变得越来越陡峭，并逐渐凸起，形成了一个光滑的仰角，几乎完全看不见下面的情况。在距离下一个平台仅3米的地方，我决定冒险跳下去。

> **最好的做法是迅速下山来到山谷中。山谷中更加温暖，找到庇护所、水源和食物的机会也更大。**

我继续沿着越来越陡峭的悬岩攀爬，跳到越来越窄的平台上。最终，我来到了悬崖边缘，探身准备再次下降时，却发现脚下空无一物。这次下降的距离远不止3米，而是整整150米。我陷入了一个绝境，前无进路，后无退路。

上方是光秃秃的悬岩，而下方的深度远超我所有绳子的长度。别无选择的我只能试图往回攀爬。如果我无法翻越这些岩石边缘，我将被困在这里，在这块摇摇欲坠的岩石上，逐渐耗尽力气。

那种孤身一人、暴露在外的脆弱感非常可怕，而重新爬回去的经历则成了我最深刻的回忆之一。因此，下山时一定要格外小心，因为你看不到下方的清晰路线。陷入进退两难的困境是山区中常见的致命原因。

在山区中，还有一些常见的自然灾害需要警惕。雷电通常是致命的，而暴露在开阔地区尤为危险，因为此时你成为了电流接地的唯一导体。此外，河谷看似安全，实则危机四伏。暴雨冲刷干涸的山坡会引发山洪，其速度之快令人难以置信，而湿地、沼泽、湖泊和湍急的河流会让导航变得异常困难。

值得庆幸的是，至少你还活着。现在，让我们从头开始学习，努力帮你摆脱这可怕的困境吧！

建造庇护所

在任何生存环境下，建造庇护所都应该是首要任务。即使在夏季，天气较为宜人时，寻找或建造庇护所也是最重要的。水和食物很快会成为生存必需品，但在没有庇护所的情况下，为了保持温暖干燥，你将不得不消耗不必要的能量，这是对水源和食物的极大浪费。

这或许正是我在第一章中提到的心理战的开始。在如此巨大的压力下，你真的能冷静思考吗？你是否能够充分利用精神和体力，发挥出自己的优势？大多数人在养尊处优的现代生活中丧失了本能，而你能否重新发现人类本能真正的意义和价值？

由于缺乏休息，疲劳会导致人做出错误的决定，而错误的决定又会使身心俱疲。此时，你需要一个可以称为"家"的地方，无论多么简陋，都能为你的内心带来极大的鼓舞。

但是，与其他生存要素一样，在投入大量宝贵的精力去制作一个不合适的庇护所之前，你必须深思熟虑。问自己几个关键问题：我应该留在原地吗？如果我留在原地更有可能获救吗？如果答案是否定的，那么我应该在哪里寻找其他庇护所？我可能在这个地方待多久？我还会回来吗？

记住，思考是关键。如果你匆匆忙忙地在一个不合适的地方搭建了一个不稳定、通风不好的庇护所，那么它不仅无法提供帮助，反而可能带来更大的麻烦。比如，一场大雨就可能让它漏水，使你浑身湿透；或者野猪可能会撞破你精心建造的小屋。

在任何生存环境下，建造庇护所都应该是首要任务。

最重要的一点是，建造庇护所需要想象力和常识。

此时，你已经耗尽了宝贵的精力，干渴难耐，而外面似乎马上就要下雨了，黑夜也正在降临。面对这些不利因素，你可能会后悔不已：为什么不在有机会的时候坐下来好好思考一下呢？

那么，我们还是从最基本的原则开始吧。

庇护所位置

位置决定一切——这句传统房产中介的至理名言，即使在偏远地区建造庇护所时仍然适用。要想在最佳位置建造一个有效的庇护所，以下几点需要牢记在心。第一点，也是最重要的一点，庇护所必须能够抵御风雨。在山区，你将面临大自然的各种挑战。阳光、雨水、狂风和极端温度轮番袭来，不断考验你的住所是否足够坚固稳定。因此，庇护所必须远离可能发生洪水和落石的地方，并远离野兽或昆虫的干扰。

在选择地点时，请务必花时间研究周围的地形。如果你所处的位置可能直接暴露在风雨中，例如高高的山脊上，那么请重新考虑选择其他地点。

此外，尽量选择朝南的山坡，因为南边的岩石和树木可以长时间地吸收并保持阳光的温暖。

一般来说，山谷中的营地是理想之选，但要尽量避免在谷底扎营。谷底可能存在河流和沼泽地，还有洪水泛滥的危险。此外，夜间冷空气下沉时，谷底的气温会急剧下降。

> 尽量选择朝南的山坡，因为南边的岩石和树木可以长时间地吸收并保持阳光的温暖。

理想的山区扎营地点是离谷底约30米高的平地，最好有能吸热的树木或岩石作为屏障。这30米的高度能够为庇护所增添一些温暖。

另外，避免在有明显动物足迹的地方扎营。这些地方可能有动物频繁出没，如果你的庇护所挡住了它们获取食物或水源的道路，它们可能会变得不太友好。开始建造之前，请抬头检查周围环境。摇摇欲坠的腐烂树枝曾让许多不细心的徒步者吃过苦头，请确保不会犯这种错误。

庇护所种类

庇护所的类型在很大程度上取决于你打算在某个地点停留的时间。有时，你可能只需要一个能过夜的短期庇护所，或者只是一个在暴雨中保持几个小时干燥的地方。

天然庇护所

山洞

如果你碰巧在附近找到一个山洞，那么短期来看，这将是一个极佳的庇护所。但从长远来看，山洞作为庇护所的弊大于利。山洞通常阴冷潮湿，还可能栖息着蝙蝠、蛇或其他野生动物。这些动物可能有传播疾病的风险，而且不欢迎你的到来。

树木，凹洞和巨石

只要能遮风挡雨，任何树木、腐朽的树干或自然形成的空间，都可以作为庇护所。同样，你需要在周围增加一些保护性结构，比如用茂密的枝叶作为挡风墙，或在脚下铺上一些灌木作为隔热层。

如果你选择利用地面上的凹洞作为庇护所，那么请确保有良好的排水设计，以避免在暴雨来临时被淋湿。

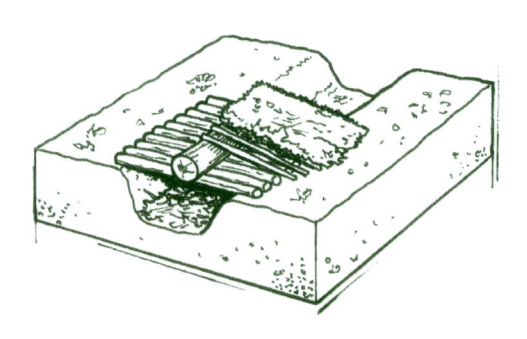

低垂的树枝

一些枝叶茂密的树木低垂的枝丫通常是临时遮风挡雨的绝佳选择。针叶树往往比阔叶树更佳，掉落的松针还能起到缓冲和隔热的作用。

在山区扎营的理想地点是离谷底约 30 米高的平地上。

临时庇护所

直角式

利用巨石和树干等与地面大致成直角的自然地貌，我们可以轻松地搭建一个有效的临时庇护所。首先在前方挖一个浅坑，坑里垫上小树枝和灌木，然后用大量树枝和树叶覆盖这个空间即可。

倾斜式

倾斜式庇护所的设计原理与上文中的直角式大致相同，只是倾斜式庇护所的前方区域是开放的。这种庇护所可以在开放区生一堆篝火，并搭配一个反射物体来增加温度。首先找到两棵高度相当的大树，在两棵树中间的树枝、树干或绳子上，以 45 度角斜靠一些树枝，最后在表面覆盖树叶即可。在没有防水油布或塑料布的情况下，表面覆盖的树叶至少要有 10 厘米厚，并用树枝压住顶部，这样才能防雨。切记要选择一个远离大风的位置搭建庇护所。注意不要让树枝伸进庇护所里，以免雨水顺着树枝滴落到你身上。

弯曲式

如果发现一些生长在一起的小树苗，可以将它们相向弯曲，并在顶部捆扎加固，形成一种类似于摇滚音乐会和露营地常见的圆顶帐篷的结构。如果小树的生长位置不理想，我们可以砍伐一些树苗，在地上挖一圈小洞，将树苗插入地下，然后按上述方法将树苗顶端绑在一起。此外，将树枝和树叶编织起来，可以有效地防止热量流失。

三脚架式

使用结实、笔直的树枝搭建各式各样的三脚架结构，可以作为许多狗窝式结构的基本框架，是绝佳的庇护所。搭建方法是将树木和树枝铺设在两边作为墙壁，再用树叶和叶子层层覆盖。

注意，在建造过程中，覆盖其上的树叶会因为重力逐渐下压，从而减少内部空间。因此，三脚架结构的内部尺寸需要尽早确定。你可以躺在基本框架下方，然后根据自己体形进行相应调整。应留出足够的通风和活动空间，同时不影响保温。

残骸庇护所

如果遇到自然形成的残骸，例如被风暴摧毁或被熊压倒的小树，只需清理树枝底部，然后用苔藓、树叶或枯树枝垫高两侧，就能快速简便地搭建一个天然的庇护所。

在落基山脉探险期间，我曾亲身体验过这种庇护所的实用性。当时我独自一人在荒山野岭之中，身无长物。在我没有太多时间精心搭建庇护所的第一晚，它为我提供了一个温暖的港湾。我用苔藓和松针在庇护所的地面和顶部做了良好的隔热，因此内部比外部要暖和10℃。

长期庇护所

椭圆形草棚

椭圆形草棚是在美国土著旧时使用的圆锥形帐篷基础上，利用基本的倾斜建造技术建成的。关键在于选择大小和长度相近的树枝，将其搭成锥形或圆顶形结构。这种结构既可独立建造，也可围绕小树的树干建造。

同样，可以将建造墙壁的树枝插入地下，以增强稳定性。此外，用树叶和叶子编织成隔热层，确保内部温暖舒适。

A 形框架

虽然 A 形框架庇护所的搭建耗时更长，但其稳定性、持久性更佳，能够抵御各种自然天气。首先找一根结实笔直的横杆，其长度将决定庇护所的整体大小。将横杆两端分别绑在另外两对呈倒 V 形的竖杆上。在连接其中一端的框架时，另一端需要用枝杈或其他高架平台来支撑。一端安装完毕后，另一端的安装会变得相对容易。

确定哪一端作为入口后，在墙壁和背面的横杆上用树枝和树叶编织出网架，并用树叶覆盖（详见下页的"建筑大师课程"）。根据天气情况，可以加盖第二层甚至第三层覆盖物。此外，在庇护所入口生火，并使用巨石或热反射石将热量反射回庇护所内，可进一步提升内部的温度。

在丛林环境中（后文中会提到），可以对 A 形框架进行调整改造，在横梁上增加高床，以防止爬虫等不速之客的到来。

在大沼泽地（the Everglade swamps）建造高床，远离水域。

生存庇护所
建筑大师课程

正如我的军士长过去常常提醒我们的："受苦受冻百无一用。"一个坚固且建造精良的庇护所是你回归舒适生活的第一步。在建造阶段，只需稍加注意，遵循以下提示就不会出错。

• 开工前脱掉一层衣服。如果天气潮湿，这将意味着你在完工后有干爽的衣服可以替换，不会浑身是汗。

• 始终确保在天黑前至少两小时开始施工，夜间工作难度会大很多。

• 在开始搭建之前，务必确定好庇护所的结构尺寸，按计划施工，避免后期调整。

• 注意，底层结构必须足够坚固，以承受后续添加的隔热层以及不可避免地渗入上层的多余雨水。

• 将庇护所与风向成90度放置。这样庇护所将成为防风墙（而非风向袋），并将烟雾吹离篝火，而不是吹进庇护所内。

• 确保庇护所框架的末端（例如A形框架的顶部）不会超出主体结构。如果超出了则会积水并滴到墙壁上。

• 利用一切可用的材料来帮助建造庇护所，如塑料布、防水油布、雨披或帆布等。假如不能利用这些材料在干燥的环境中收集水源，那么它们将是非常宝贵的防水防寒材料。

• 请不要忽视黑色垃圾袋优良的防水防风性能，它们在紧急情况下可能是生存的关键。

• 如果使用雨披或类似的防水材料搭建庇护所，请确保其保持紧绷，并与地面成45度以上的角度。这样可以确保雨水快速排出，并且不易渗入纤维。

• 覆盖庇护所四周的隔热层（树叶、苔藓等）应从地面开始搭建，逐层加到框架上，使每一层都与下面一层重叠。使用足够多的隔热材料和树叶，这样才能抵御瓢泼大雨。

• 树枝的网架不需要特别规整，因此不用浪费太多的时间和精力在上面，保持材料的自然形状和纹理即可。

• 务必在庇护所周围挖一条排水沟，以便排走从山坡上流下来的雨水。

• 即使在夏天也要确保地面隔热良好，这样能够极大地减少热量流失，提高舒适度。

• 将松针塞进塑料袋或备用夹克里可以做成很好的羽绒被、床垫和枕头。

• 睡觉前，在外套和裤子里塞满苔藓、蕨类植物或香蒲，将形成一层气垫，有助于在寒冷的夜晚保暖。

• 同理，晚上睡觉时将靴子松开，保持脚部舒适。

"人人都会面临困境。"
前英国特种空军部队军士长

独自一人在山中，浑身湿透，生存难度可想而知。

寻找水源

从表面上看，夏天在山区寻找水源应该不是什么大问题。山顶积雪融化，涓涓细流汇入清澈见底的山涧，山谷中的河流汹涌澎湃、水流湍急，水质含氧量高，可以激浪漂流。

如果你运气好的话，情况或许如此吧。想象中的山峦可能绿意盎然，飘扬着优美的轻音乐，远处的牛铃声随着微风从山谷中传来。但事实上，假设你能从空中看到全景，你会发现自己身处陡峭而贫瘠的山脊，这里植被稀少，食物或水源皆不可见。即使冒险下到海拔更低的地方，你仍然会发现自己身处干旱的半荒漠地带，面临严峻挑战。

无论情况如何，寻找水源是你的首要任务。相信我，相比于营养不良，脱水导致的昏厥更为常见。在我曾经服役的法国外籍军团中，虽然食物的供给并不充裕，但军团却严格要求我们每天摄取足够的水分。因为沙漠是他们最为熟悉的战场环境，他们从沙漠中汲取了许多宝贵的经验教训。

在极端环境中，为了减少不必要的体液损失，请闭上嘴巴，仅用鼻子呼吸。这种方法是撒哈拉沙漠中的游牧民族常用的生存技巧。他们总是把嘴巴遮起来，以避免呼出的水蒸气过度流失。

即使在某个阶段，你幸运地找到了充足的饮用水源来维持生命，携带大量水也是一大挑战。维持人体健康所需的水量极大，携带起来既笨重又不现实。因此，你终将面临可能脱水的风险。

这意味着，体内的每一滴水都应当被视为珍宝。尽量避免不必要的水分流失，让每一滴水的蒸发都物有所值。激烈的活动不仅会加速脱水，还会因焦虑引发不必要的体液损失，对你没有任何益处。

> **无论情况如何，寻找水源是你的首要任务。**

因此，在制订寻找水源的策略时，尽量在阴凉处冷静思考。当找到水源时，一定要记住，水的纯净度和水本身一样重要。

一般来说，在条件允许的情况下，我会确保将水烧开至少 5 分钟后再饮用。为了提升口感，我还会加入富含维生素的玫瑰果花蕾或松针，然后放凉饮用，使其更加清爽。

在没有任何净化手段的情况下，最好不要饮用可疑的水源，而是继续寻找更安全的饮用水源。

水源迹象

如果你善于观察，大自然本身就会为你提供许多水源的线索。

• 食草类哺乳动物在日出和日落时分觅食，它们的足迹通常会指向水源方向。特别是当这些足迹在某些地方呈 V 形交汇时，表明动物们来自不同的方向，都朝着同一个水源汇聚。

• 清晨或傍晚时分，鸟类通常会在水源附近盘旋，有些鸟类（如雀鸟和鸽子）在喝饱水后会低空慢飞。

• 苍蝇、蚂蚁和蜜蜂的群集都可能是附近存在水源的标志。

水源

地表水

在没有雨水的情况下，可以寻找如山溪、河流之类的地表水。水流湍急、水底多石之处最好，因为这种环境有助于过滤潜在的有害物质。海拔高的一大优势便是靠近水的源头，因此相较低海拔地区这里的水更适合饮用。如果在上游约 500 米内没有发现动物尸体，便可放心饮水。在饮用溪水之前，我的诀窍是沿着溪流向下走 5 分钟，检查是否有动物尸体，以保证饮水安全。潺潺的流水声也会进一步刺激口渴。

地下水

如果附近没有溪流，不要忘记查看岩石缝隙和凹陷处。在干旱地区，一丛植被通常表示附近有潮湿的地方。当你口渴难耐时，尝试舔一舔潮湿岩壁上的水滴，或许会有意想不到的甜美。

在平坦松软的地面，可以挖开潮湿的土壤，让泥水沉淀后再进行收集。地表附近的湿气也可以用蒸馏器进行凝结。

动物和植物中的水分

在山区，可作为水源的植物可能不如丛林等其他地形丰富。然而，动物，哪怕是捕食者新留下的残骸，都能在绝境中为你解渴。动物眼球中挤出的液体或许不太诱人，但在生死关头，这种安全可靠的饮用水源美味程度超乎你的想象。记得有一次，我在南太平洋的木筏上钓到了一条鱼，我不仅享用了鱼眼，还吸干了鱼的骨髓。

> 动物眼球中挤出的液体或许不太诱人，但在生死关头，这种安全可靠的饮用水源美味程度超乎你的想象。

收集水分

即使没有充足的地表水，你仍可使用雨露收集器或蒸馏器从植物和大气中收集水分。

小贴士：趁太阳还未升起，早点起床收集这珍贵的露水。

雨露收集器

雨水是自然界最直接的水源，只要妥善收集，便可安全饮用。如果有防水布或防水油布，将其铺展在宽阔的地方，最好是在斜坡上，让水流到干净的容器中。若在平地上，则需在地面挖一个洞，把防水布铺设在上面。记住，需要用重石把防水布压住固定。

露水是由于热力学的基本原理而产生的。当夜晚地面迅速冷却，大气中温度较高的水蒸气就会凝结成露水。在山区环境中，昼夜温差越大，露水就越多。记住这句谚语："有露则无雨。"露水是在较冷且无云的夜晚形成的，预示着好天气的到来，因此要利用好早晨湿润的地面。

露水收集器就是利用这一原理收集水分的。首先挖一个约45厘米深的洞穴，在内部铺上黏土或防水材料。用光滑的石块填充洞穴，促进水汽凝结，并将其截留在洞底。

或者，更简单的方法是拖着T恤在树叶间穿梭，或在腿上绑着破布走过草丛来收集晨露，将收集的露水拧入口中。这种方法挽救了许多人的生命，也让幸存者得以在最干旱的地区继续前行。

蒸馏器

当你身处植被稀少的干旱地区，又没有即将下雨的迹象时，如果你手边有任何类型的防水材料，无论是聚乙烯、塑料还是帆布，都可以利用太阳能蒸馏器来收集露水。

蒸馏器的制作方法如下。在平地挖一个洞，将防水材料覆盖在上方，类似雨水收集器。但这次我们不是收集材料表面接住的雨水，而是收集其底部聚集的水分。在白天的高温下，地表湿气上升，在防水材料较冷的底面凝结。

在防水材料中间放置一块小石头，可以把水滴引导到中间，滴入预先放置的容器中。

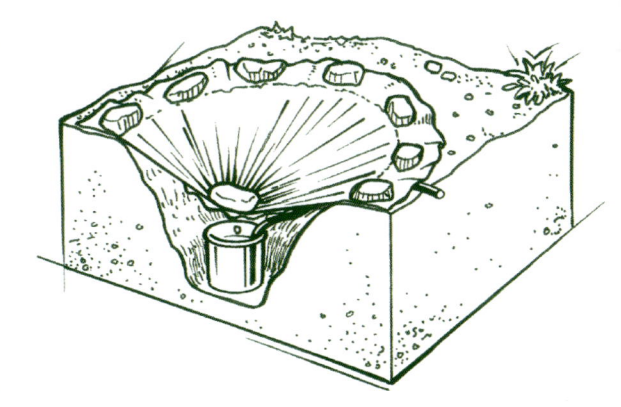

通常情况下，这种方法可以在24小时内收集多达0.5升的液体。若在洞中放入一些植物并洒上自己的尿液，更能增加蒸馏器收集的液体量。

在加利福尼亚约塞米蒂国家公园（the Yosemite National Park）的山顶上尽情狂欢。

植物凝结

与人类一样，植物也主要由水构成。将塑料袋绑在阳光照射下的树枝、肉质叶片或灌木丛上，就能获取植物释放的水分。尽量确保塑料袋不与树叶直接接触，以免阻碍水分的有效凝结。

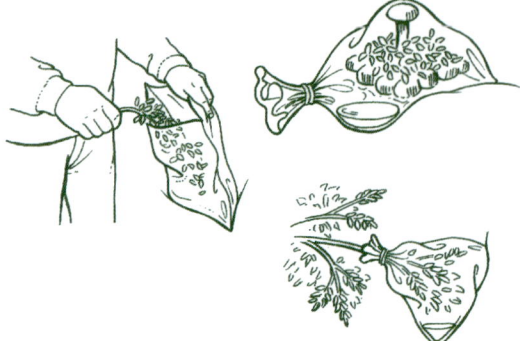

第二章 山区酷暑

菌。贾第鞭毛虫是一种寄生在小肠内的寄生虫，可能引起慢性腹泻，即使在看似清澈的山泉水中也难以避免。一般来说，距离源头越远的水，受污染的风险越高。

> 饮用受污染的水甚至比完全不喝水更为危险。
> 一般来说，距离源头越远的水，受污染的风险越高。

从大气、植物或地面蒸馏器中收集的水，优点在于纯净。不过在大多数情况下，你仍然需要净化不纯净的水源。许多旅行者在国外时会随身携带净水药片或碘酒，以应对没有瓶装水的情况。因此你也应该随身携带一些作为预防措施。衬衫、头巾甚至是装满沙子的袜子都可以实现基本的过滤。

最有效的净水方法无疑是将水烧开至少5分钟，前提条件是你所处的海拔不高，水能在100℃以下沸腾，且具备火源和充足的燃料。这种方法能消灭99.9%可能威胁健康的细菌。

在珠穆朗玛峰海拔8000米的高山营地，空气非常稀薄，水的沸点骤降到70℃，无法有效杀菌。幸运的是，我们饮用的都是融化的雪水，非常新鲜和干净。在这里，只需遵循一条更简单的规则：不要融化黄色的雪饮用！

净水

饮用受污染的水甚至比完全不喝水更危险，与其冒险，不如预先做好准备。即使是含氧丰富的河流里也可能藏匿着寄生虫；冰川融水看似纯净，也可能含有细

寻找食物

夏季是大自然最富饶的季节，山区物资丰富。这意味着至少从理论上讲，你可以均衡地摄取各种营养元素，包括碳水化合物、蛋白质、维生素、矿物质和纤维素等。请记住，除了少数例外，无论是天上飞的、地上跑的还是水里游的，几乎所有动物身上都有可食用的部分。

然而，寻找食物的过程会不断消耗能量。因此，在生存环境中，必须牢记两条黄金法则：一是觅食所消耗的能量不应超过食物所能提供的能量；二是发现食物时必须迅速采取行动。正如那句老话所说："双鸟在林，不如一鸟在手。"

想象一下在森林中奔跑捕猎的场景，或许令人心潮澎湃，但这其实是一种效率极低的觅食方式。更好的策略是设置陷阱，静待猎物自投罗网。陷阱或圈套一旦制作完毕，后续便可反复使用。记住另一句话："不求极致，够用就好。"陷阱不必过于精致，实用即可。在生存面前，实用往往胜过一切。

牢记这些黄金法则，让我们来进一步探索山区丰富的食物来源，并对比它们的优缺点。

> 除了少数例外，无论天上飞的、地上跑的还是水里游的，几乎所有动物身上都有可食用的部分。

树木、植物、坚果和浆果

大多数山脉的低坡上都生长着可食用的植物。世界上大约有 30 万种植物，其中有约 12 万种植物都是可食用的（仅在欧洲就能找到 1 万种）。植物营养最丰富的部分是根部、种子和果实，而叶子则是维生素的良好来源。

山间的动物，如驯鹿、灰熊、鸟类、松鼠和啮齿动物等，早已在漫长的岁月中学会了区分哪些植物可以食用，而哪些会导致头痛腹泻。尽管动物所食的大部分植物对人类来说也是可食用的，但仍需谨慎对待一些例外情况。

那么应该怎么做呢？在野外生存时，积极辨别植物的安全性至关重要。此时并非随意尝试的时机，因为任何中毒都可能使严峻的生存状况雪上加霜。遵守一些简单易记的植物和浆果辨别规则，同时寻找其他可靠的食物来源进行补充。

因此请牢记以下几点。

树木、植物和草

- 生长在水中或潮湿土壤中的植物通常最美味、最有营养。
- 大多数植物的根茎、球茎和块茎都是安全的食物，必须煮熟后食用才能消化。
- 所有的蕨类植物煮熟后均可食用。
- 冷杉树的所有部分均可食用，松树的大部分也可食用。云杉树干底部的树皮内瓤味道甜美，可以将树皮剥下来刮取食用。
- 大多数树木和植物的叶子均可食用，但要避免食用汁液为乳白色的叶片。

- 红色和白色的植物，以及表面覆有尖刺或细毛的植物很可能含有毒素，应避免食用。

- 草本植物的嫩芽和种子是宝贵的蛋白质来源，可以安全食用。但其茎部需要完全煮熟后食用。一定要小心带有剧毒的麦角菌，感染了麦角菌的种子顶端会长出黑色小柱，很容易辨认。

- 香蒲是一种生长在淡水区域的河滨草，在世界各地均有分布。香蒲种子的头部外形奇特，有人形容它像软木浮标，也有人觉得它像棍子上的香肠。香蒲的根茎含有约46%的淀粉和11%的糖分，既可以生吃（先用清水洗净以避免寄生虫），也可以在火上烤熟再吃，烤熟的根茎味道像甜栗子。

- 特别注意毒芹，如果不小心误食，几个小时内就可能致命，传闻苏格拉底就是因此而丧命的。毒芹是一种两年生的草本植物，可以长到2.5米高，叶片细小，呈三角形，根茎光滑且有紫色斑点。毒芹的新鲜叶子和根茎有一种类似防风草的难闻气味。其白色花朵小巧迷人，呈伞状簇生，通常在初夏时节开放。毒芹的果实小而扁平，带有棱角。食用后会导致紧张、颤抖、丧失协调能力、抑郁、昏迷，甚至死亡。

水果与浆果

- 生长在植物茎干上的单果通常可以食用。

- 蓝色或黑色的浆果通常可以食用，而白色和黄色的浆果一般不可食用，红色浆果则需要谨慎辨别。蓝莓是所有水果中抗氧化剂含量之王，如果在野外发现蓝莓，请千万不要错过大自然的馈赠。

- 聚合果（如覆盆子和黑莓）是美味的食物。

- 蔷薇科植物的单果可以食用，其特点是花朵有5片花瓣，且在单茎末端结果。玫瑰果就是一个典型的例子，它含有丰富的维生素A和维生素C，泡茶饮用更是别有一番风味。

坚果和种子

- 通过观察其他动物的行为可以找到坚果和种子的踪迹。例如，鹿和野猪等野生动物经常会在某些地方挖掘进食，模仿它们的行为可能会有所发现。

- 所有结松果的树，其种子均可食用。另外，松针富含维生素C，也是营养丰富的食材。

蘑菇

- 有些蘑菇看似诱人，但实则有毒。除非你已经是鉴别蘑菇的专家，否则最好不要轻易尝试食用蘑菇。烹饪并不能去除毒蘑菇的毒性，而且选择错误的蘑菇种类很可能会带来致命的后果。

- 如果一定要食用蘑菇，一般的经验是避免食用白色菌褶的蘑菇，选择棕色菌褶的蘑菇更为安全。初次尝试时，可以先在舌头上放一小块蘑菇，观察5分钟。如果没有不良反应，再尝一小部分，等待30分钟。总之，食用蘑菇需要非常谨慎。

昆虫、蛴螬和蠕虫

大多数人不会乐于把蛆虫、甲虫和蠕虫当作早餐。但残酷的现实是,当面临生死抉择时,我们没有时间去过分纠结这个恶心的问题。作为一个平时极其挑食的人,我的经验是当人在饥饿难耐时,这些恶心的虫子突然就不成问题了。

这些爬虫数量庞大,而且容易捕捉。它们的蛋白质含量高达80%,而牛肉只有20%,不过我想快餐连锁店不大可能推出甲虫汉堡。

每盎司蛆虫含有大约70卡的热量,这意味着如果你陷入困境,消耗的能量很少时,每天吃一把蛆虫几乎可以满足生存所需的能量。不过,建议在食用之前去掉蛆虫的头部,这样吃起来口感会好得多。

如果你能收集到足够多的昆虫,可以先把它们炒熟,或者煮熟晾干,再碾成粉末炖汤。蠕虫也可以用同样的方法处理。

如果你不得不食用蛞蝓,最好整个吞下去!

每当我不得不食用蛆虫、鼻涕虫或蠕虫的时候(我曾经吃过一些非常可怕的长蠕虫),我总是整个吞下。这样既能保证营养的摄入,又避免了咀嚼带来的恶心感。

在北半球的夏季,有一种收集木蚁幼虫作为应急食物的好方法。如果你发现了一个大型蚂蚁窝,只需铺上一张防水油布,砸开蚂蚁窝,将带着蚂蚁及其幼虫的巢穴一起扔到防水油布中间,然后迅速卷起油布的边缘以遮挡阳光。不久后,蚂蚁就会带着幼虫匆忙逃到阴影之下躲避暴晒,几分钟后,你就可以把它们收集起来吃掉。木蚁幼虫的外观像膨化大米,虽然看起来令人没有食欲,但却是营养丰富的高蛋白快餐。

昆虫知识

• 幼虫、蚱蜢、甲虫、蛴螬、蚂蚁、白蚁和蠕虫均可食用,食用蠕虫之前最好将其浸泡在水中,使其排出体内细菌。

• 任何刺人、咬人、长毛、颜色鲜艳或有异味的昆虫都应避免食用,例如毛毛虫、蜘蛛、扁虱、苍蝇和蚊子等。

• 大多数可食用的昆虫都可以生吃。虽然大多数昆虫的味道令人难以接受,但也有例外。比如蛴螬的味道相对清淡;而有些蚂蚁会在体内储存蜂蜜,吃起来味道其实也不错。

爬虫数量庞大，而且容易捕捉。

- 甲虫和蚱蜢等外壳坚硬的昆虫体内可能携带寄生虫，因此要去掉翅膀和带倒刺的腿，煮熟后再食用。
- 如果你还是感到恶心不已，可以将昆虫磨成糊状，然后与植物的根茎混合。这样食用或许能改变你对昆虫的固有印象。

鱼类

有山的地方就有山谷，有山谷的地方就有河流，有河流的地方就有鱼。迄今为止，在我考察过的所有山区中，鱼类是最美味的食物。

你可以向人类祖先学习，用荆棘、骨头或羽毛制作鱼钩。此外，荨麻的茎秆等纤维材料，或身上携带的衣物和绳索，都可以用来制作鱼线。当然，最简单的方法还是直接用手捕鱼。

陷阱捕鱼、鱼叉叉鱼以及徒手抓鱼

有时，鱼儿会因各种原因陷入困境。例如，在盛夏时节河水水位下降时，它们可能会被困在水池中。因此，你应该首先观察这些潜在的捕鱼地点。若能了解鱼类的基本习性，你将更容易找到它们的踪迹。接下来，和精明的厨师一样，你只需要运用陷阱技巧将鱼引入圈套。

鱼和人类一样，需要食物和氧气来维持生命。因此，它们偏爱清澈、富氧的水域。鱼类通常在清晨、傍晚或夜间（夜间捕鱼需要使用手电筒）外出觅食，这些时段是捕鱼的最佳时机。

在湍急的河道外侧弯道处，由于水位较浅，鱼类常在此觅食。它们也具备与人类相似的适应性行为：在炎热时会寻找阴凉处避暑，在寒冷时则会靠近阳光。因此，在白天捕鱼时，要特别留意河岸下的阴凉处。

利用这些知识，选择一个有利的捕鱼位置。接下来，你可以用石头、木棍或切开的塑料瓶（如图所示）制作一个简单的漏斗陷阱，把鱼儿赶进去，让它们无处可逃。当鱼成群结队地去产卵时，这种陷阱尤为有效。有条件的话，可以用昆虫或之前捕到的鱼的内脏作为诱饵。

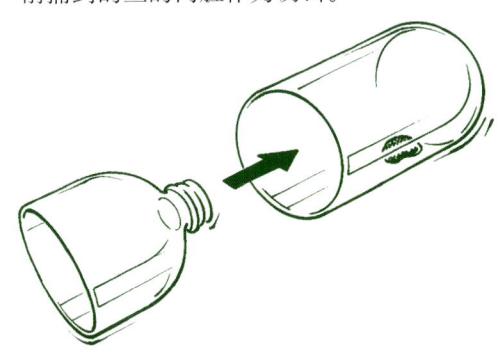

用鱼叉叉鱼也是一种选择，但由于鱼儿常常躲在岩石下，鱼叉很难发挥作用。同时，还要注意水的折射现象，确保瞄准实际看到鱼的位置。

徒手抓鱼也是一种技巧。将手轻轻地伸进水中，手掌朝上，四指和拇指弯曲。确定鱼的位置后，缓慢接近而不惊扰它们（这需要练习），然后迅速准确地将其抓住。这并不容易，但是只要耐心地练习，成功的机会还是很大的。

徒手抓鱼小技巧：
- 从下游开始捕鱼。
- 使手的温度逐渐与河水一致。
- 从鱼的背后慢慢靠近，确保你的影子不要出现在水面上。

一种方法是将手放在鱼的上方，然后迅速伸入淤泥中，紧紧抓住滑溜的鱼鳞，将鱼抓出水面。另一种方法则是将手缓缓伸到鱼的下方，模仿水流轻轻抚摸鱼腹，使其放松警惕，然后快速将鱼舀到岸上。

这两种方法我都曾成功实践过，抓到鱼后立刻生吃。在食用时，抓住鱼鳃用力咬下脊柱部分即可。如果该地区存在寄生虫问题，不妨先轻轻弹一下鱼身，将水中的寄生虫甩掉。

有时，鱼儿会游进小水池里，由于水位下降而无法出来。此时，它们最为温顺。随着水池中的氧气消耗殆尽，鱼的反

生吃刚从河里捉到的阿拉斯加鲑鱼。

应也会变得迟钝，这时最容易捕捉。

或者你也可以涉水到溪流中间，搅起水底的淤泥，然后顺流而下。淤泥会把鱼群驱赶到河岸附近，寻找新鲜的氧气。因此浑浊的河床下游通常是捕捞鳟鱼的好地方。

夜钓

更好的捕鱼方式是布置夜钓的鱼线。利用衣服或绳子上的线头、荆棘上的钩刺，甚至是捡来的铁丝，巧妙地编织成鱼线。接着，在这条线上挂上 5 个或以上的鱼钩，用石头把鱼线的一端固定在河底，另一端固定在岸边。小鱼、动物内脏、蠕虫或者其他昆虫是诱饵的首选，如果实在没有这些诱饵，你还可以利用任何能找到的闪亮金属作为替代。在日落之前，精心布置好所有的鱼线，第二天早上进行检查。有时，一条上钩的鱼会吸引更多好奇的鱼儿靠近，特别是在食物稀缺的时候。你可以同时布置多条鱼线，我曾用这种方法捕获了大量的鱼。建议以 20% 的捕获率为基础，即设置 5 条线来确保捕获一条鱼。夜钓是非常有用且高效的捕鱼方式。让鱼线充分发挥作用，而不是自己埋头苦干。

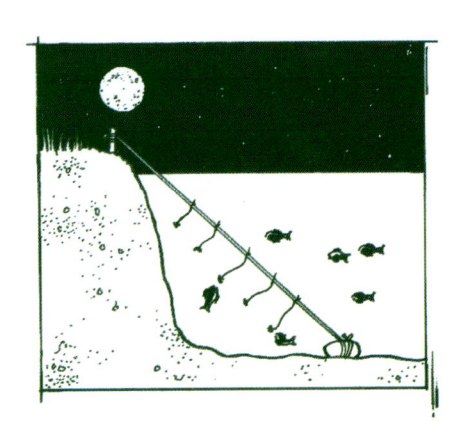

> **夜钓是非常有用且高效的捕鱼方式。让鱼线充分发挥作用，而不是自己埋头苦干。**

野生动物、蛇和啮齿动物

广袤的山区中生活着大量的野生动物，但除非你携带了枪支，否则很难捕猎到鹿等大型野生动物。因此，最好先将精力集中在小型动物身上，例如蛇和啮齿动物等，这些小型动物捕猎起来相对容易，处理起来也更为简单。

正如我们在第一章中所探讨的，制作陷阱并不复杂，不过这些陷阱的设置在许多国家都是非法行为，因此只能在生死攸关的情况下使用。了解猎物的生活习性和行

现场将一只兔子开膛破肚，然后将处理好的肉带回我的营地。

为模式非常关键。许多动物在寻找水源和食物时会沿着同一条路径行动，因此这些地点非常适合设置陷阱。

另一种更简单的方法是直接用矛来刺杀野兔等小动物。矛的制作比较简单，只需选择一棵细长的树苗，用刀或石片将其削尖，然后将末端淬火即可。在兔洞外放置诱饵，静待猎物的到来。不过，这种方法不如设置陷阱来的高效。陷阱能在你休息的时候持续发挥作用。

你也可以采用烟熏的方法将动物从洞穴里驱赶出来。堵住所有洞口，只留下两个，在其中一个洞口外生一堆小火，在另一个洞口放一张网或挖一个坑。准备一支长矛来刺杀猎物；如果猎物被网住，则抓住其后腿和脖子，将其脖子扭断。记住：动作一定要果断，犹豫不决对双方都没有好处。

你还可以将4个安全别针固定在一起，制成一个迷你锚形倒钩。这个倒钩可以作为诱饵丢进兔子洞里，或者放在外面让鸟儿叼走。

蛇肉是非常美味的脂肪和蛋白质来源。如果你能够成功捕获并杀死蛇，那么可以轻松地将其剥皮，将蛇肉串起来放在火上烧烤，我经常这样做。

用一根长木棍夹住蛇头，并用石头猛砸其头部。反复多次，确保蛇的死亡。有一条愤怒的蛇游荡在周围可不是什么好事！

接下来，切断蛇头，剥开蛇皮，将蛇头与蛇身分开，内脏会被一起拉出，剩下的蛇肉即可烹饪。

在烹饪时，可以将蛇肉缠绕在木棍上，一端用茎秆捆绑，另一端夹在木棍的夹缝中。也可以将蛇肉平铺在炽热的余烬或炭火上烘烤。

明火烹饪会使肉丧失部分水分和营养，但味道更佳。根据周围环境的资源状况来选择最佳的烹饪或烘烤方式。

在英国特种空军部队服役期间，我有幸见证了沙漠游牧民独特的生存智慧。他们将响尾蛇的嘴封起来，装在背包里随身携带。以此确保5天后想要吃肉时，响尾蛇的肉依旧是鲜活的。这个方法的确巧妙！

在海拔很高的地方，为了避免急性高原病（AMS），也就是通常所说的高反，及时下山至关重要。

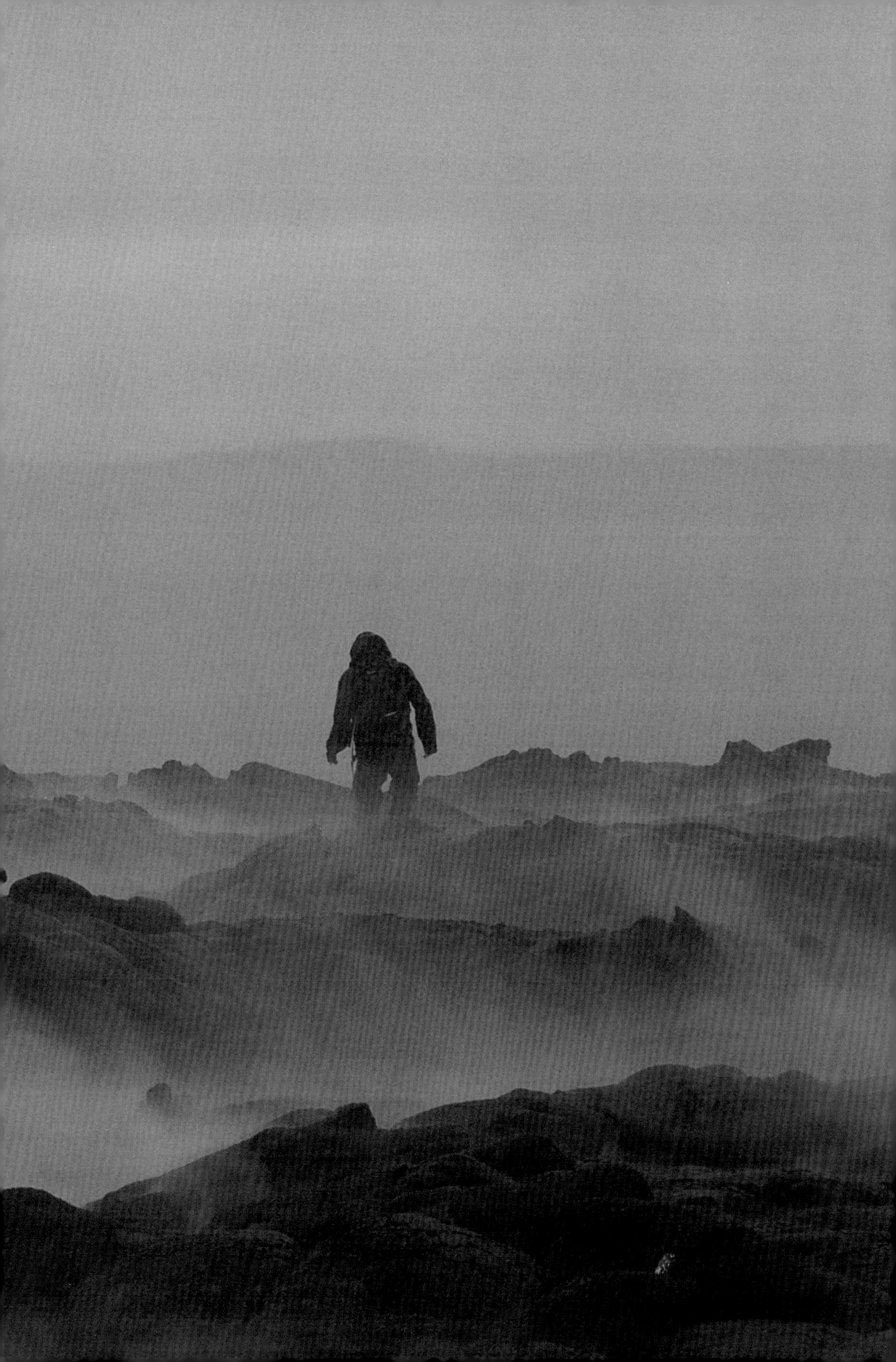

导航与行动

在经历了一段时间的探索后，希望你已经搭好了营地，找到了充足的食物和水源，并有机会休息整顿。不过，如果你所处的位置太过隐蔽，无法从空中被发现，且缺乏食物和水源，那么你迫切需要继续前进。

在海拔很高的地方，为了避免急性高原病，也就是通常所说的高反，及时下山至关重要。虽然高反的症状通常不会在36小时内出现，但在海拔3500米以上的地方，几乎人人都会受到影响。

在出发之前，抓住一切机会抢救装备。运用发散性思维，思考在飞机或降落伞的残骸中，能找到哪些有助于回到文明世界的物品。一些原本为特定目的而制造的消费品，其材料可能在完全不同的情境下派上用场。例如，烹饪的锡罐、塑料袋和水瓶都是非常有用的物品。铁丝可以用来制作陷阱，而扬声器中的磁铁则可以用来制作简易指南针。

绳索在山区生存中是最有用的工具之一。当我背着降落伞着陆时，我一定会把伞衣和绳索抢救出来。这些物品在逃生过程中非常重要。降落伞的伞衣通常由超强防撕裂材料制成，除了防雨之外，还有其他多种用途，比如用作临时背包和搭建庇护所等。绳索本身也是宝贵的物资，用途广泛。利用绳索可以从悬崖或峡谷垂降，寻找食物或水源。

在生存环境中，基本原则是勇于创

一名英国特种空军部队的士兵携带装备跳伞。

新，发散性思考，记住"需求是发明之母"。在关键时刻，人们往往能发挥创造力，利用最平凡的物品求生。例如，在紧急情况下，日常使用的相机胶卷可以用作火种，只需要一点火星，它就能迅速地燃烧起来，提供宝贵的热量和光照。

在前进的过程中，效率至关重要。你的体力是非常宝贵的有限资源，而被迫折返最容易消耗士气，特别是在崎岖的上坡路上。因此，除了多用脑思考，还要多用眼观察。若身处高地，应尽量选择视野开阔的地方，以便更好地收集地形线索。尽量将前方地形的基本轮廓和独特地标记在头脑中（我曾在新西兰将自己困在悬崖峭壁的半山腰上）。

英国特种空军部队新兵选拔的山地阶段开始之前，一条反复提及的经验法则就是："如果你迷路了，就往山下走，直到找到小溪。沿着小溪走，直到遇到河流。沿着河边走，直到回到文明世界，然后给我们打电话。这是10便士的硬币，别弄丢了！"这条法则虽然粗略了些，但似乎总能奏效！

降落伞的伞衣通常由超强防撕裂材料制成，除了防雨之外，还有其他多种用途，比如用作临时背包和搭建庇护所等。

方向

你的当务之急是确定方向。如果对指南针的四个基本方向一无所知，那么往何处前进都可能徒劳无功。饥饿难耐的时候，无意义的徘徊只会消耗体力，除非你是一只翱翔天际的秃鹫。

正如第一章中所讲，掌握利用星星、太阳和月亮进行导航的基础知识非常关键。同时，掌握如木棍成影法或制作简易指南针等临时导航工具也非常重要。然而，在山区中，保持直线行进是一项挑战。此时天空可能乌云密布，临时指南针也很容易遇到问题。无论这些方法是否可用，在穿越荒凉之地时，你必须定时确认方向。因此，了解并利用一些大自然的线索将为你带来巨大的帮助。

利用自然现象

大自然会为你指明方向。如果你知道盛行风的方向，并且观察到树木和灌木丛明显向某个方向倾斜，那么你就拥有了一个非常有用的指向标。朝北和朝南的山坡上植被类型往往大不相同。南面的山坡上阳光充足，因此植被更加茂密高大，且树枝往往接近水平。而生长在北面的植被努力地向南边的阳光伸展，树枝会更加接近垂直。

观察单独一棵树也能为我们提供线索。苔藓喜欢阴凉处，因此北面的树干上可能生长着更多的苔藓。另外，树干类似天然的防晒霜。因此，树苗朝北的一面可能颜色更浅，朝南的一面则颜色更深。太阳光也有漂白作用，因此一块岩石上颜色较浅的一面可能是南面。另外，从倒下的树桩也能看出，朝南的年轮更厚。

在冰川地区，岩石通常会向南方倾倒。由于阳光在岩石下方形成阴影，其周围的冰雪会融化，而笼罩在阴影下的冰雪则不会。这会导致巨大的岩石靠在一块小冰柱上。当南边的阳光洒下，融化小冰柱时，岩石就会向南方倒下。单凭一块石头的倾倒方向来判断不够准确，但如果你观察到一大堆石头朝着同一个方向倾倒，就足以证明那个方向是南方。

当然，所有这些线索都只是拼图中的一块，单独使用可能导致误判。要综合运用这些技巧来确认方向。另外，这些技巧在南半球的情况与北半球恰恰相反。

穿越河谷

行进途中，你极有可能遇到河谷地带。河流既是生命的源泉，也是前行的挑战。一方面，它提供了宝贵的水源和通往安全的道路——河流往往指向人类居住点、道路或桥梁，最终汇入湖泊或大海；另一方面，河流也潜藏着巨大的危险。突如其来的暴雨可能导致山洪暴发，尤其在夏季，干涸的山坡容易引发大规模的泥石流。在北非服役期间，我曾目睹沙漠中的旱

在犹他州的一个偏僻峡谷，我试图从一堆浮木底下游过。

谷在短短几小时内变成了洪流。幸运的是，一小时前我们刚刚转移了巡逻营地。

沿着河岸前进同样充满挑战。遇到沼泽、湿地或难以逾越的峡谷时，建造木筏或使用临时漂浮装置的风险太大，这时你不得不原路返回。

首先，你需要评估河流的风险。了解河水的温度、深度、流速以及上下游的地形障碍。同时，观察河道的走向，判断是否存在暗流，并评估最合适、最安全的下水位置和上岸地点。

一般来说，上游的河面较窄，水位较浅。因此，从上游渡河是一个不错的选择。

尽可能避免涉足未知的山间河流。这些河流里可能潜藏着致命风险，你很容易受伤或体温过低。在落基山脉，我差点同时陷入这两大危机，好不容易才从激流中全身而退，狼狈不堪。因此我建议不要轻易下水，保持衣服干燥是更明智的做法。

用木材捆绑制作木筏也是一种渡河方法，但更适用于水流缓慢的丛林河流。在山区中，木筏有被岩石撞散架的风险。一

> 河流既是生命的源泉，
> 也是前行的挑战。
> 一方面，河流提供了宝贵的水源和
> 通往安全的道路；
> 另一方面，
> 河流也潜藏着巨大的危险。

个更为实际的方案是制作一个简单的漂浮装置，保持头部露出水面即可。例如，你可以将裤腿填满空气和蕨类植物并用绳子扎紧，或者在背包里装满空塑料瓶。漂浮的关键是将漂浮装置放在身前，且不要将所有重量都压在上面，以免沉没。此外，漂浮过程中尽量保证脚在前方，这样就可以用脚挡开遇到的障碍物。

在水里，衣服无法抵御寒冷，但可以带来心理安慰，并保护皮肤免受水中障碍物的刮伤。因此，如果条件允许，只穿着一件打底衣即可，尽可能保护其他衣物不被打湿，并用塑料袋保存好火绒。将这些

塑料袋绑在一起作为漂浮装置。随身携带小刀,以防身体或衣物被水下的树根或树枝缠住。

漂浮时脱掉袜子,但要穿上靴子,以保护脆弱的脚部和脚踝。上岸以后穿上干爽的袜子对于保暖和鼓舞士气都非常有帮助。

一旦决定下水,就必须全力以赴。在水中犹豫不决,或担忧水温太低、水流太急都是毫无意义的,这只会导致你白白损失了宝贵的体温而毫无收获。另外,即使是在炎热的夏天,山间冰川融水的温度也可能接近冰点。为避免休克反应导致的突然吸气和呛水,不要直接跳入水中,而是稳步缓慢地入水。

在温度极低的水中,你最多只能坚持10分钟便会失温。因此在下水之前,必须明确目的地以及如何上岸。

下水后,尽可能保持在水流平稳的区域。记住,弯道外侧的水流速度最快,不要试图激流勇进。

若不可避免地陷入急流,请瞄准急流的"舌部",即水流量最大的区域。这样可以远离突出的岩石。同时要小心旋涡,即水流经过障碍物后方形成的一个具有吸力的"洞"。一旦被卷入旋涡,应努力地向外侧游去。保持信心,有节制地冷静行动是在激流中生存的关键。

垂降技巧

不要轻易尝试垂降。如果操作得当,垂降应该是非常安全的,但如果操作不当,后果不堪设想。我曾亲身经历过从落基山脉的悬崖上垂降,以寻找出路。但我这样做的前提是:我能清楚地看到崖底,而且岩壁本身也很坚固。而你必须非常小心,并接受过在大型的悬崖峭壁垂降的正确培训。在生死攸关的时刻,掌握以下正确的垂降技巧至关重要。

确保绳子的长度至少是崖壁高度的两倍。将其中一半绳索绕成圈,固定在一个安全的锚点上,如大树或岩石。为了增强安全性,建议将锚点加倍,即绕过两至三棵树。

用力绷紧绳索,仔细检查悬崖边缘是否会磨损或割断绳子。为保护绳索,可以用绿色的小树枝作为垫料。

面对锚点,将双股绳索从两腿之间穿过,绕到右大腿后侧。将绳子拉到身体前方,穿过胸部到左肩上,用右手将绳子穿过背部,拉回身体前方。在下降时,右手将用来放绳。

接下来，用左手握住与锚点相连的绳子，双脚分开约45厘米站立在悬崖边上，身体向后倾斜。依靠"安全带"提供支撑，不要试图用左手承受身体的重量。保持稳定，缓慢地向下走，同时右手逐渐释放绳子。

不必追求像突击队员一样的速降，稳扎稳打才是上策。下到崖底后，可以拉动一端收回绳子。

山区行进

在追求高效前进的同时，必须考虑到山区地形对人体的高要求。要实现这一目标，遵守以下规则将有所帮助。

- 一定要选择看起来最简单、最安全的路线。
- 保持舒适的前进速度，根据身体状况定期休息（我总是每小时休息5分钟，这是一种科学的结构化行进方式。休息间隔不宜过长，以免身体变得僵硬疼痛）。上坡时缩短步幅有助于减少体力消耗。
- 遇到障碍物时，选择绕路而非直接穿越。但也要避免盲目地选择看似容易的小路，因为这可能导致你最终偏离正确方向。在崎岖的山区，很容易在精疲力竭之时犯这种错误。
- 攀爬陡坡时采用之字形路线能有效减轻体力负担，而下陡坡时保持膝盖弯曲有助于稳定身体。
- 尽可能避免攀爬碎石斜坡。但另一方面，从碎石斜坡下山可以快速降低海拔高度。下坡时应该迈大步走，将重心放在后脚跟上。一旦开始打滑，应顺着斜坡下滑并转向，类似于滑雪的停止动作。保持警惕注视前方，因为碎石斜坡的前方可能隐藏着陡峭的悬崖。停下来的时候也要留意身后是否有落石。总的来说，谨慎地缓慢移动会更为安全可靠。毕竟生存不是一场短跑，而是一场马拉松。
- 站在山脊上能为你提供更好的视野，帮助你更好地了解周围的地形，从而更顺利地下到山谷。
- 要特别注意脚部的保护，尽量穿好袜子。在脱下靴子后，让袜子多穿几分钟，利用身体的热量帮助蒸发多余的水分。同时，要确保袜子上没有松针等尖锐物，以免磨出水疱。
- 避免穿得过多而导致身体过热。
- 如果需要在夜间行进，应在明亮的月光下行走。记住，在黑夜里需要长达30分钟的时间才能让眼睛适应环境并恢复视力，而强光会立即破坏夜视能力。因此，如果需要使用手电筒照亮地图进行导航，请遮住一只眼睛以保护夜视能力。在英国特种空军部队，我们用胶带粘住手电筒头，只留下针尖大小的缝隙让一束细细的光线通过，以便在不影响夜视能力的情况下读取地图。

自然灾害

对于许多人来说，在野外与世界上最大的食肉动物相遇无疑是一种震撼的体验。但当你孤身迷失在群山之间时，这种体验将迅速转变为惊恐。在灰熊的领地内，它们那看似无害的玩偶形象会瞬间消失。

然而，恐惧往往来源于未知。实际上，与因脱水或疲劳而遭遇困境相比，受到野生动物袭击甚至被杀害的可能性要小得多。许多食肉动物行踪不定，且极力避免与人类接触，喜马拉雅山的雪豹就是如此。因此，你连续中彩票的概率都比被食肉动物猎杀的概率大。

但灰熊这样的动物仍然具有潜在的威胁性。尽管它们并非有意针对人类，但有时可能会因对你的食物产生兴趣而误伤你。因此，在野外准备和储存食物时，再怎么小心都不为过。

通常，除非涉及食物，野生动物只会在受到惊吓或威胁时才发动攻击。如果你无意间惊动了一头大型动物，最好的做法是静悄悄地后退。

请记住，致命的威胁并不只来自大型动物。漏斗网蛛的毒液与狮子的撕咬同样具有致命的杀伤力。因此，了解各种危险动物的行为模式，并学会如何规避它们，是避免野外悲剧的关键。

灰熊

一般来说，除非你误入灰熊领地，或者它们处于非常饥饿的特殊情况，否则这类大型动物通常都会对人类避而远之。只有在万不得已的情况下，特别是在感到自己的领地受到侵犯时，它们才会攻击人类。因此，如果你担心自己可能闯入了熊的领地，你可以大声地呼喊，并用木棍敲打周围的树木。

熊类往往只在受到惊吓或威胁时才会攻击人。

> 如果你担心自己可能闯入了熊的领地，你可以大声地呼喊，并用木棍敲打周围的树木。

回避往往是最佳策略。

- 在营地里，将所有食物妥善保管。在条件允许的情况下，用塑料袋将食物包好，并存放在距离庇护所至少100米远的地方。最好将食物挂在树上，并烧掉所有可能产生异味的垃圾。
- 绝对不要惊扰母熊及其幼崽。如果看到幼熊，很可能说明母熊就在附近，请立即撤退。
- 如果实在遇上了熊，最好的办法是避免与它进行目光接触，并用投降的姿势慢慢后退，保持身体微侧，以免被视为具有攻击性。
- 切记不要转身逃跑，熊会立即将你视作猎物并发起猛攻，而你不可能跑得过熊。
- 如果受到熊的攻击，应躺倒在地，用双手紧紧锁住脖颈，不惜一切代价保护自己的颈部和喉咙。只要还有一线生机，就尽可能逼真地装死，让熊嗅你。
- 倘若熊没有停止攻击，而你手里有刀的话，往熊的眼睛和嘴里刺。
- 如果熊转身离开，先保持静止，直到你完全确定它已经走远为止。

蛇类

- 蛇是冷血动物，夏天喜阴，冬天喜阳。在没有用棍子探查之前，千万不要冒然将手或脚伸进阴暗的角落，或石堆、圆木堆和灌木丛中。每天早上的第一件事就是检查你的靴子，确保没有蛇潜伏其中。
- 蛇通常不会主动攻击人类，除非它们感受到了威胁或惊扰。因此，在蛇的领地里，如果你对前方的路况感到迷茫，最好使用一根长棍进行试探，确保安全后再稳步前行。蛇类对于震动极为敏感，一旦感知到外界的威胁，它们通常会选择逃离。
- 如果不幸遇到了蛇，在确定其准确位置之前务必保持镇静，不要轻举妄动。同时，注意不要背对着蛇，因为这种姿态可能会激怒它，导致攻击行为。最安全的做法是缓慢后退，避免与蛇发生直接冲突。
- 杀死蛇最好的方法是用重棒或石头在靠近其颈部的地方猛烈敲击，力求打断其脊柱。如果条件允许，先用带叉的棍子将蛇按住，再实施致命一击。

蜜蜂

- 当你无意间惊扰了蜂巢，但与它仍有一定距离时（5米左右），最佳的做法是保持静止。蜜蜂往往会寻找移动的目标，这时它们很可能会忽略你的存在。
- 如果不幸受到蜜蜂的攻击，请迅速跑向茂密的灌木丛，或立即跳入附近的河流或湖泊中。
- 切记不要试图拍打蜜蜂，这样做将进一步激怒它们，并吸引更多的蜜蜂加入战斗。

对于许多人来说，在野外与世界上最大的食肉动物相遇无疑是一种震撼的体验。但当你孤身迷失在群山之间时，这种体验将迅速转变为惊恐。

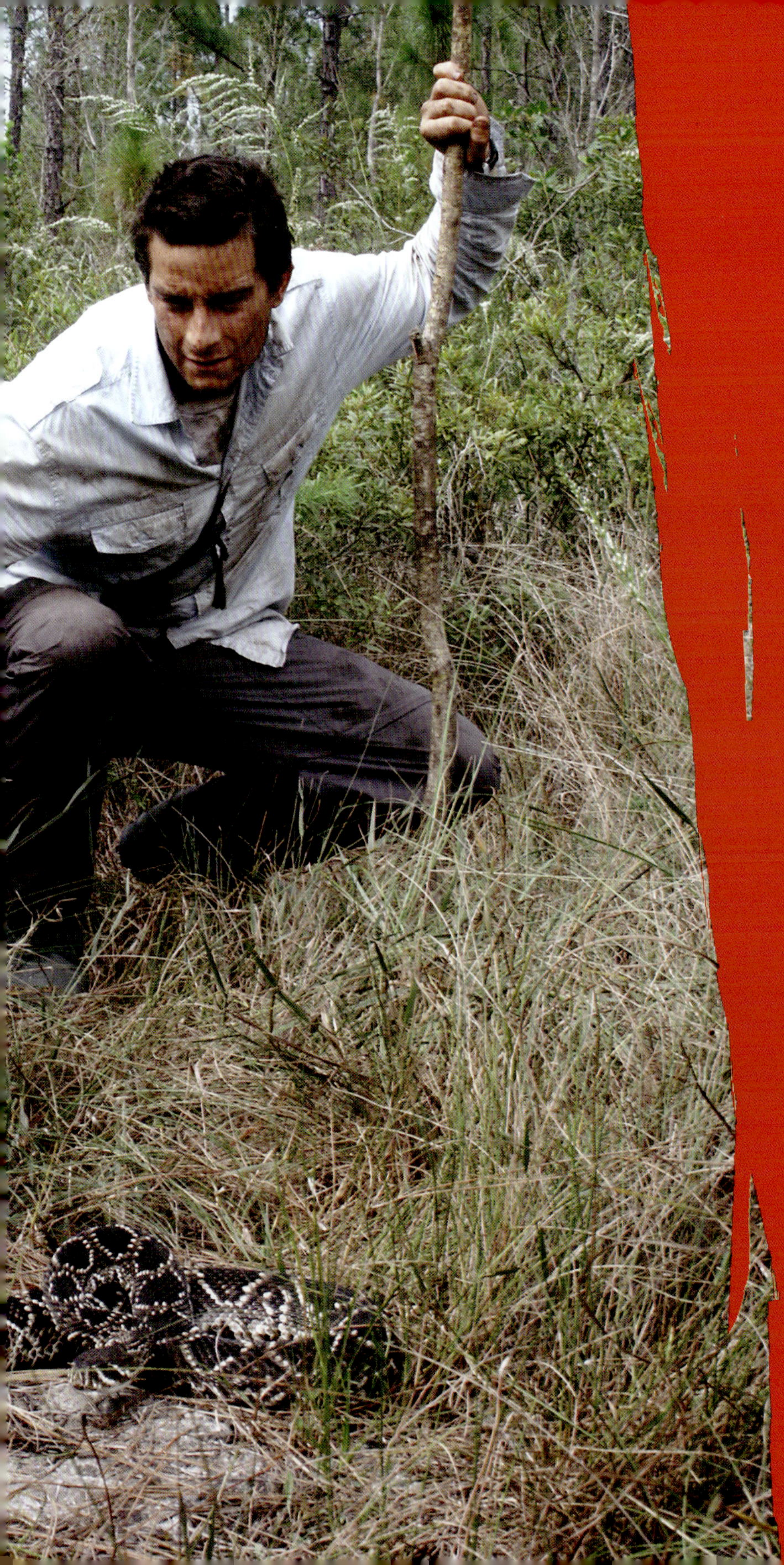

天气指南

在山区中，天气变幻莫测，潜藏着未知的危险。在你最不经意的时候，骤变的天气会让你身处险境，后果不堪设想。在决定何时出发、何时寻找避难所时，我们必须时刻警惕天气的微妙变化。预测天气变化并不容易，但大自然总会以它的方式为我们提供线索。

• 蜘蛛网

天气晴好的时候，蜘蛛网上的蛛丝细长且舒展，蜘蛛会活跃地巡逻。而在雨云聚集的时刻，蜘蛛网会变得短小而紧绷，蜘蛛也变得懒洋洋的。

• 咬人的昆虫

在暴风雨来临前的2~4小时里，咬人的昆虫大量出现，尤其令人讨厌。

• 动物进食

在暴风雨来临前的4~6小时里，梅花鹿、麋鹿和驯鹿等大型动物会大量进食。

• 烟雾信号

如果篝火产生的烟雾稳定上升，通常意味着天气即将好转。而当烟雾上升后再次下降，这可能意味着气压正在下降，预示着暴风雨的来临。

• 彩虹魔法

早晨出现彩虹通常是恶劣天气的预兆，而傍晚出现彩虹则预示着天气转好。

• 大日晕

有时，在太阳或月亮的周围可以看到一个圆圈（即日晕），当天气可能转好时，日晕圈会变大；而当即将下雨时，日晕圈会变小。

• 绿色

在晴朗的天空中，当太阳即将下沉到地平线以下时，如果太阳上方出现了一丝绿色，通常意味着未来天气将会十分宜人。

• 南风

在北半球，有句老话叫"南风卷地雨"。这意味着如果南风吹来，很可能会下雨。而在南半球，情况则相反。

• 暴风雨前的宁静

暴风雨来临之前，大多数动物察觉到天气变化，都会停下正在做的事情。这也是暴雨前周围一片寂静的原因。

• 气味

暴风雨来临之前，森林往往会散发一种独特的气味，好似大自然正敞开怀抱，准备迎接雨水的到来。

• 声音

暴风雨来临之前，充满水汽的大气层就像一个扩音器，往往能将声音传播得更远。

• 晨露

浓浓的晨露预示着好天气的到来。在晴朗无云的夜晚，气温较低时就会形成露水，这表明天气稳定。

• 透镜云

这些透镜状的云层表明高海拔地区有强风，空气中水分较多，冷锋即将到来。此时风和云的高度都会稳步下降。

• 飞机尾迹长时间不消散

如果飞机尾迹停留时间超过两个小时，则意味着低气压和恶劣天气即将来临。

• 朝霞不出门，晚霞行千里

这一口诀适用于北半球。在北半球，阳光穿过稳定的高压空气中悬浮的尘埃颗粒，从而形成了红霞。天空中的晚霞预示着盛行西风的高压即将来临；而朝霞则预示着高气压已经移动到你所在的地方，因此天气即将转坏。

透镜云通常预示着冷锋的到来。

贝尔的山区生存法则

第一，先思考，后行动

在山区，保存体力是成功的关键。在采取行动之前，务必全面考虑各种可能性，然后果断行事。疏谋少略，其事必败。因此，请务必制订明确的计划并坚持到底。

第二，躲避风暴侵袭

山区地形非常容易受到暴风雨的侵袭，但与此同时，在山区建造一个稳固的庇护所相对更容易。充分利用周围丰富的自然资源，大自然已经为你提供了所需的一切。

第三，利用高度优势

在下山之前，一定要利用所处高度对周围的地形进行勘测和定位。在脑海中绘制一张地图，这将为你未来的行动提供宝贵的参考。

第四，观察天气情况

山区的天气变幻莫测，因此要时刻留意天色情况。在天气晴好时抓紧行动，一旦天气恶化，应尽早做好应对准备。相信自己的直觉，并从动物的行为中学习。

第五，了解河流知识

河流既能成为救命的通道，也可能带来危险。除非别无选择，否则尽量避免涉水过河，以免受冻。学会利用河流来帮助生存。顺流而下，河水最终会将你带到安全的地方。

"偶尔的困境,实乃生命之馈赠。它揭示了我们脚下的基石,究竟是坚硬的石头,还是虚浮的沙子。"

——马德琳·恩格尔(Madeleine L'Engle)

第三章

极寒之地

小心翼翼地穿越珠穆朗玛峰上的冰隙。

第三章 极寒之地

在漫天冰雪、极寒温度的荒野中，求生者面临的生存风险陡然增加。

智人漫长的进化过程几乎全部发生在地球的温带地区。这或许并不令人意外，因为人体需要将核心温度维持在大约37℃，以保证各大重要器官的正常运作。如果这一温度降低2℃，低体温症便会开始发作，若无法及时救治，生命将岌岌可危。

当然，也存在一些例外情况。加拿大北部的因纽特人（the Inuit）和西伯利亚（Siberia）驯鹿部落之一的涅涅茨人（the Nenets），都是在大自然的极寒之地找到生存之道的土著民族，而他们所凭借的是数百年的适应能力，以及人类的聪明才智。从古至今，无论是驯鹿皮制成的衣服，还是21世纪的全球定位系统，只有"技术"才能让我们在0℃以下的环境中求得一线生机。

世界上最极端的冬季环境存在于地球的物理极点：最南端、最北端和海拔最高处。北极和南极分别位于北纬66度34分和南纬66度34分，这两个地区所覆盖的面积比欧洲和美国的面积总和还要大。

在北极地区大约2000万平方千米的面积中，有一半是漂浮在北冰洋上的巨大浮冰，周围是包括阿拉斯加（Alaska）、加拿大（Canada）、格陵兰岛（Greenland）、冰岛（Iceland）、挪威（Norway）和俄罗斯（Russia）在内的冰冻陆地。冬季时，海冰厚度通常达到3~4米，覆盖直径约4000千米，而在夏季则缩小至约3000千米。然而，由于全球变暖的影响，这一面积正在迅速缩小。

人体需要将核心温度维持在大约37℃。

另一方面，南极洲占世界陆地面积的约9%。即使在夏季，95%的南极洲陆地也仍被冰雪覆盖。南极洲是地球上最寒冷也是最干燥的地方，温度记录显示，这里的气温曾接近零下90℃。

最后，世界上的高海拔山峰，即使位于赤道附近，也会有终年冰雪覆盖的情况。

然而，这些统计数据掩盖了0℃以下环境中存在的巨大差异。无论是北方还是南方，高山还是低谷，冬季还是夏季，所有受困于极寒环境中的求生者都需要应对三种截然不同的寒冷气候所带来的危险：潮湿、多风和高海拔。

南极洲占世界陆地面积的约9%

极寒天气

北极：潮湿

当日均温度徘徊在0℃到零下10℃之间时，"先冻后融"的过程不断循环，形成了湿润潮湿的气候，这种现象在北极比在南极更为常见。在北极（北半球）夏季漫长的白昼里，雪地变得泥泞不堪，湿滑难行。原本坚实的冰层逐渐变薄，融化的浮冰边缘尤为危险，形成了被称为"冰间水道"的冰水间隙。

为了在北极地区生存下去，你必须赢下这场战斗，保持自身和装备的干燥。

尽管北极地区的气温相对较为温和，但由于多重因素的叠加，这里的生存难度与南极不相上下。2001年，探险家伯格·奥斯兰[1]（Borge Ousland）独立完成了一项史诗级的壮举——从俄罗斯穿越至加拿大，全程长达1800千米的北极之旅。在这段漫长的旅程中，伯格面临的最大挑战并非极端低温，而是那些状态多变、薄如蝉翼的冰层。在这82天的探险过程中，伯格始终在冰面上行走，每一步都需谨慎而行。他巧妙地运用滑雪板来分散自身重量，避免在脆弱的冰层上失足。然而，即便如此，他仍不得不穿越那些锯齿般锋利的冰山。在狂风和洋流的共同作用下，这些冰山相互撞击，力量之强，足以将冰块抛至15米以上的高空。北极的生存之旅是如此险象环生、刻骨铭心。

为了在北极地区生存下去，你必须赢下这场同自然的较量。只有保持自身和装备的干燥，才能抵御风寒效应[2]和潮湿天气带来的极低温度。

南极：多风

"天哪！这真是个可怕的地方！"1912年，探险家罗伯特·福尔肯·斯科特[3]（Robert Falcon Scott）在描述南极洲时如此感叹。他的形容情有可原。毕竟，南极洲是地球上气候最寒冷、海拔最高、风力最大、冰层最厚的大陆。矛盾的是，南极大陆也是最干旱的大陆。尽管其年降雨量（每年约5厘米）略高于撒哈拉沙漠，南极洲却被誉为地球上最大的沙漠。

在这片广袤的大陆上，大量水分被牢牢地封锁在古老的冰层之中。2002年，科学家们从南极东部的冰层中成功提取到了冰芯样本，这些冰层的历史可追溯至50多万

---

1 伯格·奥斯兰，极地探险家，1962年5月31日出生于挪威奥斯陆。1990年第一次进行北极远征，后多次进行单人长途跋涉，成功穿越北极和南极。
2 风寒效应是一种因风所引起的，使体感温度较实际气温低的现象。
3 罗伯特·福尔肯·斯科特，英国海军军官和极地探险家。1868年6月6日出生于德文波特，1901年开始进行第一次到南极洲的探险。

伯格·奥斯兰（右）是全球著名的极地探险家之一。

年前，其中最厚的冰层达到了4700多米。

由于缺乏降雨，南极洲日均气温始终低于零下10℃，这意味着这片大陆上的冰层无论昼夜、不分四季都处于冰冻状态（尽管周围海域的冰架正在迅速缩小）。

在这片冰封之地，幸存者面临的主要挑战并非潮湿，而是因狂风暴雪和危及生命的风寒效应而导致的极度寒冷。

"风寒指数"是指结合风速和环境温度得出的在无风情况下的等效温度。当风与零下的温度相遇，其威力倍增，能极大地加快人体散热的速度。南极风速曾高达到每小时190英里（约306千米），1983年7月21日，在南极洲的科考站东方站（Vostok）曾出现世界最低气温记录：零下89.2℃。

南极洲的冬季是漫长的极夜，这一时期，在这片大陆上旅行几乎是不可能的任务。南极洲的气候因纬度、高度和距海距离的不同而呈现出多样性，总体上可以分为内陆地区、沿海地区和南极半岛三个主要气候区。南极半岛的形状像一根弯曲的手指，优雅地伸向南美洲。沿海地区的风尤为猛烈，超冷空气从山脊上倾泻而下，形成暴风雪。在这样的天气条件下，有时能见度仅有几厘米。即使拥有最先进的现代设备，探险者们仍然面临着雪盲症、低体温症和冻伤等多重威胁。

冬季的高山

冬季的高山汇聚了来自两极地区的多重威胁。崎岖的冰川、致命的裂缝以及雪崩的威胁，是冬季山区里无处不在的危险。潮湿、寒冷和强风等自然之力，再加上稀薄的空气和高耸的海拔带来的诸多挑战，对于在高山上挣扎求生的人来说，无疑是致命的交响曲。

在这里，生存的关键是迅速行动，避免寒冷的侵袭。因为一旦身体冻僵，想要重新暖和起来难如登天。听从身体的信号，若有任何不适或疑虑，明智的选择是及时下山。

建造庇护所

当你独自一人身处极寒之地时，当务之急便是建造庇护所。即使眼前阳光明媚，亦需时刻警惕气候的变幻莫测。夜幕很快降临，气温急剧下降。因此，在危机四伏的环境中，预先绸缪，为恶劣天气的侵袭做好准备。当夕阳的余晖逐渐消失在山脊之后，黑暗将迅速吞噬一切。在能见度较高时，迅速寻找或建造一个安全的庇护所会容易得多。

低体温症可能很快发作，因此维持体温必须放在首位。首先要寻找可以作为防风屏障的天然地形。如果附近有树木或岩石，则可以在此处避风，但务必警惕雪崩或上方雪块坠落的潜在风险。若身处空旷无垠的雪域，可以在雪地上挖掘一条壕沟，或建造一堵雪墙作为防风墙。

> 在能见度较高时，迅速寻找或建造一个安全的庇护所会容易得多。

1972年那场骇人听闻的安第斯空难[1]中，飞机上的45名乘客以及机组人员中有16人幸存，并在冰天雪地里奇迹般地存活了72天。据幸存者回忆，若非其中一人提出了建造防风墙的建议，他们或许早在山上的第一个寒夜里就已命丧黄泉。防风墙的建造尤为关键，因为在零下极寒环境中，冷酷无情的寒风才是最致命的杀手。

现在，你已具备一定的防护措施，接下来需慎重考虑选择何种类型的庇护所。在选择时，地形因素、可用的建筑材料、天气状况，以及你打算留在原地还是继续前进，这些都应该纳入考量范围。搭建任何类型的庇护所都会耗费大量体能，并导致宝贵的体热流失。因此，请务必在当下冷静分析，确定在现有条件下哪种类型的庇护所最为适宜。

基本原则

选择地点

在山中，林区是最好的选择。这里既有上好的建筑材料，又有充足的燃料来源。借助树木的掩护，我们可以迅速地搭建起树坑式庇护所或倾斜式雪地帐篷，其保温效果极佳。然而，若环境中缺乏这些天然屏障，我们就必须依靠自身的力量，在雪地中挖掘出雪沟或雪洞作为庇护所。

我们必须避开那些存在潜在自然危害的区域，如可能发生雪崩的山坡，以及岩石、崖壁或树木上的积雪。但另一方面，这些天然防风林也可以成为完美的庇护所。请根据自己的判断，谨慎行事。

在阿尔卑斯山的一次探险中，我由于

1　1972年10月13日，一架载有45人的客机从乌拉圭飞往智利，但因为遇上风暴坠毁在3900多米高的安第斯山脉上。机上45名乘客中，21人当场丧生，其余24名幸存者中，8人在逃生中被雪崩夺去生命，16人生还。幸存者为了在冰天雪地的恶劣环境中存活，被迫以遇难者的人肉果腹。

体力不支，无法建造一个完整的雪洞。于是，我选择了一个松软的雪堆，迅速地挖掘出了一个小雪沟作为庇护所。这个简单的构造不仅有效地阻挡了盛行风，而且其上方的小雪顶还能起到隔热的作用。

尽管这个应急庇护所与我之前花费两个小时精心挖掘的雪洞相比稍显简陋，但在紧急情况下，它的实用性却不容小觑。

雪的隔热性能

与我们的第一反应相反，冰冷、蓬松、潮湿的雪实际上是一种出色的建筑材料，可以保护我们免受寒冷的侵袭。这就是冻结的水分子所具有的神奇力量。雪在关键时刻可以拯救你的生命，其隔热性能甚至能够超越一辆荒废汽车的金属外壳。一个简单的例子：在雪屋内点燃一根蜡烛，便能使室内温度上升4℃。而一个精心建造的雪地庇护所，其室内温度可以比外部环境高出30℃，这足以证明雪的隔热能力之强大。建造雪屋时，我们可以使用深度不超过15厘米的积雪，更深层的积雪采集困难，但也更容易处理。

另外要注意的是，挖出的雪在几个小时后会压实和收缩一些。无论你搭建的是哪种类型的庇护所，保持平衡才是保持温暖的关键。这就要求我们在设计庇护所时，既要确保内部空间不会过于空旷，导致热量迅速散失；又要防止庇护所在收缩后空间过小，给自己带来不必要的困扰。

在阿尔卑斯山，我裹着降落伞，蜷缩在庇护所中努力保持体温。

通风

在建造任何类型的雪地庇护所时，确保适当的通风是至关重要却常被忽视的一环。有的幸存者会在雪洞中躲避刺骨的寒风，结果却因吸入过多由篝火燃烧产生的一氧化碳而窒息。在不知不觉中，他们陷入了昏睡，体温逐渐下降，再也无法醒来，最终在寒冷中失去了生命。

当你身处自己的雪地庇护所之中时，虽然关闭入口可以有效地保持内部热量，但同时也必须确保空气流通，以避免发生窒息。即使你没有生火取暖，新鲜空气的流通也是必不可少的。因为人体呼出的气体中含有二氧化碳，而二氧化碳的积累同样可能带来生命危险。

要做到这一点，在搭建庇护所时，应在屋顶上开两个直径约5厘米的小洞，并在洞内各放置一根棍子。这样做的好处是，在夜间洞口结冰或被新雪覆盖时，你可以使用棍子轻松地捅开洞口，保持空气流通。如果你正好有雪杖，也可以将其伸出屋顶，保持洞口敞开，效果也不错。

工具

在极寒环境中，务必保护好你的双手，你必须寻找一些隔热的工具来帮助辅助挖掘。任何可以充当铲子、冰锯或冰斧的工具都是理想之选，可以根据实际需要灵活变通。伞绳可以像锯子一样轻松切开积雪。我曾使用降落伞的背带系统进行挖掘，并用降落伞的收纳袋来保护我的双手。当双手冻僵时，你往往感觉不到锋利的冰面和压实的雪层对手部造成的伤害。

庇护所类型：短期庇护所

雪壕

在冰层坚硬的开阔地带，或是需要迅速搭建的紧急情况下，可以挖一个雪壕作为庇护所。其构建过程既简单又高效，首先挖一条浅沟，深度要足以防风，宽度则要保证空气能够顺畅地在身体周围流通。挖掘过程中，将挖出的雪堆放在两侧并压实，形成壕沟的墙体。然后用防水油布或降落伞伞衣覆盖在壕沟上方，作为屋顶，再用更多的雪覆盖其上。切记要将屋顶层牢牢固定住，防止因重量过大而导致坍塌。最后，将壕沟的一端留作入口，另一端用背包或更多的雪堵住即可。

如果积雪足够厚实，或者遇到了冰层，那么你可以进一步升级雪壕的结构。使用约6厘米厚的雪板，像铺路板一样铺设在壕沟的顶部，或者将它们相互靠在一起，构建成A形框架结构的顶部，从而增加上方的空间。

如果没有防水油布或其他覆盖物，而且雪质也不适合制成雪板，那么可以制作一个直径1米的雪球，将其切成两半，然后将两半雪球铺在一条狭窄的壕沟上方，形成一

个现成的屋顶。然后从壕沟的一端钻进去，边钻边挖，逐步拓宽雪壕的内部空间。

树坑

利用自然环境提供的天然屏障，是建造庇护所最为快捷且高效的方法。在针叶林区域，尤其是树线[1]以下，四周遍布着潜在的庇护所资源。雪地徒步者和越野滑雪者都知道，针叶树的树干周围常隐藏着洞穴，这些洞穴上方有茂密的树枝遮挡，能有效防止积雪的侵入。只需通过简单的挖掘和加固，就能形成一个完美的庇护所。

在选择树木时，我们应优先考虑那些位于高地、枝繁叶茂的树木。这样的位置通常更加温暖。在背风的一侧清理出一个适合的空间，既可以作为容身之地，也便于生火取暖。继续深挖并扩大天然的凹坑，同时移除一些妨碍进入的矮枝。接着，你可以在入口周围铺设树枝，如同搭建帐篷一般，随后覆盖上更多的雪并压实，以此增强保温效果。

我曾在阿尔卑斯山使用过这种树坑庇护所。从冰川下降到丛林中，那种如释重负的感觉难以言表。利用这些云杉树，我搭建了一个庇护所，那是我在野外休息得最为舒适的一次。我在雪地上堆放了大约60厘米厚的柔软云杉树枝，将这些树枝按照自然弯曲的方向铺放，形成了一个既温暖又富有弹性的床垫。请记住，在野外生存中，我们应当充分利用周围环境，为自己创造一个尽可能舒适的休息空间。

如果积雪深厚且坚固，你可以在离树稍远的地方挖一条隧道，建造一个地下洞穴作为庇护所。而如果雪层较浅，则可以将雪堆起来，筑成一道雪墙来保护自己。完成这些工作后，生一堆长条形火，并搭建一个热量反射工具，然后坐下来享受这温暖而柔软的云杉庇护所，观看大自然放映的电视节目。

庇护所类型：长期庇护所

雪穴和雪丘

在雪地上堆起巨大的雪堆，然后将中间挖空，就可以建造一个雪地版的圆顶帐篷。其中最快捷实用的版本是"雪穴"，它是在一堆物资、背包或任何体积较大的东西上堆雪制成的。应选择积雪深厚的地方进行建造，以便稍后降低地面高度。在堆积内部雪堆时要尽量紧凑，最好盖上防水油布或降落伞，避免雪水渗透。同时，内部雪堆的大小应略大于你所需的活动空

---

[1] 树线是指天然森林垂直分布的海拔上限。

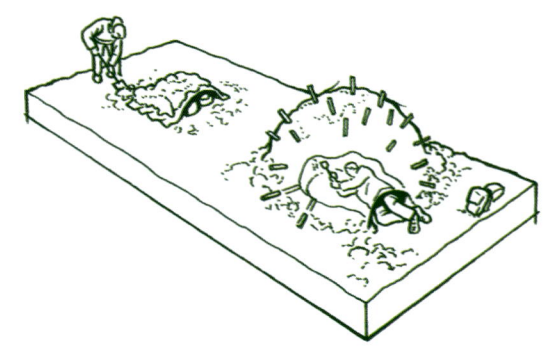

间，以保证舒适度。

接下来，在外墙部分覆盖一层至少60厘米厚的松散雪层。随着时间的推移，这层雪会逐渐压实至一半厚度左右。

在这一过程中，嵌入大量的树枝至关重要。开始前，先将树枝并排铺于地面，并在每根树枝的相同位置做上记号。这样，在你从内部挖空结构时，就能确保雪顶的厚度均匀一致。这会让庇护所的外观看起来像豪猪。挖掘过程中要特别小心，避免过度挖掘导致穿透屋顶。

从四周不同地点收集积雪，并确保其维持蓬松的粉末状态，避免压实。这些来自不同地方的雪，其温度存在微妙的差异。当这些雪混合在一起时，会产生一种"烧结"反应，使原本松散的粉末状雪逐渐凝固并硬化。不过，这一过程需要耐心等待数小时。尽管耗时，但这种结构却异常坚固耐用。请注意，建造雪穴的时间选择需谨慎，不宜过晚。

一旦雪穴的主体部分凝固完毕，接下来需要决定入口的位置。确保入口与当地的盛行风向垂直，以最大限度地减少风雪的侵入。挖掘入口时，最佳的做法是挖出一个弧形的通道，从雪穴的墙壁下方穿过。这种设计不仅能够有效抵御寒风，还能利用弧形结构在底部拦截下沉的冷空气。你可以将这个入口想象成厕所的U形弯道。确定好入口位置后，将内部挖空，取出堆放的物品。为了加快速度，可以在雪穴的另一侧开设一个临时入口。这样做可以方便地将内部的装备和物资拖出，待整理完毕后再重新封闭。

至于雪丘，其构建原理与雪穴相似，但区别在于它完全依赖于大量的松散雪堆来形成主体。在没有设备或其他材料作为内部支撑的情况下，雪丘的建造需要更多的时间、雪量和体力投入。

雪洞和雪坑

在纷飞的大雪中，或是在树线以上的陡峭山坡上，挖掘一个雪洞，是一种既直观又高效的生存策略。这一技巧曾是许多登山者在暴风雪中的救命稻草。

不过，选择最佳地点不能只靠直觉。与其他庇护所不同，雪洞最好是朝向风口，而不是远离风口。这是因为山坡的背风侧往往会积雪，如果在持续的暴风雪中迷失方向，你可能会被雪掩埋。为了确保进出雪洞时的安全，建议在洞口外构建一道雪墙作为屏障，以抵御强风的侵袭。

> 最佳的做法是挖出一个弧形的通道，从雪穴的墙壁下方穿过。这种设计不仅能够有效抵御寒风，还能利用弧形结构在底部拦截下沉的冷空气。

第三章　极寒之地

我在阿拉斯加北部冰川下的冰管内部。

　　雪洞需要有一个倾斜的表面，雪层要压实，但又不能过于坚硬，以便铲雪。开始挖掘之前，先用棍子探查一下，确保下方没有石头或树桩等障碍物，以免浪费体力和时间。一旦确认下方积雪深厚，便可以开始向上倾斜挖掘，使入口以及较冷的空气低于地面和睡眠平台。可以在平台上铺设降落伞或背包作为垫层，以较好地隔绝门口的冷空气。

　　雪洞中的冷井构造至关重要，这一细节意味着舒适的洞穴与冰冷的坟墓之间的区别。由于冷空气总是下沉，只需在洞穴地面稍做挖掘，便能形成一个隔绝冷空气的屏障。

如果要在雪洞内生火，注意火堆体积要小，且置于高处，同时确保配备有通风设备。

将雪洞的顶部做成拱形，并在其周围挖一条小沟，用以收集沿墙壁缓缓流下的融水。如此设计，融水便会自然地流向入口处的较冷区域，且很可能在那里重新结冰。最后，切下一块薄而结实的雪块作为门，并将其放在内侧不易结冰的地方。

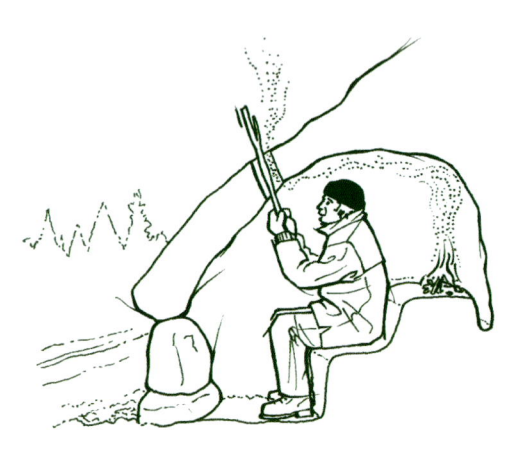

记得用手仔细抚平洞顶，避免出现锯齿状的小冰柱。这些冰柱可能会聚集融化的冰水，在寒冷的夜晚不断滴落在你身上。这是一个常被忽视但却十分重要的细节。在阿尔卑斯山的某次探险中，我亲手建造了一个雪洞作为庇护所。当我完工时，天色已暗，而我却忽略了将顶部内侧充分抹平这一步骤。结果，融化的雪水无情地浸透了我所有的衣物。如果第二天不是阳光明媚，恐怕我的处境会更加艰难。这样的错误，一次就足够让人铭记。从我的错误中吸取教训吧！

睡眠平台应该抬高搭建，远离冰冷的地面，像架子一样建在洞穴的一侧。在规划雪洞大小时，要考虑到积雪沉降可能导致的空间收缩，同时确保平台结构紧密，以最大限度地减少热量流失。

雪坑基本上等同于建在平地上的雪洞。在雪地上挖掘一个直径1.5~2米的坑洞，然后盖上盖子。从距离坑洞约1.5~2米的地方挖掘一个隧道作为入口。雪坑的通风设备、冷井、屋顶和睡眠平台的建造原则与雪洞相同。

冰屋

冰屋能非常有效地保护居住者免受风雪侵袭，但最好还是留给专家来做，也就是加拿大北部的因纽特人。建造冰屋所需的雪块，其制作过程耗时且复杂。这无疑超出了普通人在极限生存环境下的能力范围。制作冰屋必须采用特定类型的雪，还

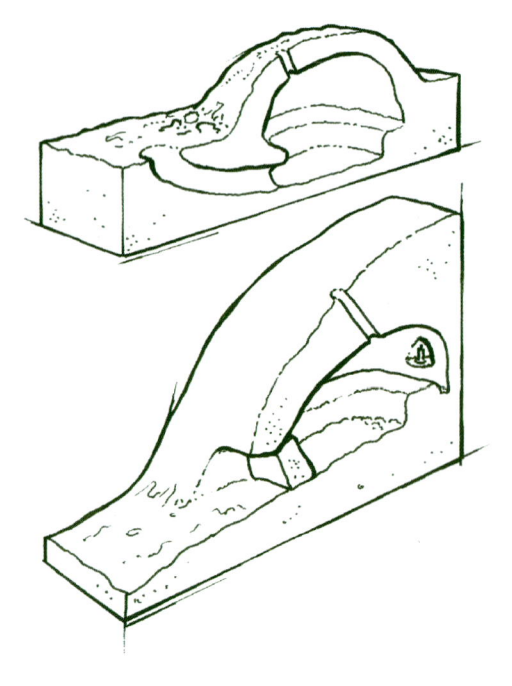

需要使用专门的冰锯来进行切割。粉末状的雪花对建造冰屋并无多大用处。而且在实际操作中，考虑到面临的种种困难与挑战，压实雪花以满足建筑需求同样是一项不切实际的任务。

注意事项

尽管各类庇护所在设计和功能上各有不同，但以下几点为通用原则。

避免出汗

工作时保持身体凉爽，避免汗水浸湿衣服。汗水在低温下会迅速结冰，进一步导致脱水，进而增加患低体温症的风险。因此，工作时适量减少衣物。

小即是美

庇护所的大小最好是自身体积的三倍左右，不要超过实际需要，以减少热量散失。建造一个过大的庇护所会加速热量流失，而非保存人体热量，这是许多人在严寒环境中常犯的错误。

积雪沉降

雪层会随时间压实，导致雪洞屋顶降低，但这并不意味着它即将坍塌，只是正常的沉降与固化过程。应确保为雪层收缩留出了足够的空间，以免被雪掩埋。

入口设计

将雪洞入口朝向风口，以免入口被飘雪堵住。同时，入口应尽量修建得小巧，并在你进入室内时加以掩盖，以维持内部温度。

睡眠保暖

睡觉时，一定要在自己身上加盖一层保温材料。手边有什么就用什么，树枝、树叶、背包或伞衣等都是很好的选择。切勿直接睡在地面上，否则将会流失大部分热量。

呼吸测试

确保庇护所内部温度维持在0℃以下，雪洞内部融化并滴落是最不理想的情况。如果呼气时不见白霜，则说明内部温度过高。

避免潮湿

根据设计，庇护所内的温度将远高于外部环境。为避免潮湿，我们可以将内部的雪顶刮平，使水滴能够顺着墙壁流下。然后在墙壁周围挖一条通道，以收集融水，保持内部干燥。

逃生方法

雪制庇护所的结构脆弱，容易倒塌。因此请将挖掘工具放在附近，或者准备其他逃生方案，以便在最糟糕的情况下及时逃生。

日常排泄

如果你在夜间急需排泄，不要去到寒冷的室外受冻，在庇护所内进行即可。尿液会迅速在雪中扩散。请牢记，生存才是最重要的。保持体温是首要任务，避免不必要的热量损失。

> 用手仔细抚平洞顶，避免出现锯齿状的小冰柱。这些冰柱可能会聚集融化的冰水，在寒冷的夜晚不断滴落在你身上。

寻找水源

在冰天雪地的环境中，避免脱水似乎比在干旱的沙漠中容易得多。毕竟，目之所及，水似乎无处不在，尽管它是以冰冻的形式存在。然而，不要被这种表象所迷惑。在寒冷的环境中，脱水症状可能会十分严重。出现脱水症状之前，持续摄入水分尤为重要。

尽管水分流失在寒冷环境中可能不像沙漠中那样剧烈，但每天至少补充 1 升水的需求依然不可忽视。别忘记，即使在严寒中，皮肤也会向大气中蒸发大量水分。此外，寒冷引发的应激激素会导致排尿增多，从而进一步增加水分流失。我们在第二章中介绍的寻找水源的技巧，在 0℃ 以下的环境中仍然适用。然而，问题的关键并不在于找到水源，而在于如何将水转化为纯净且接近体温的可饮用形式。

直接食用冰雪通常不是一个明智的选择。因为融化冰雪需要身体消耗更多热量，这是一种得不偿失的做法。唯一的例外是，当你在雪地上艰难行进时，可以含适量的雪在口中，以保持身体凉爽，减少出汗，并补充一些水分。

在尝试融化冰雪之前，最好先寻找其他水源。在隐藏的裂缝或溪流中可能存在涓涓细流，如果有现成的天然融水供应，那么就没有必要浪费身体的热量去融化冰雪。

得益于极度寒冷，可能污染水源的腐烂有机物较少，北极和亚北极地区的水源通常比其他地区更纯净。尽管如此，仍需保持警惕，冰雪并不比水更纯净。

如果迫不得已需要食用雪，而又无法先将其融化，那么在吞咽之前，最好先在口中含化。这是无奈之举，因为长时间含雪可能会导致口腔溃疡。此外，冰雪只是冰冻的雨水，其中缺乏溪水中包含的矿物质或盐分，因此补水效果会有所降低。如果有条件的话，可以尝试在融化的水中加入一些云杉叶、根或浆果，以补充营养。

> 尽管水分流失在寒冷环境中可能不像沙漠中那样剧烈，但每天至少补充 1 升水的需求依然不可忽视。

雪与冰

雪由 17 份空气和 1 份水组成，是大自然中极佳的绝缘体。但在 0℃ 以下的地域中，雪却并非获取淡水的理想之选。相较之下，只要不是源自海水，冰总是比雪更胜一筹的水源。事实上，将 1 盎司（约 30 立方厘米）的雪转化为水，所需能量要比冰多出 50%。

当环境所迫，你不得不选择融化雪或冰时，请一定记住冰雪的不同类型。例如，部分埋入地表之下的雪，因其含有更

在阿尔卑斯山的树洞中，将雪球融化到我的杯子里。

多的颗粒而较少有粉末，融化后所产生的水量比表层雪丰富许多。同样，由海水冻结而成的冰，其外观呈现乳白色或灰白色，质地粗糙且易于碎裂。除非这些海冰已经历了两年以上的漫长冻结，否则完全无法饮用。而经过足够时间冻结的海冰，其中的盐分已基本消失。

冻结时间更长的海冰质地也会变得光滑，带有明显的蓝色，融化后可以饮用。但还需确保其表面没有新凝结的盐水。

用火融水

如果能够成功生火，饮水的问题便能迎刃而解。将雪放在临时的锅中融化，但切忌将雪过紧地压实于锅里。加热过于紧实的雪只会导致其蒸发，从而留下锅底空隙，烧焦宝贵的锅具。相反，应添加一口大小的雪块，缓慢加热，待其逐渐融化成水后，再继续添加新的雪块。为了加速融化过程，你可以向锅中添加已烧热的石头或鹅卵石。

另一种融雪方法是制作一个大雪球，通常称之为"棉花糖"或"雪人的头"。将这个雪球固定在棍子的一端，放置在火上慢慢加热。随着雪球的融化，水滴将逐渐滴落至下方的容器中。若环境所限，找不到合适的容器，你的靴子亦可作为临时的接水工具。在此过程中，确保雪球与火源保持适当的距离，以防其变成一摊雪泥。在阿尔卑斯山探险期间，这种方法非常实用。我将几根木棍插入雪球中，然后将其置于火堆周围的热量反射装置上。雪球在火焰的温暖下逐渐融化，水珠缓缓滴入我早已准备好的杯子中，让我轻松地解决了饮水问题。

如果松散的雪花难以压缩成球状，你还可以尝试另一种类似的方法。将雪包裹在多孔的材料中，如衬衫或袜子，然后将其悬挂在火堆附近。这样融化的水将顺着布料滴入下方的容器中。这种方法的唯一不足，便是在融水结束后，布料会变得湿漉漉的。

其他热源

在没有火的情况下，你可以利用走动或工作时体内产生的多余热量来融化冰雪，不过这一过程相对缓慢。将收集到的雪或冰装进袋子里，将其置于两层衣物之间，但要确保不与皮肤直接接触。最好的放置地点是血液循环丰富且接近皮肤表面的区域，如头部、腹股沟和腋窝等。但在休息或睡眠时，应避免采取此种方法。

在寒冷的天气里，睡前要适量减少水分摄入。晚上从温暖的临时床铺里爬出来排泄，意味着休息的时间减少，受寒的机会增加。

寻找食物

在极寒地带中寻找食物，无论什么季节，都将是一场严峻的挑战。生活在这里的动物为了生存而挣扎，食物资源极为稀缺，人类在这片土地上同样面临着巨大的考验。然而，只要心怀希望，一切皆有可能。

能否成功觅食往往取决于你所处的位置和当下的季节。如果你身处靠近海岸、河流或湖泊的地域，那么可以直接捕鱼，甚至在冰上凿个洞来冰钓。在众多极地地区，你还有机会猎捕到海豹、企鹅或海鸟等野生动物。此外，苔藓和地衣这些顽强的植物，多年来一直是极地探险家们的重要食物补给。

冰钓

在山区和海边，鱼类是最佳食物来源。在河流穿行的山区，你可以使用我们在第二章中讨论过的技巧进行捕鱼。但在深冬季节，当河流和湖泊被冻结时，你可能需要采用因纽特人的古老方法——冰钓。

虽然这听起来像是一场浪漫而无畏的冒险，但成功冰钓却并非易事。首先，选择一个冰层厚度至少有30厘米的地点。在冰上打洞会削弱周围的整体结构，因此冰层必须足够厚。相反，冰层过厚则可能难以穿透，在缺乏专业的切割工具的情况下，这项任务变得异常艰巨。

在坚硬的冰面开凿出钓鱼洞并不容易，而融化冰层可能是最简单的方法。首先，在石头搭建的平台上生火，确保石头干燥无积水，否则高温下石头可能会爆炸。随着火焰的持续燃烧，石头逐渐变得炽热，其下方的冰层也开始缓缓融化，直至石头最终沉入水中。为确保整个过程顺利进行，请确保附近有充足的木材和石头。

在阿尔卑斯山的某个冰湖上，我在厚厚的冰层边缘找到一个相对薄弱的地方，利用长棍敲击冰面，成功地凿穿了湖面。一旦打破了一小块冰，融化的水开始在周围流动，这时用棍子搅动这些融水，便能轻松地打通剩余的冰层。

在冰钓之前，准备好合适的装备至关重要。若计划在冰层上凿洞，必须确保在脚下和膝盖下铺设保温层，以防止寒冷的侵袭。云杉树枝是理想的选择，它们不仅能提供温暖，还能在离开时帮助我们标记洞口位置。而要在没有火的情况下凿洞，则需要准备一根削尖的木棍、一块石头或一把小刀。此外，还需要两根直木棍、某种钓鱼线以及一些临时鱼钩和鱼饵等工具。

将一根木棍横置于洞口之上，另一根木棍作为"钓竿"，与之呈直角稳固绑定，确保钓竿能自由转动。

在冻结的湖中冰钓。

在钓竿的一端系上鱼线和鱼钩，在不同深度设置多个鱼钩，以增加捕获的机会。一般来说，冬季冰封的湖泊中，鱼儿往往饥肠辘辘，而且好奇心很强，会被闪光的小型金属诱饵所吸引。利用手边的金属丝，或是削尖的动物骨头碎片和荆棘等来制作鱼钩。

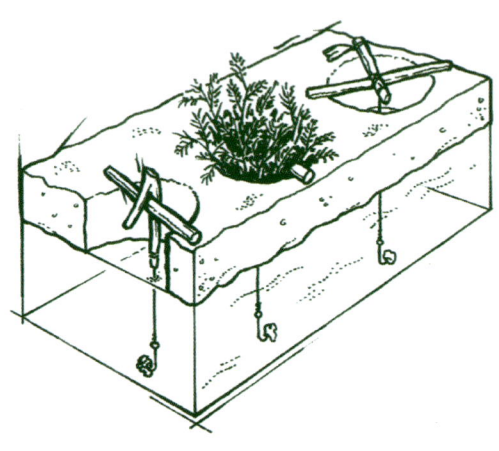

云杉枝防止洞口再次结冰。

一条好奇又饥饿的鳟鱼咬了线……

于是成了我的盘中餐。

如果你打算将冰洞留置一夜，这无疑是避免受冻的明智之选，请务必给冰洞做上醒目标记。用大量的云杉树枝枝叶紧密地填满冰洞，确保填得越深越好，以防冰洞在寒夜中重新冻结。这样，即使整夜下雪，第二天你也能轻松找到冰洞的位置。许多冰钓者都曾因洞口重新结冰而功亏一篑，而这种方法能有效避免这一麻烦，省时又省力。

此外，给钓竿的另一端也装上醒目的标志。一旦有鱼咬钩，鱼线会收紧并下拉钓竿，使得另一端连接的旗子指向空中，这是鱼儿上钩的明确信号。

动物

在冬季的山区，捕获如鹿等大型动物是一项艰巨的任务。因此，将目标转向松鼠、狐狸、土拨鼠、野兔、海狸、水貂或黄鼠狼等小型哺乳动物会更为实际。近期发生过雪崩的地区也值得仔细探寻，无论是动物还是人类，都可能成为雪崩毁灭性力量的受害者。在阿尔卑斯山脉的某次探险中，我曾目睹一只羚羊被埋在厚达30厘米的雪崩残骸之下。尽管其肉体已经腐烂，但其中的蛆虫却富含营养，且仍然新鲜。我抓了一把作为诱饵，又抓了一把作为爬山时的零食。

在极地地区，你的捕猎目标主要局限于海豹和企鹅。得益于海洋中丰富的浮游生物和磷虾，这两种动物的数量通常都非常可观。在繁殖季节，海豹及其幼崽变得尤为脆弱，因此也更容易被捕获（在海豹捕杀行动中，海豹幼崽被殴打致死的场景就是在这个时候拍摄的）。

然而，在繁殖季节之外，猎捕海豹的难度显著增加，要想出其不意地捕捉到海豹，需要高超的技巧。最佳策略是趁海豹从冰面的呼吸孔中冒出头来换气时，或是它们睡觉时，迅速用鱼叉刺杀。但这并不容易，因为海豹经过长时间的进化，已经能够做到每分钟睁开眼睛，扫描地平线，警惕北极熊和其他捕食者，包括可能就在附近的人类。

因纽特人在这方面的技术已经达到了炉火纯青的地步。他们利用顺风接近海豹，并在冰面上模仿海豹的动作爬行。但作为外行人士，整个过程会更为艰难。此外，在北极地区，海豹也是北极熊的主要猎物。因此，北极熊并不排斥海豹猎人也成为它们饮食的一部分。

不过，一旦你成功猎杀了海豹，这将是一份无价的收获。海豹皮可以制成衣服或鞋子，而其脂肪则是生火的绝佳燃料。但请记住，海豹肉必须煮熟后才能食用，因为它容易感染旋毛虫（Trichinella spiralis），这种寄生虫会侵入肌肉，引发旋毛虫病（Trichinosis）。同时，为了健康考虑，应避免食用海豹和北极熊的肝脏，因为它们可能含有过量的维生素A。

把任何捕获物的内脏作为下一餐的诱饵。

1916年，沙克尔顿船长的船员们被困于南极的象岛（Elephant Island）怀尔德角（Cape Wild）营地。为了生存，他们不得不做出了艰难的决定：吃掉自己心爱的哈士奇狗。他们以海豹和企鹅为食，才得以延续生命。这段经历只是人类在面对绝境时所展现出的英雄主义和坚忍意志的一个缩影。当"坚忍号"船被困极地，又被浮冰挤碎后，28名船员被迫在南极的极端环境中挣扎求生，生存了近两年。

应避免食用海豹和北极熊的肝脏，因为它们可能含有过量的维生素A。

请记住，在求生环境中，你需要将偏见抛之脑后。以杜格尔·罗伯逊（Dougal Robertson）及其双胞胎儿子的故事[1]为例。他们的双桅纵帆船受到鲸鱼撞击，漂流在茫茫的太平洋上。起初，杜格尔还努力维持着秩序和礼仪，但随着时间的推移，生存的压力越来越大，他不得不变得更加果断和残忍。当一只海龟不幸被他们的海锚缠住时，杜格尔毫不犹豫地抓住了海龟的喙，即使海龟在地上苦苦挣扎，他依然狠下心来割断了海龟的喉咙，砍掉了它的壳，撕开内脏，鲜血喷涌而出。当他把生肉分给儿子们时，他的全身都被温热的鲜血染红。但从那一刻起，他下定决心要生存下去。要想求生，你也需要培养这种杀手本能。

植物

在严寒的山区和北极苔原中，树木、植物和浆果是求生者的重要食物来源（详见第二章），其中有许多都是维生素C的良好来源。例如，云杉树皮可以煮水，松针也可以泡茶，而北极柳的嫩枝、树皮、叶子和根均可煮食。云杉树茶不仅营养丰富，更能带来温暖，其茶香曾多次在寒风中为我注入活力。

请记住，所有地衣均可食用，而且营养丰富。但食用前必须浸泡至少12小时，以去除其高浓度的酸性物质。之后，再用清水煮熟即可安全食用。

以下是几种常见的可食用地衣。

• 冰岛海苔，常见于北极地区。

• 石耳，一种不太常见的革质酸性地衣，生长在岩石上，叶片形状类似于生菜。

• 胡须地衣，这种干燥的植物常挂在针叶树的树枝上，最适合作为火绒使用，但在紧急情况下也可作为食物充饥。

• 鹿蕊，形似驯鹿的鹿角，因此得名。在因纽特人的饮食文化中，鹿蕊被视为珍馐美味。

如果你遇到一头死去的驯鹿，不妨剖开其腹部。你可能会发现，其胃中仍残留着未完全消化的地衣。这些地衣对于因纽特人来说是美味佳肴，对于身处困境的你来说，同样是宝贵的食物来源。

不过，食用地衣应该是你在极地生存

---

[1] 1971年1月27日，罗伯逊一家乘坐一艘双桅纵帆船，开始环游世界。在海上航行了一年多后，他们遭遇了虎鲸攻击，在海上漂浮了38天后，最终获救。

中的最后选择。毕竟，它们的味道往往并不那么令人愉悦。相比之下，硬纸板虽然缺乏营养，但其美味程度可能更胜一筹。

鸟类

由于企鹅有强烈的好奇心与群居习性，所以捕捉它们变得相对容易。

在北极地区，岩雷鸟是很好的捕猎目标。在冬季，这种鸟的羽毛会变得洁白，与雪地融为一体，难以被侦测，这无疑增加了捕捉的难度。随着夏季的到来，所有的北极鸟类都会经历换羽，而短暂失去飞翔能力。因此在这短暂的三周时间里，你可以捕捉到丰富的猎物。

在山区，乌鸦或白嘴鸦成了新的目标。这两种鸟类好奇心旺盛，是天生的食腐动物。利用诱饵和陷阱（详见第一章），你可以轻松将其捕捉。一种特别有效的方法是将一根"钓鱼"线固定在木桩或岩石上，另一端挂上带有诱饵的钩子，再将其绑在树枝或岩石上。此外，洞穴也是放置陷阱的绝佳地点，但要确保放置的陷阱数量充足（大约10个左右），预计捕获率约为25%。

> 由于企鹅有强烈的好奇心与群居习性，所以捕捉它们变得相对容易。

沙克尔顿的受困船员们以海豹和企鹅为食，才得以延续生命。

荒野求生 | 贝尔野外生存手册

导航与行动

在冰雪覆盖的极端环境中，导航与行动无疑是一场关乎生存的考验。地形的多样性和季节的变化，使得每一步都充满了未知与危险。这些障碍不仅更加难以逾越，也对我们的导航技能和反应速度提出了更高的要求。

寒冷本身会影响我们判断方向的能力，与此同时，身体的运作效率也在严寒中大打折扣。因此，在离开庇护所，踏上穿越山脉或极地荒原的征途之前，请确保你已经制订了周密的计划。

寒冷本身会影响我们判断方向的能力。

基本原则

雪鞋

如果不穿着专门的雪鞋而尝试穿越深厚的雪域，那无疑是一场灾难性的冒险。长时间在齐腰深的雪地里匍匐前进，不仅会让人精疲力竭、一无所获、浑身湿透，更潜藏着巨大的安全隐患。我深知这一点，因为我多次面临这种困境。生存之道，不仅依赖于体力劳动，更在于智慧的运用。为了有效地分散体重，减少对雪地的压强，要想办法将重量分散到比靴底更大的面积上。

即使只有基本的材料，我们也能轻松地制作简易的雪鞋。长长的柳树枝条便是绝佳的选择。将这些枝条向后弯曲，两端绑在一起，形成一个类似网球拍的形状，长度约为1米。

雪鞋的构造很简单……

可以让你免于在齐腰深的雪地里苦苦挣扎数小时。

在这个基本框架上，我们需要编织一层支撑网，材料可以是帆布、皮革、芦苇绳，甚至是薄薄的一层树皮。这就构成了雪鞋的底座，其中间部分需要用横杆加固，以支撑脚部的重量。雪鞋的设计灵活多变，很大程度上取决于手头的材料，但核心原则始终是寻求强度和重量之间的平衡。

如果你手中有降落伞绳或普通绳子，便能轻松地将雪鞋绑定在脚后跟，再与横杆相连。这样可以很好地固定雪鞋，同时保证脚跟能够上下活动。

在森林雪地中，有一个更为迅速和简便的替代方案。你可以折下两根长约1米的茂密常青树枝，将茎端固定在靴子前部。行走时，通过膝盖发力抬起腿部，确保在整个步幅中脚底保持水平。这样当你放下脚时，雪鞋的树枝末端便不会绊倒你。

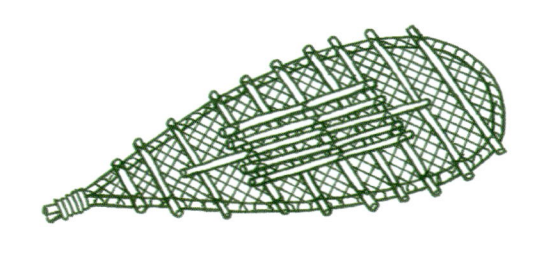

1846年至1847年的冬天，一支由87名美国拓荒者组成的队伍，即唐纳-里德大队[1]（Donner-Reed Party），在穿越内华达山脉时被困在雪地里。队伍中有一位名叫F. W. 格雷夫斯（F. W. Graves）的人来自佛蒙特州（Vermont），他的青年时代是在山区度过的。格雷夫斯是队伍中唯一懂得如何制作雪鞋的人，他亲手制作了14双雪鞋，为幸存者提供了极大助力。

在阿尔卑斯山的探险中，我曾利用雪鞋安全迅速地穿越了深雪地带，为自己节省了大量的体力。尽管我并非专业鞋匠，但制作一双雪鞋仅需大约3个小时的时间。

跨越冰层

在极寒地带，穿越冰层是常见的挑战：无论是翻越山区和南极冰川，还是横渡湖泊与河流，甚至是穿越北极广袤的海冰。在这些环境中，冰与雪同样呈现出千变万化的形态和厚度，而这在生死攸关的时刻尤为关键。在北极地区，穿越仅几厘米厚的冰层是家常便饭，有时在山区这也是必要之举。

掌握鉴别冰层类型及其承重能力是一项必备技能。因为判断失误可能会付出生命的代价。一旦陷入冰窟窿，自救将变得异常困难，尤其是在孤立无援的情况下。

一般来说，冰层至少要有5厘米厚，才能考虑在上面行走。肮脏的深色冰层往往比较薄，而浅灰色的冰层则通常更为厚实，意味着冻结时间较长。被雪覆盖的冰层通常比裸露的冰层更薄，因为雪本身有隔热作用，阻碍了冰层变厚。在穿越冰面之前，务必随身携带一根木棍或一把锋利的小刀。在冰面上行走前，先用工具猛烈地戳三下。如果冰层破裂，木棍或小刀将是你爬出冰层的救命稻草。

靠近河岸的冰层通常会更加厚实。但同时要注意河面上是否有岩石或其他凸起。由于障碍物周围存在持续的扰动和旋涡，

---

[1] 唐纳-里德大队，是一群在1846年春季由美国东部出发前往加州的拓荒队伍。由于错误的资讯，他们的旅程遭受延迟，导致他们在1846年末到1847年初之间受困在内华达山区度过寒冬。在恶劣的环境下，接近半数成员冻死或者饿死，部分生存者依靠食人存活下来。

会导致周围的冰层变薄。如果怀疑河水水位近期有所下降，同样需要格外小心。因为河面和冰面之间的空隙会大大降低冰面的稳定性，一旦冰面破裂，后果将不堪设想。

生存之道，不仅依赖于体力劳动，更在于智慧的运用。

翻越雪山

下坡

在穿越深厚的雪地时，下坡需要迈出一种被称为"踏跟步"的步伐。迈出每一步时要注意，大步向前，同时将重心放在脚后跟上。身体应保持略微前倾，腿部则需施加更大的力量。在这一过程中，重力会自然地在你前进的过程中形成支点。如果立足点太浅，则增加步幅，从而增加向下的力量；如果在泥泞的雪地里陷得太深，则减少步幅。在陡峭的斜坡上，可以转身面向斜坡向下移动，一边往下爬一边将脚踢进雪里，以保持身体的稳定。

上坡

在上坡时，每一步都需要将靴子深深地踢进雪堆中，利用靴子的重量来增加稳定性。同时，保持脚掌向下倾斜，以提供更好的抓地力。当面对陡峭的坡度时，可以采用之字形移动方式。坡度越陡，之字形路线就越长。可以用树枝制作雪杖，其用法与冰镐类似。在移动双脚之前，先将雪杖移到下一个位置。这样，在移动身体重心之前，你已经在雪面上获得了一些抓地力。

避免摔倒

在雪地中前进时，用雪杖支撑身体，并用绳索将雪杖系在手腕上。在将身体全部重量压在雪地上之前，一定要先测试雪地的坚硬程度。上方的落石和雪崩是潜在的威胁，要保持高度警惕，并对前方的雪地进行详尽的观察，包括其形状、质地和颜色。

雪地中的空洞往往意味着下面存在裂缝，而颜色较深的雪地则可能隐藏着未知的风险。这些轻微的凹陷在雪地上投下的阴影是关键线索。因此，选择晴朗的日子而非阴天进行行动会更为有利，因为只有在阳光下，这些阴影才会清晰地显现出来。此外，尽量在一天中较早的时间行动，以避免太阳融化可能引发雪崩的斜坡和雪地裂缝上的积雪。

最好防患于未然。但如果你真的不幸摔倒了，请用双手紧握住雪杖的底部，然后顺势就地打滚，将雪杖深深地插入雪中，并将全身的重量都压在雪杖上，以减缓冲势。在没有雪杖的情况下，应将身体展开，尽可能多地与地面接触。

极地导航

利用太阳

尽管可以正常工作的全球定位系统（GPS）无比珍贵，但在极地地区，即使是使用简单的指南针进行导航也成了棘手的问题。由于地磁极的接近，指南针可能会受到强烈干扰，变成一个只会旋转的螺旋桨，失去导航功能。

然而，当阳光洒满大地时，太阳成为了一个极其精确的导航工具。地球每24小时完成一次360度的旋转，这意味着每小时地球会旋转15度，而每4分钟则旋转1度。

根据天体导航的基本原理（详见第一章），早晨6点，太阳大约位于东方，此时你的影子会投向西方。在北极地区正午时分，太阳高悬于南方，而你的影子则指向正北方（在南极地区情况相反）。下午6点，太阳移至西方，你的影子则落在东方。

因此，只要记住太阳每小时移动15度的规律，你就能轻松掌握自己的大致方向。例如，下午3点时，在北极地区，你的影子将指向东北方向（即45度角），而在南极地区则会指向西南方向。唯一需要注意的是，若你身处极地地区的最东端或最西端，那么你需要根据自己的经度进行适当的调整。

保持直线行进

一旦你确定了前进的方向，就尽量不要偏离。在广袤无垠、特征缺失的冰雪之地，维持一条直线行进可能比预期更具挑战性。

风吹过雪地或沙地时，会在其表面留下被称为"雪面波纹"（sastrugi）的独特纹理。这些波状皱纹受到盛行风向的影响，会逐渐硬化并形成可辨识的自然标志。当你确定自己的方向正确时，请注意你与这些波状皱纹之间的角度，并在整个行进过程中保持这一角度不变。

北极与南极

在北极地区，由于其特殊的地形地貌，行进通常比在南极更为容易。北极的海冰不断弯曲，形成了鲜明的冰脊和碎石堆，这些特征成为了清晰的导航线索。

另一方面，水面上不断移动的冰块会使人迷失方向。因此，在离开庇护所之前，务必从高处观察周围的环境，寻找并记住可识别的特征，以确定自己的方向。如果附近有碎石堆，它们将成为非常有用的观察点。从这里，你可以更好地预见前方的路况和潜在风险。一旦确定了方向，就利用远处地平线上的特征来定位。

相反，在南极，夏季大约有四分之三的时间都是白昼，所以利用太阳进行导航实际上比使用指南针更为直观有效。

你还可以通过观察冰川上的岩石走向来确定方向。

尽量在一天中较早的时间行动，以避免太阳融化可能引发雪崩的斜坡和雪地裂缝上的积雪。

> 有时，严重冻伤的脚最好一直冻着，直到抵达安全地带。至少这意味着你可以继续用冻僵的残肢行走。

在南极，阳光主要来自北方，因此岩石通常会向北方倒下。这是因为岩石的影子会遮挡住阳光照射，一段时间后，周围的冰层融化，为岩石创造出一个小平台。如果你发现多块岩石都以相同的方式向北方倒下，那么它们很可能指向北方。

学会观察前方的山体地貌，寻找潜在的雪崩危险和裂缝迹象。

极寒之地的旅行须知

应该采取的行为

• 当积雪正在解冻时，建议选择清晨或傍晚行动。此时，温度较低，雪层更为坚实。反之，如果地面结冰，则应在下午移动，因为此时的地面相对较为干燥，不易打滑。

• 密切关注温度的显著变化，这些变化可能影响攀登的安全性。

• 在山区中，雪崩是一个重大的安全隐患。为了降低遭遇雪崩的概率，建议在早晨太阳尚未晒热雪面之前进行活动。此时，雪崩的威胁相对较小。

• 在崎岖地形上行走时，利用雪杖来保持平衡。此外，还可以利用雪杖在雪地上探测隐藏的物体、薄冰或暗流，从而降低意外发生的风险。如果不慎跌入冰面，雪杖还能提供额外的抓地力，帮助你脱离险境。

• 密切关注天气变化。一旦发现天气有恶化的迹象，立即寻找避风的地方，如挖设雪洞或寻找其他庇护所。在冬季短暂的白天里应尽早扎营。这样的错误你只能犯一次。

• 尽一切可能保持干燥。在 0℃ 以下的气温中，保持身体干燥至关重要。湿气会加剧寒冷的侵袭，湿透的衣服会迅速将体热传导出去，其速度比干衣服快上 50 倍。

• 尽管身体的其他部位可能保持着干燥，但双脚却常常容易被忽视。一旦脚部打湿，务必立即擦干。因为在高海拔登山者中，脚和脚趾冻伤的现象十分普遍。当这些部位再次变暖时，将带来难以忍受的痛苦。在某些情况下，严重冻伤的脚部最好保持冰冻状态，直至抵达安全区域。这样，至少还能依靠冻僵的肢体继续前行。

• 小心薄冰。尽可能避开薄冰区域，如果实在无法避免，则需采取低姿态，如蹲低或匍匐前进，以分散身体重量。穿越冰层的基本原则是：使用雪杖在冰面上用力戳击三下，若冰面未破裂，则表明相对安全。若第一下或第二下即穿透冰面，则应立即远离该区域。

• 利用河流导航。在世界的某些地区，冬季的河流会结上几英尺厚的冰层，形成一条穿越冰雪的救生之路。

应该避免的行为

• 避免在运动时大量出汗。潮湿的衣物会导致人体急需的体液流失，汗液还可能在随后的低温环境中凝结成冰，并迅速将体热传导出去，从而加速低体温症的发生。

• 避免在冬季的山脊背风处行走。这里的雪檐常常被强风吹成巨大的悬空拱形，当有声音震动时，脚下很容易发生塌陷。

• 避免在暴风雪中前行。在白茫茫的风雪中，人们往往无法辨别前后方向，地形性质也变得模糊不清。这种情况下，掉进冰缝的概率会大大增加。

• 避免穿越积雪覆盖的溪流。

• 避免乘坐冰山前行。由于冰山的大部分质量都淹没在水中，当冰山开始融化时，它可能会失去平衡并发生翻转。

冰层至少要有 5 厘米厚，才能考虑在上面行走。

自然灾害——冬季的山脉

雪崩

雪崩往往是致命的。要防范雪崩，首先必须了解其触发条件。大多数雪崩发生的坡度为30~50度，甚至更陡峭的山坡上。当过去24小时内降雪量超过12厘米时，发生雪崩的风险会显著增加。因此，如果在大雪期间不幸被困于高山之上，最好耐心等待雪停，再择机出发。

要时刻关注那些曾经发生过雪崩的地方，以及未来可能遭遇雪崩的区域。树木高处的树枝被扯断，通常意味着该地区曾

雪崩求生指南

如果你遭遇了雪崩，首先，竭尽全力向雪崩的边缘移动，因为试图逃离只会徒劳无功。同时，务必捂住口鼻，许多雪崩遇难者因吸入雪粉而溺亡。在雪尚未结冰之前，将手臂放在脸前，尽可能地为自己创造一个相对宽敞的空间。在混乱的雪崩中，因上下颠倒，很容易失去方向感，导致挖掘时出现错误。为了确定上方位置，你可以尝试吐口水或撒尿，观察其流向。一旦确定方向，立即全力以赴向上挖掘。雪崩后，积雪会迅速沉降，变得如混凝土一般坚硬，大大增加了求生的难度。

我曾目睹阿尔卑斯山的雪崩现场，那是我从未见过的惨烈景象。数百英亩（1英亩约为4047平方米）的树木被瞬间撕成碎片，树皮剥落，周围的积雪像岩石一样坚硬。如果被这样的雪崩困住，生还的机会几乎为零。多数情况下，雪崩前方的空气冲击波是造成初始破坏的主要原因。

在珠穆朗玛峰的探险期间，雪崩是家常便饭。在下山的最后一天，仅仅几分钟之差，让我们幸运地逃过了一场巨大的雪崩。在世界之巅度过了漫长的91天后，我们的身体已近极限。双脚冻伤，疲惫不堪，步履维艰地向大本营移动。清晨6点5分，我们整装出发，仅仅比既定时间表晚了5分钟。然而，就在几个小时后，一场巨大的雪崩席卷过我们面前的冰川。如果我们早上6点准时出发，再往前多走几百米，雪崩就会将我们无情地淹没。而此刻，我们坐在背包上，眼睁睁地看着这个巨大的白色怪物吞噬前方的一切。

在雪崩频发的地带行进，确实存在许多不可预测的因素。然而，当你掌握了识别危险迹象的技巧，并选择正确的行进时间，这些风险将大大降低。

最后，我要强调的是，如果被雪崩击中，第一时间向侧方快速移动，并用双手护住头部。如果不幸被雪掩埋，使用游泳的动作快速向上挖掘，并保持信念！

雪崩会摧毁途经的一切，不要铤而走险，太阳初升、光芒尚未触及雪地之时是最佳行动时机。

经遭受过雪崩的袭击，在大雪过后，应该特别避开这些地方。此外，还要留意雪檐这种危险的结构，雪檐是指积雪被强风吹成的悬空拱形，就像山脊上冻结的波浪，具有潜在的巨大破坏力。除了雪檐，还需警惕落在凸形边坡上的厚厚积雪（如同隐形眼镜的外侧），这里是雪崩的高发区域。同样，陡峭的沟壑或缺少岩石或树木固定积雪的斜坡也是如此。在朝北的陡坡上，要特别小心典型的雪崩槽。新雪落下后，这些地方的雪崩风险会显著增加，每天都有可能发生雪崩。

如果你的脚步导致积雪开裂，这往往是雪块受到拉力即将崩溃的信号。避免在下午烈日直射时进入可能发生雪崩的区域。等待树荫覆盖该地区时再行动，同时尽量保持在地势较高的地方行进，这样可以减少被雪崩掩埋的风险。

冰川和冰隙

作为唯一的幸存者，冰川行进的第一条规则就是避免穿越冰川，除非性命攸关。冰川实际上就是冻结的河流，与正常的未冻结河流一样，尽管流动极其缓慢，它们也会向山下蜿蜒。在冰川之下，凹凸不平的复杂地形施加的巨大压力使得冰川弯曲，形成了危险的裂缝——冰隙，这些裂缝有时可达数百米之深。

由于反复降雪和不断移动，冰隙常常被看似坚固的雪桥所掩饰。但这些雪桥在人的体重下极易崩溃。在登山探险的途中，登山者们总是用绳索相互连接，这样一旦有人不慎掉入冰隙，后面的人就可以通过绳索将其救出。

威名在外的珠穆朗玛峰昆布冰瀑（Khumbu icefall），由巨大的冰块组成，翻

掉进冰隙往往是致命的，要不惜一切代价避免。

在登山探险中，登山者总是用绳索相互连接。这样一旦有人掉入冰隙，后面的人就可以将其救出。

滚的冰瀑上布满了巨大的冰隙。那是一个清晨，我们身处海拔5800米高的地方，我在看似坚硬的冰面上迈出了一步。然而，就在我转移重心的瞬间，脚下突然裂开了一道缝隙。那一瞬间，周围的区域仿佛都陷入了无尽的深渊。我开始急速坠落，随后被崩塌的冰块重重砸击，陷入了昏迷。当我醒来，发现自己悬挂在绳索的一端，脚下是数百米深的黑色峭壁。正是登山伙伴们的紧密联结，才让我得以生还。永远不要低估冰隙的危险程度和可怕程度。绕道而行！

不过，如果穿越冰川成为不可避免的挑战，那么在开始之前，应对冰川的整体形状和特征进行细致的观察。虽然所有冰川都不尽相同，但某些区域更容易出现冰隙。这些区域包括冰川的边缘地带，由于地形阻力和摩擦力的增强，冰面裂缝较为常见。同样，冰川在山谷中蜿蜒而下时的外侧弯道，因拉伸和张力的集中，也较易出现裂缝。以及下方凹形山坡上的隆起处，由于底部压力的作用，同样裂缝频发。此外，冰川顶部的三分之一区域，积雪厚重，冰隙隐匿其中，因此也需特别警惕。冰隙通常呈平行线排列，并有较小的冰块碎片向外辐射，而且其实际大小往往远超我们的视觉感知。

在评估使用雪桥穿越冰隙的安全性时，季节与气温的变迁，以及光线的明暗，都是重要的考量因素。在深冬季节，低温环境使得雪桥更为坚固；而在温暖的春季，冰隙变得明显，穿越风险也相应增加。

穿越冰隙

冰柱和雪柱

如果你手中备有绳子，便可通过切割紧密堆积的雪或冰块来制作保护设施。这些冰柱和雪柱应被塑造成蘑菇的形状，确保其密实度足以支撑你在掉入冰隙时的体重。通常情况下，雪柱的直径约为 1.5 米（如果雪质地松软，尺寸需加倍），深度为 45 厘米，而冰柱的直径至少应为 30 厘米，深度应超过 15 厘米。

如果你手头有布条，可将其塞在雪柱承重一侧的绳子和雪之间。这种布置能有效分散绳子上的压力，防止其划破冰雪。一定要选择较大的尺寸以保证安全，避免绳子对积雪造成损伤。你还可以将几根粗壮的木棍水平插入雪中，将绳子缠绕其上，以此作为锚点。利用手边能找到的材料，进一步分散雪柱所承受的重量。

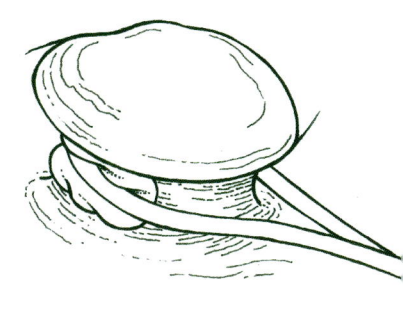

绳结技术

我在山区探险中曾试验并应用了一种由高山向导首创的新方法。这种方法是在绳子上打结，而我使用的绳子正是从备用降落伞上拆下的索具。在穿越冰川时，将绳子拖在身后，同时确保绳子末端配备有适当的配重。在我的案例中，这个配重是降落伞的一部分，里面装满了雪增加重量。当你在坚实平整的地面上行走时，这些绳结和配重会在你身后的雪面上轻轻晃动。然而，一旦你不慎掉入冰隙，它们会立即嵌入雪中，从而帮助你迅速停止坠落。这是一种经过实践检验且行之有效的方法。

爬出冰隙

摒弃任何不切实际的幻想。若你孤身一人，且未携带绳索，那么逃脱的机会确实微乎其微。如果你幸免于难，身陷绝境，请尝试下降。

这总比什么都不做等待命运的裁决要好。运气好的话，你可能会发现冰隙的下方或侧面隐藏着一个斜坡，可以通往冰川更下面的出口。向着黑暗的深渊下降虽然令人恐惧，但这可能是你唯一的选择。乔·辛普森[1]（Joe Simpson）在斯拉格兰峰（Siula Grande）的著名逃生案例就是如此，纪录片《冰峰168小时》[2]（Touching the Void）记录了这段惊心动魄的经历。

小贴士：充分的准备是成功的关键。在穿越冰隙区域时，无论是依赖自救系统还是与同伴合作，务必携带几段短绳。这些短绳将用于打普鲁士抓结（详见第一章绳结部分）。普鲁士抓结可以在你摔倒时帮助你脱身。仅靠一条细绳向上攀爬几乎是不可能的，但普鲁士抓结可以制成脚带，确保你在向上攀爬时不会滑脱，从而挽救你的生命。如果绳子长度不足，鞋带也可以发挥同样的功能。

安全要点

· 除非万不得已，否则永远不要尝试穿越冰隙。一次疏忽可能会付出生命的代价。

· 尽量在清晨气温较低时出发。当太阳位置较低时，冰隙的迹象——如雪地上的凹痕——会更加明显，其纹理和颜色也会变得更深。

· 如果发现冰桥，务必先使用木棍进行仔细探查。如果有任何薄弱的迹象，务必不要使用。

· 在通过冰桥时，尽量分散身体重心，采取蹲下并匍匐前进的方式，确保与冰隙的大致方向成90度角。

· 只有在百分百确定冰隙两侧真正边缘位置的情况下，才考虑跳过冰隙。

· 如果不慎掉入冰隙，立即张开双臂和双腿，尽量将自己锁在岩壁之间，以避免继续坠落。

---

1 乔·辛普森，英国作家、登山家。1985年，与搭档西蒙在秘鲁登山时，摔断腿并坠入冰隙，后凭借意志力成功爬回大本营。

2 由乔·辛普森所著的畅销书《无情之地：冰峰168小时》改编的纪录片，获英国电影学院2004年度最佳英国影片。

测试由降落伞和索具组成的自救系统。

自然灾害——北极地区

薄冰

"如履薄冰"这一成语绝非空穴来风。任何有经验的哈士奇驯养者都会明白，薄冰之下潜藏着巨大的危险。一旦不慎踏破冰面，重返陆地的机会微乎其微；倘若未能脱身，短短几分钟内，体温便会急剧下降，生命垂危。在北极地区，冰层的厚度不一，极易破裂，其间的缝隙被称为"冰间水道"，一旦掉入其中，后果不堪设想。

如果你不幸掉入了冰间水道，首要任务是游向边缘，模仿海豹的动作将身体挪动到冰架上。这要求你保持低姿势，以分散身体的重量。边缘的冰层又薄又滑，如果你用力挣扎，试图将自己拖出洞口，冰层很可能瞬间崩溃。在这种情况下，务必继续移动，沿着原路返回，打碎周围的浮冰，直至找到足够坚固的冰面，支撑你爬出洞口。

我曾四次陷入这种危险的境地。冬季的高山湖泊结冰后，表面看似坚固，实则隐藏着致命的风险。因此，寻找并选择安全的绕行路线至关重要。在0℃以下的环境中，长时间浸泡在冰水中极为危险。首先，冰水会刺激你大口喘气，从而将水吸入肺部，导致溺水；其次，极低的水温可能诱发心脏骤停；最后，也是最致命的，是寒冷导致的全面麻木。一两分钟后，你的身体将失去知觉、协调性和力量，无法自救。

实际情况就是如此的寒冷又肮脏。

要想在坠入冰湖后生还,关键是在肾上腺素飙升时迅速地采取行动。尽量保持冷静,这一点说起来容易做起来难。你需要控制呼吸,迅速卸下背包,然后沿着原路返回。只有在这个方向,冰层才有可能逐渐增厚,足以支撑你的体重。利用任何可用的锐利物品,如小刀或雪杖的底部,插入冰面以辅助前行。同时,保持低重心以减少冰面的压力,直至安全脱险。我曾在没有任何辅助工具的情况下从冰湖中逃脱,但那无疑是一次更为艰难的经历。

上岸后的当务之急是迅速脱去湿透的衣物,并设法将其晾干。如果没有替换衣物,可将脱掉的湿衣服卷进雪粉中,吸收一些水分,拧干后重新穿上。然后继续前进,保持身体温暖。等暖和起来以后,寻找庇护所躲避风雪,并继续前行,直至衣物彻底晾干。这一过程会非常漫长。在阿尔卑斯山的探险之旅中,我采取了预防措施,提前准备了火堆。这样,一旦衣物潮湿,便可立即进行烘干。另外,还有一种"冻干"衣服的方法,即将湿衣物脱下,让其自然冻结。待衣物完全冻硬后,再敲碎冰块。

曾有沙克尔顿船员在夜晚不慎从浮冰上落入冰冷的海水中。为了保持体温,他不得不围绕着那块小小的浮冰持续走动,长达12个小时之久。但最终他成功地存活了下来。

碎冰和冰脊

在北极地区,大面积的冰雪碎石十分常见。这些碎石看起来就像雪地上的废弃建筑工地,上面堆积着巨大的碎雪和冰块。它们是由巨大的浮冰相互撞击而形成的,可能毫无征兆地从原本平坦的地貌中出现。对于北极探险者来说,这样的场景或许并不陌生:前一晚在平坦的地面上扎营,清晨醒来,却发现自己已被一片巨大的碎石堆所环绕。

冰脊则是由于冰间水道逐渐闭拢,边缘的冰层相互挤压而形成的。这种力量之大,足以将冰块推向高空。如果试图穿越这种不平坦的地形,可能会导致脚踝扭伤或其他更严重的后果。因此最好避开碎冰和冰脊区域,尽量寻找更空旷的地方前行。但是如果别无选择,请务必保持耐心,谨慎前行。

雾气

北极地区多雾,春季尤甚。当冰层边缘附近的冰间水道逐渐扩大时,大片的开阔水域会导致来自南方的较暖空气与海面温度之间产生巨大的温差,这就会凝结成雾。在这种情况下,除非置身其中,否则很难发现冰间水道和薄冰的存在。因此,在有雾的情况下,必须格外小心谨慎。

冬季的高山湖泊结冰后,表面看似坚固,实则隐藏着致命的风险。因此,寻找并选择安全的绕行路线至关重要。

自然灾害——南极地区

北极和0℃以下山区所存在的众多危险在南极地区也同样存在。不过，南极地区的旅行还有一个尤为致命的因素：风寒效应。南极洲的地形条件使得南极大陆被划分为多个鲜明的气候带，每个气候带都有其独特的气候特征。除了气候相对平和的内陆地区，南极的其余部分均是地球上风力最为强盛的区域。其中包括位于联邦湾（Commonwealth Bay）的丹尼森角（Cape Dennison），这里的年平均风速高达每小时80千米。无论何时踏上这片冰雪之地，迅速找到避风之地无疑是你的第一要务。

终于抵达阿拉斯加冰川的尽头。

健康问题

在任何环境中，寒冷都是生存的最大威胁之一。当人体散失的热量超过其产生的热量时，身体核心温度从正常的37℃降至35℃甚至更低时，就会发生低体温症。在高海拔地区，寒冷带来的影响更为显著，因此登山者尤其容易遭受低温的侵袭。然而，即使在环境温度远高于0℃的情况下，低体温症的风险依然存在，且随着暴露在0℃以下环境的时间延长而加剧。

寒冷是致命的敌人。因此，我们必须提前采取措施，降低寒冷对身体的影响。预防寒冷造成的伤害是生存的关键。保暖往往需要艰苦的努力，只有当登山者或幸存者放弃抵抗，停止活动四肢时，冻伤才会真正发生。在这种极端条件下，保暖不仅仅是一种生理上的挑战，更是一场意志的较量。我们必须下定决心保持身体活动，抵制放弃的诱惑，不让身体的任何部位变得麻木。

再次强调，预防低体温症的关键在于识别症状，并提前采取行动，防止身体僵硬到无法自行取暖。一旦发现手开始变冷，应立即将其塞进裤子里或腋下保暖。如果有同伴，还可以将脚放在他们的肚子上取暖。我也曾让别人用我的肚子取暖，这很可能帮助了他们免被冻伤。最重要的是，要在真正感到寒冷之前就采取这些预防措施。

低体温症

保持热量总是比散失热量要好得多。因此，了解人体散失热量的多种方式至关重要。人体有五种散热方式，分别是辐射、传导、对流、蒸发和呼吸。换句话说，我们散失热量的方式有：像加热器一样，不断向周围环境释放热量（辐射）；直接接触冰冷的物体，如冰雪（传导）；与冷空气进行热交换（对流）；出汗（蒸发）；而呼吸时，冷空气进入肺部，也会带走体内的热量和水分（呼吸）。

尽管环境温度是导致低体温症的重要因素，但真正造成威胁的往往是水和风寒效应。事实上，水从人体中传导热量的速度比空气快50倍。因此，保持身体干燥是预防低体温症最简单有效的方法。在寒冷环境中，不仅要避免长时间接触水源，还需警惕汗水带来的潜在风险。一旦汗水冷却并开始结冰，会迅速地将体内热量传导出去，加速体温下降。在身体感到热时适当脱衣，而在体温下降时及时添衣。这种对体温变化的敏感度和自我调控意识，是在极端寒冷环境中成功生存的关键。

保暖是一场意志的较量，我们必须下定决心保持身体活动，抵制放弃的诱惑，不让身体的任何部位变得麻木。

海冰的温度比普通的冰更低，且不断移动，在其中穿行非常危险。

人体的四肢与周围环境直接接触，是血液最接近身体表面的地方，因此也是热量流失最快的部位。实际上，由于大脑区域的血液流动极为丰富，约30%的人体热量是通过头部和颈部散失的。因此，在寒冷环境中，这些部位必须得到妥善的遮盖和保护。

随着体温的下降，人体的自我调节机制会优先保护生命攸关的核心部位。你会感到双手逐渐变得冰冷，因为它们在生存层面的重要性相对较低。但头部的温度不会下降，因为大脑对于维持生命至关重要。这意味着，如果不加以保护，头部将持续散失热量，最终可能导致意识丧失乃至有生命危险。因此，任何时候头部都需要一个温暖的遮盖物。

身体的保暖能力受到脱水、饥饿和睡眠不足等因素的多重影响，因此要对这三大方面进行持续监测。在脱水状态下，用于手指和脚趾供暖的血液量会减少，从而极大地增加冻伤的可能性。

低体温症的症状

低体温症的初始症状表现为颤抖，也是一种自动生存机制，身体会通过快速收缩和放松肌肉来产生热量。如果不采取任何措施，颤抖将逐渐加剧，皮肤也会逐渐呈现青紫色，大脑的思维能力则会受到严重影响。有时，患者可能还会出现一种虚假的温暖感，随后可能会陷入意识丧失、昏迷，甚至出现心力衰竭的严重状况。精神错乱是低体温症的一个明显征兆。然而，在孤立无援的情况下，要识别出这一症状，首先需要保持大脑的清醒与正常运转。因此，迅速作出反应并学会识别这些早期征兆至关重要。

冻伤

当人体为了保护核心热量，减少对四肢（尤其是脚部与手部）的血液供应时，身体组织可能因过度冷却而发生冻结，进而引发冻伤。冻伤的初期症状包括麻木和刺痛感，随后受影响部位会呈现出发白、蜡状的外观。随着冻伤的恶化，皮肤会发红、肿胀，并出现黑斑，最终变黑坏死。在极端情况下，坏死的组织甚至可能引发全身性的血液中毒。

轻微的冻伤（如冻疮）如果及早发现并及时处理，是有可能逆转并避免进一步恶化的。然而，一旦冻伤深入深层组织，情况就变得复杂而严重。在生存环境中遭遇严重冻伤时，在救援人员赶到之前，保持肢体在冰冻状态可能是最佳的选择。有记录显示，一些幸存者在严重冻伤后，依然能够依靠冻僵的肢体行走数天之久。但如果这些部位开始解冻，他们将难以继续行走。尽管他们可能因此失去了部分肢体，甚至有时连鼻子都难以保全，但他们却因此得以存活。

> 当人体为了保护核心热量，减少对四肢的血液供应时，就会引发冻伤。

以登山者贝克·韦瑟斯的故事为例。人们误以为他已不幸丧命，于是将他遗弃在珠穆朗玛峰海拔8000米的高处。身处绝境，贝克深知一旦闭上眼睛，就可能永远无法再次睁开。在几乎奄奄一息的状态下，他透过肿胀的眼皮，捕捉到了一丝微弱的光亮。这光亮成为了他内心最坚定的信念——如果想要再次与家人团聚，他必须挣扎着站起来，继续前行。尽管双脚已被严寒彻底冻伤，贝克仍以惊人的毅力跟跄站起，开始了艰难的行走。他的心中只有一个信念：不断前行，直到找到帐篷或成功下山。最终，他的意志和精神战胜了冻僵的四肢，成功找到了那些帐篷。在这场生死考验中，贝克失去了手脚和鼻子，但他却重获了更为宝贵的生命。

如何避免冻伤

即使穿着最优质的衣物和鞋袜，一旦身体变得潮湿，热量也会迅速从体内散失。因此，务必确保装备和衣物始终维持干燥状态。

由于靴子经常与雪地接触，脚部特别容易受到寒冷和潮湿的影响。为了防止冻伤，应经常更换和晾晒袜子，以保持袜子和靴内环境的干燥。在英国特种空军部队，我们经常在更换袜子后，把湿袜子放在裤子里晾干。此外，确保靴子不要太紧，因为过紧的靴子会限制血液循环，加剧脚部冻伤的风险。

在夜晚休息时，如果不打算穿着靴子睡觉，应将其带入庇护所内，并放置在身体旁边。务必随时戴上手套并保持干燥。同时，要避免让裸露的双手接触到任何金属表面，如水杯、登山杖或帐篷钉，因为在低温下，这些金属可能与皮肤粘连。

不要将衣服上的雪带进庇护所内。因为在温暖的空气中，雪会迅速融化，导致衣物变湿，进而增加身体受寒的风险。在进入庇护所前，应抖落衣物上的积雪。充分利用周围的自然资源来进行隔热，例如，蕨类植物、松针和山毛榉树叶都是很好的隔热材料。

除了保持温暖和干燥外，维持良好的血液循环也是预防冻伤的关键。任何能够稀释血液的物质，如鱼肉中富含的多元不饱和脂肪酸（Omega 3s），都有助于促进血液循环。在极端寒冷的环境中，应每隔几分钟就活动一下四肢和其他活动部位，降低冻伤的风险。

雪盲症

当太阳光照射在洁白的雪地上时，其反射作用会放大太阳光的破坏力，从而导致雪盲症。这是因为紫外线会灼伤眼角膜，带来一系列严重的症状。受影响的眼睛会发红、发炎，流出黄色的分泌物，伴随着头痛和视力模糊，最终可能导致暂时性失明。我曾目睹，喜马拉雅山上的一位登山者在登顶洛子峰（Mount Lhotse）时，不幸遭遇了雪盲症。与此同时，极度的寒冷进一步加剧了对他眼睛的伤害，最终导致了他完全失明。

一些简单的防护措施可以预防雪盲症。在树皮或布条上割一个小口，就可以轻松制成一副雪地护目镜。此外，在眼睛下方涂上木炭也能有效减少眩光。即使在阴天，也不应摘下护目镜，因为眼睛仍然需要保护。许多雪盲症往往就是在阴天不注意防护而造成的。

> 避免让裸露的双手接触到任何金属表面，如水杯、登山杖或帐篷钉，因为在低温下，这些金属可能与皮肤粘连。

第三章 极寒之地

阳光中的紫外线在雪地上反射后会导致雪盲症——一定要戴上护目镜。

贝尔的极寒之地生存法则

第一，保持温暖干燥

低体温症是极寒之地的头号杀手。然而，真正的威胁并非那刺骨的室外温度，而是风和潮湿的联合作用。因此，我们必须像呵护孩子般，悉心照料自己的头部和四肢，确保它们免受风寒的侵袭，保持温暖与干燥。

第二，建造雪地庇护所

利用环境为自己创造生存条件。冰雪看似冷酷无情，实际上可以成为我们最坚实的盟友。一个基本的雪地庇护所制作起来既简单又快捷。请记住，雪是大自然最好的绝缘体之一。就连冬眠的熊也选择雪地作为庇护所，这足以证明雪地的优越性。

第三，制作雪杖

在冰雪地形中，雪杖可以作为有效的支撑物和保护装置，是至关重要的配件。雪杖可以防止你掉进薄冰和裂缝之中，阻止你滚落山崖，确保你能更加迅速且轻松地穿越山区。

第四，制作雪鞋

在深雪中行走时，必须分散身体的重量。雪鞋可以用任何坚韧、有弹性的材料制成，并绑在脚底。其制作过程远比想象的要容易。

第五，保持信念

在极度寒冷的环境中生存，需要的不仅是身体的强健，更是内心的坚定。面对困境，我们必须抵制蜷缩放弃的诱惑，相信自己的生存能力。记住，你的出生本身就是一场胜利，你已经从亿万竞争者中脱颖而出。你的内心一直住着一个冠军，只要相信自己，你就能够战胜一切困难生存下来。

"我们这一代人最伟大的发现是,人可以通过转变心态来改变自己的生活。"

——威廉·詹姆斯(William James)

第四章

丛林

"丛林"一词带有一种不祥的威胁意味。当我们提及"城市丛林"时，这不仅仅是因为城市的复杂性和密集度给予人一种压迫感，更是因为在其中，我们仿佛受到了一种更大、更错综复杂，甚至有时显得冷酷无情的力量的操控，这种力量往往忽视了人类个体的需求和渴望。

事实上，用这个表述来形容在真正的自然丛林中迷失和孤独的感觉，也同样贴切。因为当我们踏入这个世界时，我们并非其创造者和主宰者，反而更像是被投入了一个庞大而错综复杂的生态系统中，成了其中的一部分。

丛林，通常是指那些位于热带地区、有时未经人类涉足的森林。不同的纬度、海拔和地质条件，造就了不同的气候，从而形成了不同类型的热带生态系统，覆盖范围从赤道雨林——包括南美洲的亚马孙河流域和非洲的刚果河流域，到位于赤道南北10度范围内的亚热带雨林——包括中美洲、南美洲和东南亚的大部分地区。

这些丛林间的生态特点是气温高、雨量大、湿度高。雨季的来临，往往伴随着突如其来的暴雨，以及震耳欲聋的雷鸣和闪电，有时甚至会引发严重的洪涝灾害。与温带地区分明的夏季和冬季不同，丛林的季节变化更多地体现在雨季和旱季之间。即使在旱季，也会有短暂的降雨，而雨季则如同季风一般，风暴和降雨突然降临，然后又迅速离去。这里的昼夜等长，天黑得快，亮得也快。

丛林，因其拥有生命的三大主要催化剂——水、持续的高温和阳光，成了生物数量最为密集的自然环境。每平方厘米内，丛林所孕育的生物种类丰富度远超地球上的其他荒野地形，这也正是丛林令人敬畏之处。它是无数动物与昆虫的摇篮，其中更隐藏着许多人类尚未发现的生物奥秘。

人类的祖先早在几千年前就离开了丛林，要想在这样的环境中求得生存，我们必须学会与这片生机勃勃的大自然和谐共处。这里不再是我们的自然领地，因此，我们必须迅速适应并遵循那些超越人类社会的生存法则。

要在丛林中生存，关键在于调整心态。不妨放慢脚步，摒弃外界的纷扰，以平和的心态去体验这片充满奇迹与非凡生命的乐土。不要将丛林视作一个满是泥浆与毒液的险恶之地，而应视其为一片充满生机的生态天堂。

丛林中有生存所需的一切资源：食物、庇护所、水源、火源和工具。我们应该顺其自然，而非与之抗衡。作为丛林食物链的一部分，我们应善用智慧、技能和力量，以确保自己站在食物链的顶端。

即使是毒蛇或凶猛的野生美洲虎，也遵循着自己的生存法则，并从不轻易改变。蛇类通常只在受到惊吓和陷入绝境时才会发动攻击。只要学会利用丛林、享受丛林、不畏惧丛林，你就能成为这片丛林的主宰。保持着这样的心态，你将更有可能在丛林中顽强生存，最终安然无恙地重返文明世界。

初入丛林，面对野生动物、爬行动

第四章 丛林

物和参天巨树的宏大景象，人们往往会心生敬畏，有些士兵甚至会因此精神崩溃。2003 年，年仅 17 岁的马科斯·马丁内斯·赫雷拉（Marcos Martínez Herrera）在哥斯达黎加（Costa Rica）的科尔科瓦多国家公园（Corcovado National Park）与叔叔走散后，孤身一人在丛林中迷失了方向，历经了长达 13 天的艰难时光。

当他穿越了 40 多千米的丛林最终获救时，他描述了丛林之夜如何成为一场恐怖的试炼，野兽的嚎叫萦绕在耳边，让他难以入眠。红十字会的救援人员都惊叹于他的生还奇迹。支撑他挺过难关的，正是他内心那股不屈不挠的意志和对生命的深切渴望。

马科斯的经历深刻地揭示了一个道理：在极端环境中，生存的智慧固然重要，但真正的决定性因素在于个人的求生意志和心态调整能力。

正如马科斯所体会到的，初次踏入丛林的人难免会感到恐惧，但恐惧并不能成为生存的助力，唯有保持警惕才是关键。做任何事情之前都要三思而后行。席地而坐之前，检查一下木头周围；躺下之前，用棍子清理一下地面；在河里小便之前，在靠着树枝站稳之前……在丛林中，每一个动作都需经过深思熟虑，因为与野生动物的每一次接触都可能是致命的。

有人说，对丛林的感情要么是爱，要么是恨。然而，在生存环境中，我们别无选择，只能学会热爱丛林。请记住，只有那些足够聪明，且能灵活运用本章中所有生存技巧的人，才能活着离开丛林。

在丛林里，你必须迅速适应并遵循那些超越人类社会的生存法则。

正如马科斯所体会到的，初次踏入丛林的人难免会感到恐惧，但恐惧并不能成为生存的助力，唯有保持警惕才是关键。

建造庇护所

建造庇护所是应对困境的首要且切实可行的策略。它可以驱散内心的恐慌，重振士气。在高温潮湿的丛林环境中，身体的不适和野生生物的侵扰如同无形的枷锁，而一个坚固的庇护所，就是你掌控局面的有力证明，是你重新夺回主导权的象征。

庇护所的重要性更在于心理层面的巨大支撑。一个坚固的庇护所能够帮助你打赢在第一章中提到的心理战，让你能够集中精力，专心致志地完成生存所需的各项任务，同时坚定你战胜一切困难的决心。

丛林中有生存所需的一切资源：食物、水源和庇护所。

第四章 丛林

研究地形

在热带纬度地区，夜幕的降临迅速而突然，因此必须充分利用白天的时间。趁白昼尚未过去，花些时间仔细研究周围的地形。在丛林中，地形就是一切。若是在错误的地点建造了庇护所，不仅白白耗费了宝贵的时间和体力，还会极大地打击士气。

因此，在选择庇护所的位置时必须仔细考虑，充分利用地形优势。优先选择地势较高的地点，并确保与水源保持适当距离（至少几百米）。这样做能有效避免暴雨引发的洪水侵袭。热带雨林的暴雨往往来势汹汹，足以将你和庇护所一并席卷而去。在热带雨林中，大雨倾泻而下是常态。对此要学会适应和接受，并做好应对计划，将雨水视作丛林对我们的抚慰，而非困扰。

较高的地势也意味着你的庇护所不容易阻碍野生动物的取水路径，同时还能远离沼泽和积水区，这些地方通常会滋生蚊虫。

保持庇护所干燥，同时也要防范地面上的野生动物侵袭。因此，在建造庇护所时，首要任务是寻找一个合适的角落，尽量避开野生动物的潜在藏身之处。

远离扁虱大量聚集的草丛，并确保营地附近没有蚂蚁活动。蚂蚁在丛林中扮演着至关重要的角色。蚂蚁促进了腐烂树叶的分解，维持了丛林的生态平衡。蚂蚁一年四季不分昼夜地工作，当蚁群开始行动时，它们会清除沿途的一切障碍物。因此，确保你的营地不在它们的活动范围内。

扎营时，别忘了抬头观察那些高耸入云的大树。枯枝、椰子和水蛭等都可能成为潜在的危险。请记住，在丛林里，从上方掉下来的枯木比其他因素都更容易造成致命伤害。我曾经对此不以为然，直到我第一次踏入丛林。当你在丛林中行走时，猴子会听到你的声音并好奇地前来查看，它们在藤蔓上摇摆，可能导致枯木大量掉落。务必小心这些松散的木头，这样的死法实在不太体面。最后，用一根长棍把地上的树叶和碎屑清理干净。

> 在热带雨林中，雨水会倾盆而下。要习惯这一点，做好应对计划，让雨水抚慰你，而不是带来苦恼。

物资

木材、藤蔓和竹子

在丛林中，制作庇护所的材料俯仰皆是。柔韧的幼嫩树苗随处可见，是用来制作庇护所和床的理想选择。竹子也是丛林的常见植物，从手杖般的高度到高达25米的巨竹，形态各异，应有尽有。

丛林中木质藤蔓无处不在，正如泰山[1]

---

[1] 泰山，又称"人猿泰山"，为美国华特迪士尼公司动画电影《泰山》中的主人公，从小在非洲的原始丛林中生存，是一个由猩猩养大的男人。

（Tarzan）在电影中荡秋千所用的那样，你可以利用其坚韧的特性，将各种建筑材料牢固地绑定在庇护所的框架结构上。另外，丛林中大量的巨型叶片则可以充当茅草材料。不要忽视丛林地面上的苔藓和植物，它们也是非常有用的垫料。

小贴士：竹子具有强度高、重量轻和柔韧性好的特点，一直以来都是非常珍贵的建筑材料，但在砍伐时要格外小心。在张力作用下，竹子通常成丛生长，在砍伐时可能会突然裂开，造成严重的割伤。竹子底部还有尖锐的毛，会对皮肤造成很大的刺激。

树叶

在丛林中，树叶的形态、大小和质地丰富多样。这些树叶可以穿梭在树苗编织的网格之间，从下往上铺设，做成屋顶或墙壁，可以很好地遮风挡雨。

聂帕棕榈叶是部落社会中最常用的茅草叶之一，因其带有细小的倒刺，一旦接触皮肤便难以摆脱，因而得名"钩叶藤"。

聂帕棕榈树的茎部细长，两侧长有多片宽阔的叶片，宛如巨大的羽毛。处理聂帕棕榈叶时，将其茎秆从上至下劈成两半，但要格外小心，因为其叶尖非常锋利。经过处理后的叶子可以轻松地编织成屋顶，或织进墙壁框架的网格中。不到30分钟的时间，一片坚固的屋顶便能完成。而且，树叶的尺寸越大，编织工作就越轻松。

象草和棕榈叶

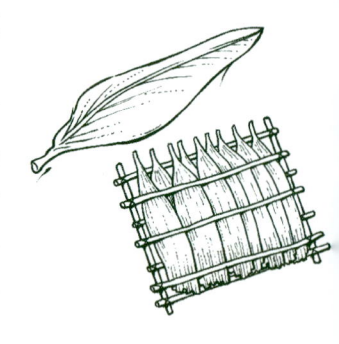

象草等大型植物的叶片又长又宽，茎部纤细如竹，高度可达4米。这些特性使得象草成为编织木质框架网格的理想选择，同样适用于制作墙壁、屋顶以及反射热量的工具。茎秆较长的棕榈叶也是很好的材料，此外，许多具有分节特征的丛林植物，如人们经常作为家庭盆栽种植的龟背竹，其叶片也很容易编织网格。

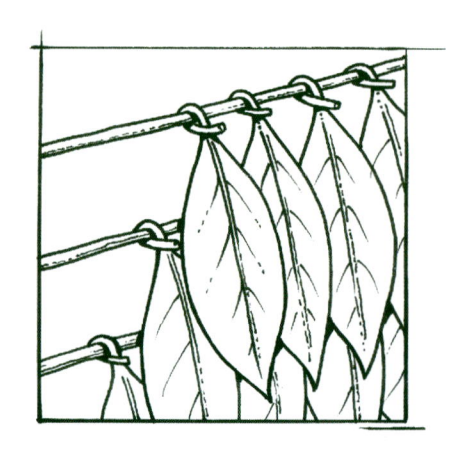

第四章 丛林

放慢脚步，融入丛林，顺其自然，而非与之抗衡。

庇护所类型

你所建造的庇护所类型，在很大程度上取决于你计划逗留的时间和以及可用材料的限制。鉴于丛林环境通常湿度较高而风力较弱，因此，防潮成为庇护所设计的主要考虑因素。

在构建过程中，即便是最基础的资源，如防水油布、塑料布、绳索和刀具，都能发挥出巨大的作用。这些材料能够帮助你搭建一个既能遮雨，又能保持空气流通的临时庇护所。

我曾多次仅携带一把小刀和一个水壶进入丛林。缺乏砍刀、蚊帐、吊床和防水油布等基本装备，甚至我日常随身携带的钢块和打火石也没有。这无疑让生存变得更具挑战性，尤其是面临生火的难题。但我还是设法用藤蔓、树枝和树叶搭起了相对舒适的庇护所，还再次证明了随机应变的重要性。请记住，与其他地形相比，丛林里蕴藏着生存所需的一切资源。关键在于，我们必须了解如何寻找这些资源，并发挥想象力来最大化利用它们的价值。

丛林地面上的碎屑可能松软，但也藏匿着众多昆虫和其他生物。因此，在丛林里搭建的庇护所必须高于地面，远离那些会让你痛苦不堪、无法入睡的叮咬生物。

用木头或竹子搭建一个平台，并在其上铺设柔软的棕榈树或树叶，这样就能建成一个最简单的临时庇护所。不过，有条件的话，搭建一个加高的睡眠平台将更为理想。它不仅能更好地隔离地面湿气和潜在的生物威胁，还能让空气更自由地流通。

> 在丛林里搭建的庇护所必须高于地面，远离那些会让你痛苦不堪、无法入睡的叮咬生物。

临时庇护所：一夜民宿

一个简易庇护所只需几分钟就能搭建完成，不仅能够提供临时的栖身之所，更能在热带暴雨中为你遮风挡雨。相较于毫无遮蔽的境地，这已经是一个巨大的改善。请记住，搭建庇护所的工作务必在天黑之前完成。当夜幕低垂，丛林中的光线迅速消失，而身处树冠下45米高度的你，将更快地感受到黑暗的压迫。因此，为夜晚的到来做好充分准备。

床单庇护所

将绳子或藤蔓绑在两棵树或树苗之间，若周围没有合适的树木，可以临时设立支柱，相距约2米，然后将绳索绑在支柱之间。接着，在绳索上铺上防水油布或床单，将其中一段延伸至地面，作为地下的保护层。这样，你就拥有了一块地板和一个基本的屋顶覆盖物。

为了固定油布并确保其平整，你可以在地面上的油布四周放置重石。如果油布的另一端未能触及地面，可以在其四角拴上绳子，并将绳子固定在插入地面的木桩上，使其像缆绳一样紧绷。最后，在屋顶两端绑上额外的绳索，并将它们紧紧系在立柱上，以防止屋顶下垂。

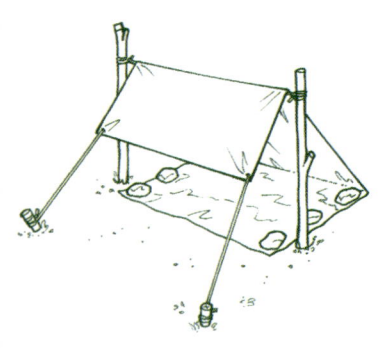

这种简单而实用的结构设计不仅能够防雨，还能确保潮湿环境中的空气流通。澳大利亚军队在丛林行动中仍广泛采用类似的结构。

小贴士：确保你的遮雨布始终保持绷紧状态，并与地面成锐角。这样雨水就会迅速排出，不易渗入材料。

树干庇护所

巧妙地利用倒下的腐烂树干，可以打造一个安全舒适的庇护所。首先，清理树干周围的地面，然后选择树干的背风面躺下。为了进一步确保干燥与舒适，沿着树干底部清理出一个小洼地，并在睡处周围挖出一条简易的小排水沟，确保雨水不会流入洼地。

树干内部的腐烂木头也可以轻松地挖掘出来，做成一个足够容身的避雨处。在制作这两种临时庇护所时，务必保持警惕，因为蛇和蝎子等生物也喜欢藏匿在腐木之中。在开始工作之前，请用棍子仔细清理场地。如果条件允许，建议长时间生火以驱赶潜在的威胁。为了进一步增强保护效果，可以将树枝靠在树干上，并用树叶进行覆盖。

小贴士：在使用这两种庇护所时，确保你的睡眠平台上铺有由棕榈树枝交织而成的衬垫，以增加弹性和保护效果。另外，你也可以使用竹子搭建平台，并在上面铺上柔软的树枝，以便将睡眠平台抬得更高。

甜蜜家园：长期庇护所

A 形框架竹竿床

A 形框架不仅搭建迅速，而且很容易改造成一个长期庇护所。首先，将两根竹竿绑成一个倒立的 V 字形，尖端朝上，放置于地面，这就是框架的一端。以相同的手法制作另一端，保持对称性。接下来，将一根横杆绑定在这两个倒立的 V 字之间，连接每根杆子的顶点。这样，A 形框架的基本结构就完成了。在两根杆子之间用树皮和藤蔓编织一个结实的网状物，就像医院的担架一样，制作一个睡眠平台。制作完成后，将平台的两端分别绑定在 A 形框架的一半高度处，填补 A 形框架缺少的横梁部分。在开始工作之前，务必对周围环境进行仔细检查，确保没有潜藏的昆虫和蛇类，切勿直接睡在丛林的地面上。

若时间紧迫，无法建造高床，至少应铺设一层竹子或树枝，再覆盖上苔藓或树叶，以确保基本的舒适。

为了进一步提升庇护所的实用性，可以在这个结构上覆盖一层油布，使两边都能得到充分的遮雨保护。或者将树枝靠在 A 形框架上，用树叶编织其中，既防风又遮雨。

小贴士：不妨让睡眠平台的杆子伸出框架两端。这样，晚上就可以将衣服或靴子挂在离地面较远的地方。同时，这些伸出的杆子还可以作为小桌子的支架。

倾斜式庇护所

首先，选取一根与肩同高的木头，将其绑在一棵树上，另一端则放在地面上。接着，在距离第一根木头约 2 米的另一棵树上，绑上一根与之平行的木头。在这两根木头之间，放置一根横杆，将它们连接起来。接下来，将较小的木条以交叉的方式绑在两个主要支撑架之间，形成一个稳固的框架。在框架上铺上你能找到的最大树叶。

在庇护所内侧铺上竹子或木头，再垫上较软的棕榈或树叶，就可以做成一个高床。和其他倾斜式结构一样，这种倾斜式庇护所与热量反射工具和长条形火的搭配使用相得益彰（详见第一章）。

我经常在丛林中搭建这种庇护所，在我看来，这是最容易建造的一种。它既可以做成临时建筑，也可以改造成更复杂的结构。无论形态如何变化，其核心理念始终围绕"简单"二字。在生存的世界里，简单永远是终极法则。请牢记 KISS 原则：保持简单，傻瓜都能做（Keep It Simple, Stupid, KISS）！

小贴士：如果你手头有现成的竹子，那么可以将竹竿沿纵向劈成两半，然后像连接屋顶瓦片一样，将它们一正一反地连接起来。这样做不仅构建出了一个极为有效的屋顶，还能形成自然的水沟，让雨水迅速流走。

丛林庇护所指南

- 在开始工作前，脱掉一层衣服。在潮湿的天气中，这意味着在工作结束后，你可以换上干爽的衣服。我曾在丛林中经历过一场大雨，当时我没有干衣服，也没有多余的衣物可以替换。几天后，尽管我每晚都努力用火烘干衣物，但最终还是因为持续的潮湿而患上了严重的疮病。因此，如果可以的话，请携带一些干燥的衣物，这不仅为了身体舒适，更是为了保持士气。士兵们深知保持衣物干燥的重要性。当他们的庇护所搭建完毕，准备在里面过夜时，他们会穿上干燥的衣服，以确保在漫长的夜晚中保持温暖。而每天早上，他们再穿上湿衣服，开始新的一天的挑战。

- 随身携带一些额外的建筑材料，如树叶，用于维修和加固。

- 在开始工作之前，务必仔细检查周围环境，确保没有昆虫和蛇类。避免直接睡在地面上，如果没有时间建造高床，应确保铺上竹子、树枝，并覆盖苔藓或树叶，以增加舒适度并防止湿气。

- 在选择庇护所的位置时，要确保地面干燥，水流能够顺畅排走。

- 避免靠近可能通往动物常去饮水处的路径。

- 抬头观察周围环境，确保树冠上没有可能掉落的枯枝或其他野生动物。

- 夜间生火时，可以在余烬上燃烧苔藓或其他慢燃材料，保持火苗燃烧，同时确保附近有充足的枯木。

- 白蚁丘是夜间燃料的最佳选择。燃烧白蚁丘实际上是在燃烧白蚁的粪便，它们能够持续燃烧很长时间，并且有助于防止昆虫叮咬。在丛林中，当我没有蚊帐时，正是它们救了我的命。

- 将庇护所延伸到火堆的范围。火堆和火绒的保护工作常常被忽视，一旦疏忽，便可能面临在雷雨中重新生火的困境。

- 在固定床单或防水油布时，可以先在床单上缠绕一块小石头，然后将藤蔓或绳索系在石头上。这样便能有效防止床单从绳结中滑落。

- 悬挂在离地不远的树枝和灌木丛上的枯木是生火材料的最佳选择。这些枯木要比丛林地面上的潮湿木头更干燥，既可以用来生火，也可以用来制作火绒。

- 最后，与极寒之地或沙漠地带不同，丛林的一大好处是长达 12 小时的漫漫长夜。这意味着只要正确搭建庇护所，你就有机会获得充足的睡眠。充分利用这段时间，养精蓄锐，为第二天做好准备。

寻找水源

无论什么季节，雨水和潮湿都是丛林永恒的主题。暴雨随时可能来袭，而当天空终于放晴时，高湿度又会让你大汗淋漓。白天丛林的湿度通常为80%，夜间则会上升到95%。丛林中每天固定时间下雨也是常见现象。降雨通常在黄昏时分，而且持续的时间也相近。因此，要学会预测当地的天气模式，并据此出行或建造庇护所。

在丛林中，真正的挑战不在于寻找水源，而是如何在众多水源中筛选出真正安全有用的水。毕竟，在这样的环境中，生命体的繁殖速度快得惊人。无数毒素、病毒、囊肿、细菌和寄生虫在这片土地上肆意生长，一旦这些有害物质进入人体，便会对你的肠胃造成严重破坏。因此，不要因为周围的水源丰富而产生虚假的安全感。在丛林的法则中，除非水源是新鲜的雨水，或是经过严格验证来自特定植物或树木的水分，否则一切水源都应被视为已污染。

水源迹象

河流和雨水是丛林中的主要水源，但并不总是可靠的。季节更替和地理环境的变化，以及丛林地形的复杂性，都可能让探险者面临水源稀缺的困境。或许，你将面临数天的干涸，或许你只能在遥远的角落找到一条几乎枯竭的溪流。

面对这样的挑战，你要学会遵循大自然的指示。请记住，在寻找水源的旅程中，你并不孤单。事实上，整个生态系统，从参天巨木到微小昆虫，都在寻找水源。细心观察这些"竞争对手"的行为，或许能为你揭示水源的所在。

更简单的办法是直接下山，随着地势降低，最终总会找到一条溪流。

动物和鸟类

动物、鸟类和人类一样需要定期饮水，清晨或傍晚，是许多动物和鸟类饮水的时刻。观察它们的动向，往往能找到水源所在。如果无法在茂密的灌木丛中直接观察或跟踪动物，不妨沿着它们的足迹前行，这些足迹往往会通向水源。如果发现两条及以上的足迹交汇在一起，那么找到水源的可能性会更大。

昆虫

在丛林中，每一种会飞、会爬、会蠕动的生物，都可能为你揭示水源的存在。留心观察蚂蚁是否爬到树上的潮湿缝隙中，蜜蜂是否消失在树洞中（确保洞口远离蜂巢），以及苍蝇是否在某处聚集。这些微小的生物，往往会为你指明希望的方向。

除非水源是新鲜的雨水，或是经过严格验证来自特定植物或树木的水分，否则一切水源都应被视为已污染。

水源：雨水收集器

防水油布

收集雨水是在丛林中获取饮用水最简单快捷、通常也是最纯净的方法。如果你备有防水油布，可以轻松制作一个简易雨水收集器。将油布绑在树间，形成一个碗状结构，便能在暴雨后的几分钟内积聚大量雨水。随后，将雨水倒入水瓶或水杯中，供日后饮用。若容器不足，不妨发挥创意，将大型树叶扭曲成容器状，作为临时的储水工具，为夜晚储备额外的水源。一般而言，雨水无须复杂净化程序即可直接饮用。

热带树叶

丛林中丰富的大型树叶可以轻松拧成漏斗状，将水导入容器中。制作的漏斗越多，收集的水就越多。

水坑

当你发现地面明显湿润时，通常意味着地表下方蕴藏着水源。在这样的地点向下挖掘，直至土壤变得潮湿甚至湿透。随后，将挖掘出的水坑留置一夜，让水分充分渗入坑中。请注意，通过此方法收集的水需要经过过滤和煮沸的净化步骤。如果环境过于潮湿，导致无法生火，可以尝试使用袜子包裹生火的木炭，作为简易的过滤工具。

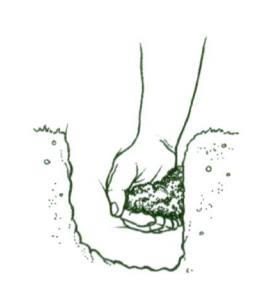

蒸发捕集器

制作一个蒸发捕集器，可以收集热带植物叶片进行呼吸作用时产生的少量水分。

水源：植物

在丛林中，你周围的树叶和植物，与你自己一样，大部分都是由水分子构成的。当雨水暂时枯竭时，植物和树木便成了至关重要的水源。

藤蔓

许多种类的藤本植物都能储藏水分，但要注意的是，辨别其水质的好坏至关重要。藤蔓具有一种毛细作用，当它朝着阳光向上攀爬时，从根部吸取水分至植物顶端。将藤蔓的顶部和底部切开，毛细管中的液体就会释放出来。在白天最热的时候，藤蔓的生长末端最需要水分，此时毛细管中的液体含量最为丰富。

首先，在靠近藤蔓顶端的地方深切一刀，然后在底部靠近根部的地方完全切断。这样可以有效地切断藤蔓向上吸水的毛细作用，让重力发挥作用，使液体流下。此时，将藤蔓举过嘴边，在确保流出的液体纯净透明后，便可让它滴入口中。

请注意，确保藤蔓不会接触到你的嘴，因为某些藤蔓可能含有刺激性物质。当毛细管中流出的液体逐渐减少时，你可以在较高的切口上方约5厘米处再次切割，然后按照之前的方法进行。注意：如果树液呈红色、黄色、黏稠状、乳状或有苦味，应立即丢弃。在丛林中，我经常在行走的过程中饮用藤蔓中的水。我知道这是安全且易于获取的水分来源，可以让我在探险的过程中保持充足的水分。

许多种类的藤本植物都能储藏水分，但要注意的是，辨别其水质的好坏至关重要。

香蕉、芭蕉和无花果

香蕉、芭蕉和无花果都是极好的液体来源。获取香蕉和芭蕉储藏的水分，可以砍掉其植株，并在树桩上挖出一个空洞。从根部流出的液体会逐渐灌满这个洞。尽管最初的几碗水可能带有苦涩的味道，但随着时间的推移，水质会逐渐改善。这样的树桩可持续供水长达4天。务必将树桩盖好，以防昆虫的侵扰。无花果树可以提供数加仑（1加仑约为3.79升）的水，需要将其砍伐，并在树干中钉入一根管子，细竹管就是很好的选择。

竹子

竹子，尤其是已经由绿变黄的大型老竹，其内部通常都装满了水。摇晃竹子或敲打竹节，如果听到哗哗的水声，就可以逐节钻孔取水。你还可以取出个别竹节，随身携带。

猪笼草

在东南亚丛林中，猪笼草以其独特的形态备受关注。它们的叶子是天然的水壶形状，可以收集雨水，但常常被人们误认为是花朵。对于猪笼草而言，叶子的作用是收集养分，包括昆虫。因此，在采集猪笼草中的水分时，要小心昆虫的尸体，并将水烧开后饮用。

根茎

当水源变得难以寻找时，请记住，根茎是所有植物和树木的生命之源。尽管提取根茎中的水分更为困难，但它们始终是一个可靠的液体来源。将根部捣碎，便可收集其中的水分。许多植物的茎秆也含有水分，同样可以用捣碎并沥干的方法来获取。

大象粪便

大象的粪便主要由植物材料构成，尽管已经半消化。在非洲的丛林大草原，或者像乌干达（Uganda）的森林这样仍有大象生活的地方，大象粪便是非常有用的水源。在肯尼亚探险期间，我经常饮用从新鲜大象粪便中挤出来的液体。通过挤压，你可以从中获取水分，这是在极端环境下寻找水源的一种有效手段。在非常干旱的地区，大象的粪便可能会相对干燥，但也足够湿润，可以挤出液体饮用。虽然味道可能不太好，但大象的排泄物可能会成为你的救命稻草。我发现，捏住鼻子可以帮助我更容易地咽下这种液体。

水源：树木

棕榈树

巨掌棕榈和水椰中含有一种乳白色的含糖液体，非常适合饮用。只需剪下靠近顶端的花茎，轻轻向下弯曲，清甜的汁液便会汩汩流出。每天重复两次，24小时内就能收集到多达一升的汁液。不同的棕榈树，花茎的位置也有所不同，有的触手可及，有的则需要你发挥攀爬技巧。

椰子是水分和营养的绝佳来源，味道鲜美。在选择椰子时，要小心辨别，最好饮用未成熟的青椰。因为成熟椰子的乳汁有润肠作用，会导致人体进一步脱水，适得其反。

猴面包树

这种独特的树生长在澳大利亚北部和非洲的沙质平原上。雨季来临时，其瓶状树干中会大量积水。有时，即便在数周的干燥天气后，仍能在这些树上找到清澈的淡水。

净化和过滤

在丛林中，每一滴水都潜藏着未知的风险，即便再小心翼翼，腹泻也难以避免。我在哥斯达黎加的雨林中就有过这样的深刻体验。即便我对所饮用的水源倍加小心，依然持续腹泻了整整24小时。当你

为了摘这些青椰，我吃足了苦头！

因腹泻而虚弱到连起身的力气都没有时，你才会明白谨慎选择水源的重要性。因此，饮水问题一定要谨慎对待。

如果对水源存在任何怀疑，最稳妥的做法是将水煮沸至少10分钟。这一简单步骤几乎可以杀灭所有已知的寄生虫和虫子。

另一种自然净化方法是让水在阳光下静置24小时。这样做不仅可以让颗粒物质沉淀，而且阳光中的紫外线能够杀死部分细菌。净化后的水可以倒入自制的过滤系统中，过滤系统可以是任何密织材料，如T恤。

为了追求更高效的过滤技术，可以尝试构建一个简易的三层过滤装置。使用木棍搭建三脚架，并在每个层面铺上不同的过滤材料。在第一层铺设苔藓，用于吸收大颗粒杂质；第二层铺设沙子，可以进一步过滤微小颗粒；第三层铺设火炭，吸附水中的异味和部分有害物质。将水从上方缓缓倒入，逐滴滴入下方的容器中。请记住，尽管这样的过滤方法可以去除杂物、改善口感和减少气味，但并不能杀灭微生物。因此，在没有化学消毒剂如氯或碘的情况下，煮沸仍然是最佳且最安全的净化手段。

寻找食物

在广袤的丛林，饥饿似乎是一个不太可能面临的困境，但仍然时有发生。近期，一个不幸的故事引起了人们的关注。几名飞行员因飞机坠毁而落入亚马孙河，当亚马孙部落里的人发现他们时，他们正蜷缩在一个小沙堆上，依靠着日益减少的口粮苦苦支撑。食物消耗殆尽后，绝望中，他们饮下了航空燃料，甚至吃掉了座垫。令人痛心的是，他们周围有着丰富的食物和淡水，只是他们并不知道如何寻找。

在丛林中，食物资源实际上是非常丰富的。尽管许多土著部落会猎捕啮齿动物、鸟类和猴子等动物来获取肉类，但对于你而言，这并不是最佳选择。这些动物不仅难以捕捉，而且需要投入大量的精力和时间制作陷阱和圈套（详见第一章）。相比之下，更为明智的选择是寻找植物作为食物来源。

> **这些动物不仅难以捕捉，而且需要投入大量的精力和时间制作陷阱和圈套。**

虽然仅靠植物无法提供均衡的蛋白质和碳水化合物，但在短期内，它们仍然可以很好地帮助你维持生存。正如我们在有关山区地形的章节中所探讨的，大多数水果、坚果、种子、根、叶和茎都蕴含着丰富的营养。这些食材不仅数量众多，而且许多都可以轻松从地面采摘，无需冒险攀爬，或费力砍倒。但在采摘时，要注意小心刮去表明的腐烂物质和昆虫。

在寻找食物的过程中，鉴别力是关键。当食物储备减少，面临选择困境时，后文将介绍的食品安全测试便派上了用场。但一定要记住，该测试不适用于蘑菇。由于某些真菌中含有的致命毒素可能在 48 小时内不会显现其危害。因此，强烈建议避免食用蘑菇。

在原始雨林中，大部分果实都生长在树冠高处。不过，也有一部分果实生长在较低的位置，或是因熟透而掉落，会被猴子们忽略。最佳觅食地点是溪流和河岸，那里是最容易到达的地方。在采摘时，建议适度取用，因为热带条件下食物极易变质。与其一次性采摘大量果实，不如让它们留在植株上，等到需要时再食用。

除非你能辨认出一些不太知名的植物，否则最安全的做法是从那些广为人知的植物开始，如棕榈树、竹子以及常见的水果等。注意观察森林中的其他生物，如猴子，看看它们在吃什么。虽然它们的食物不一定适合人类食用，但大多数都是安全的。如果仍有疑虑，请尝试对其进行食品安全测试。

棕榈树

香蕉和芭蕉

生长在热带地区的香蕉和芭蕉，其植株最高可达 9 米，不仅是极佳的食物，也是很好的水源。其果实、花蕾、嫩茎和内部组织均可食用。

第四章　丛林

不要低估身边树木的价值。

棕榈树

棕榈树的绝大部分部位均可食用，包括果实、花朵、花蕾和树干。只要适当加以烹饪便能改善其口感。在哥斯达黎加的丛林中，我经常食用托奎拉棕榈柔软的中心部分。同时，未成熟的青椰和成熟椰子的果肉一样，可以食用。

棕榈藤

棕榈藤的外形看起来颇似藤蔓。将其砍断后，剥去末梢的叶鞘，切成均匀的长度，烤熟后便可食用。

面包果

面包果有时被家庭作为盆栽种植。其果实富含淀粉，去皮后可直接生食。

竹子

竹子的嫩笋营养丰富，深受熊猫的喜爱。然而，为了确保消化顺畅，我们需将其煮熟后再食用。

水果和浆果

热带地区全年气温稳定，因此盛产水果和浆果。若有任何顾虑，请尝试下面的食品安全检测。

无花果

无花果常见于热带和亚热带森林。无花果树往往树干粗壮，长有气根和常绿革质叶片，叶子底部呈圆形。其梨形果实可以直接生食。

食品安全检测

丛林，常被誉为"世界药房"，因其蕴藏着能够止痛、治疗感染、缓解风湿病、治疗腹泻和胃部不适的天然物质，但其中潜藏的致命物质同样不容小觑。例如毒番石榴，其果实外表诱人，却含有剧毒，足以致命，印第安人利用它来捕鱼。

甚至连这种木材燃烧时产生的烟雾也带有毒性，而其汁液更是会刺激皮肤。

正因如此，对于任何未知的食物，除非经过确认，否则绝不能食用。对于丛林

149

只要掌握觅食技巧，在丛林中就不会挨饿。

里的未知食物，我们必须持谨慎态度，有条不紊地进行检测。否则，这样的检测不仅毫无意义，还可能带来潜在危险。检测过程可能长达36个小时，在每个检测阶段，我们都需要密切关注是否有有害物质引起反应，以确保安全。

在选择潜在的食物来源时，我们应优先考虑那些既可以大量获得又可以作为主食的植物。若食物来源稀缺，发现一种不常见的可食用水果或许意义不大。

在进行食品安全检测时，我们可以将植物分成几个部分（果实、茎、根等），逐一测试。同时，在附近准备一些热水，以便在发生中毒反应时能够及时冲洗。篝火燃尽后的木炭具有很强的催吐作用，一旦感到中毒不适，可吞下一些以助于排出体内的毒物。混合成糊状的白木灰也可以缓解胃痛。

请不要尝试食用或饮用任何带有乳白色汁液的植物，或是已经病变或老化的植物。

篝火燃尽后的木炭具有很强的催吐作用，一旦感到中毒不适，可吞下一些以助于排出体内的毒物。

食品安全检测的七个步骤

• 首先，仔细嗅闻植物的不同部位。若散发出苦味，或带有杏仁和桃子的气味，则应丢弃。例如，生长在热带地区的马钱子，其果实外形像橘子，但含有毒性成分，应避免食用。

• 将植株碾碎，取其汁液涂抹在手腕背面——此处皮肤最为柔嫩。如果出现皮疹或感到疼痛，应立即停止测试，将植株丢弃。

• 在确保皮肤无不良反应后，同样取少量汁液涂抹在嘴唇和牙龈内侧。静置5分钟，若有任何不良反应，应立即停止测试，将植株丢弃。

• 咀嚼极少量的植物，并吞下产生的液体，但务必吐出渣子。等待8个小时，期间避免摄入其他食物，以确保测试的准确性。

- 若无异常反应，可逐步加大食用量，并重复上述步骤，等待 5 个小时。
- 最后，少量食用整株植物，等待 24 个小时。
- 若一切正常，则该植物可以放心食用。

昆虫

棕榈蛴螬

这些白色的大蛴螬身体肥硕，宛如巨大的蛆虫，常常隐匿在倒塌的西米棕榈与其他棕榈树的腐烂树皮之下。对于许多本土居民而言，是一道不可多得的美味佳肴。我永远不会忘记初次食用这种蛴螬的情景，其体积竟堪比一个小苹果，令人惊叹。砍断棕榈木的松软部分，便可轻易捕捉这些蛴螬。它们既可以生吃，也可以煮熟后食用。棕榈蛴螬不仅营养丰富，而且易于消化，是蛋白质的重要来源。食用后，还可以将剩余的蛴螬作为诱饵使用。

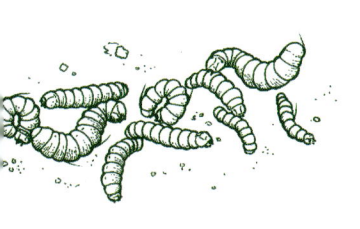

白蚁

在同等重量下，白蚁的营养价值甚至超过蔬菜，甚至与牛肉或鱼肉相比，也是不错的蛋白质和脂肪来源。白蚁的味道独特，带有淡淡的肉豆蔻香气，若是有幸在丛林中发现一个白蚁丘，那绝对是一场不容错过的盛宴。曾有一次，在哥斯达黎加的茂密丛林中，我静静地坐了一个小时，品尝着从蚁穴中涌出的数百只白蚁。它们的体形非常小，食用起来不会像食用蛴螬那样让人感到恶心。

钓鱼

除素食之外，鱼类是另一种备受欢迎的食物。丛林中的许多捕鱼技巧与山区地形一章中所探讨的颇为相似。

在丛林中，我的捕鱼方法是：将小刀捆绑在一根结实的木头上，然后将树皮纤维浸泡在易燃的柳桉树脂中，制作成一个燃烧的火把。夜幕降临后，我便带着这自制的鱼叉，寻找那些睡梦中的鱼儿。在河流的浅滩区域，小龙虾和其他鱼类常常朝着上游的方向静静地躺卧休息。在大约 25 厘米深的清澈浅水中，手持燃烧的火把，你会发现它们在水面下清晰可见。此时，瞄准它们的头部，迅速而准确地用刀猛击，一击毙命，不久它们就会浮出水面。为了确保刀片能够高速进入水中，最好使用大砍刀，不过我也曾凭借小刀成功地捕获过鱼类和小龙虾。

有一次，我在成功叉中一条鱼后，却不慎让它在湍急的水流中挣脱，火把也在水中熄灭。这便是丛林生活的真实写照。至于小龙虾，我倾向于采用更直接的方式——徒手捕捉。从下游方向接近，轻轻地将手指伸到小龙虾的身后，然后快速地将其捏住。小龙虾的味道鲜美，值得一试。

导航与行动

丛林导航极具挑战性。茂密的植被遮挡视线，使得在缺乏明显地标的情况下确定方向变得异常困难。行进的步伐往往缓慢而吃力，直线前行几乎成为一种奢望。加之郁郁葱葱的丛林树冠，遮挡住了大部分的星光，利用星座进行导航（详见第一章）也变得不切实际。

面对这些挑战，你能做些什么呢？答案或许就隐藏在你对待这些困难的态度之中。首先，尝试将丛林视作一位拥有独特习性的朋友，而非一个意图与你为敌的敌人。与其他荒野地形一样，三思而后行。寻找水源和庇护所比盲目冒进更为关键。

当你决定行动时，切记不可操之过急。丛林有很多办法迫使你放慢脚步，你越是急于求成，它越是会以各种方式阻挠你。毕竟，在这片丛林中，无数生命体正在进行着缓慢而坚定的生存斗争。植物和树木为了争夺阳光，不懈地相互攀爬，在这个过程中甚至不惜彼此扼杀。

为了攀爬到高处，植物历经了漫长的进化过程，练就了一套独特的防御机制——刺、钩、锚和吸盘等。这些机制很容易将你卷入其中。因此，千万不要鲁莽地冲撞这些自然屏障，以免遭受不必要的伤害。皮肤，作为人体最大的器官，在丛林中显得尤为脆弱。丛林里的昆虫和灌木丛都有可能成为伤害皮肤的潜在威胁。所以要不惜一切代价保护好我们的皮肤。

在我第一次踏入丛林时，曾多次与纠缠住脚步的藤蔓或树根展开搏斗，每次都险象环生。我试图用力扯断它们，但它们却越缠越紧。一根小小的藤蔓或树根并不值得我们为之大动干戈。在丛林中要学会节省宝贵的体力。

首先，你必须努力接受这样一个事实：热带丛林最容易让人迷失方向。你的首要任务是给自己找一根棍子，既能作为支撑，又能探路前行。学着像盲人一样走路，在地面上轻轻地移动前面的木棍探路。这样做能让潜伏的蛇察觉到你的存在，它们往往会对木棍发起攻击，而非你的双脚。请务必随身携带这根棍子，尤其是在茂密的灌木丛中，保证安全好过追悔莫及。

皮肤，作为人体最大的器官，在丛林中显得尤为脆弱。丛林里的昆虫和灌木丛都有可能成为伤害皮肤的潜在威胁。所以要不惜一切代价保护好我们的皮肤。

另外，走路时脚步一定要重。这与士兵们接受的严格训练背道而驰，但在丛林中，这样的步伐或许能为你带来一线生机。蛇类通过感知地面的微小振动来捕捉猎物，因此，要给予它们充分的警示，使其远离你的行进路径。日间出行更为明智。夜幕降临后，丛林便成为一个充满未知与危险的世界。蛇类和野兽纷纷出动狩

第四章 丛林

一个不平凡的丛林求生故事正好讲述了这一点。1971年圣诞节前夕，一位名叫朱莉安·科普克（Juliane Koepcke）的德国少女与母亲一同乘坐小型飞机，飞越秘鲁亚马孙河，期待着与远在他乡的父亲团聚，共度圣诞节。但一场突如其来的雷电风暴打破了这平静的旅程。机翼在火光中燃烧，3小时后，科普克在丛林深处苏醒，仍被紧紧固定在座位上。在这场空难中，她是唯一的幸存者，其余91人全部罹难。

尽管受到极大惊吓，遭受了严重的身体创伤——锁骨骨折、一只眼睛失明，但科普克始终牢记父亲的教诲：在丛林中，要下山寻找河流，因为河流会引领你走向文明的世界。在丛林中度过10天后，她被一群秘鲁猎人发现并救起。仅凭一条破连衣裙、一只凉鞋和一颗强大的心，科普克奇迹般地存活了下来。

在中美洲丛林中，我决定模仿她的求生策略。我爬上了一棵高大的树木，俯瞰四周的地形。接着沿着山坡向下走，不久后，我发现丛林中有一个巨大的凹陷，不禁让我怀疑这里可能有一条河流。我沿着这条河流前进，最终抵达了大海。在丛林中，河流就如同文明社会中的道路，沿着河流前行，往往会找到人类活动的踪迹。保持头脑清醒，看清周围环境，制订求生计划，勇往直前！

藤蔓可以为你提供充足的淡水。

猎。在漆黑一片的环境中，前行的效率将大打折扣，你更容易迷失方向，甚至受伤。

初次踏入丛林，你或许会觉得线索稀缺，难以判断最佳的前进方向。在这种情况下，你应沿着阻力最小的方向下坡。其背后的逻辑是：持续下坡，直至遇见溪流。溪流终将汇入河流，而所有河流最终都会通向人类居住地。

然而，该策略也存在风险，并非每个低洼地带都会通向小溪或河流。有时，你可能会发现自己身处深谷，不得不再次攀登而出。因此，沿着山脊或山丘的轮廓前行是更为稳妥的选择。这样的高度不仅能为你提供观察自然地貌的视野，更有可能发现通往安全地带的河道或小径。

溪流终将汇入河流，而所有河流最终都会通向人类居住地。

寻找、观察和行进

穿越丛林需要利用第六感。你观察丛林的方式会给你带来巨大的帮助或阻碍。若你过于聚焦于脚下的障碍，很容易忽视更广阔的环境变化，也就是俗话说的"一叶障目，不见泰山"。秘诀在于，学会透过前方的灌木丛，去感知土地的轮廓，去揣摩前方植被的相对密度。这种横向视野，将大大增加你发现动物踪迹的机会，从而能够更深入地追寻它们的踪迹。

在丛林中行走，你的肢体动作应当如同一位舒缓优雅的舞蹈演员，而不是一头在瓷器店里横冲直撞的公牛。若你像醉酒的士兵一样乱闯，身上的伤痕将迅速恶化，成为前行的负担。要学会放松肩膀，转动臀部，弯曲身体，灵活地调整步幅，顺利地通过灌木丛。在这种环境中，蛇类的滑行方式值得借鉴。它们缓慢而无声，完美地融入了丛林的世界。

有时候，你会觉得大自然的一切似乎都在与你作对，但这就是生活的常态，继续前进吧。

第四章 丛林

在丛林中一定要穿着长袖，避免割伤和划伤。每一个动作都需缓慢而坚定，切勿盲目挥舞刀棒，这不仅会消耗宝贵的体力，还可能让你一无所获。相反，高效的行进方式在于精准地判断障碍，避免不必要的冲突。直接用手触碰灌木丛不可取，稍不留神便可能受伤。调节体温同样重要，特别是在炎热的天气中。保持稳定的步伐，适时休息以恢复体力。时刻关注手脚的状态，预防水疱和溃疡的发生，对自己的健康负责。

障碍物

茂密的植被

丛林往往分为原始丛林和次生丛林。次生丛林相当棘手，它是最茂密的丛林类型，形成于原始丛林被清除的地方。无论是自然界的山体滑坡、火灾，还是人为的伐木、开垦，都可能为其形成提供条件。随着阳光的照射，几年之内，灌木丛、杂草、树根、藤蔓和荆棘将狂野地生长，仿佛在进行一场生命的狂欢。有了充足的阳光，次生丛林会像野火一样肆意蔓延。

很难用言语形容那种穿越次生丛林的滋味，但试着想象一下，那连绵数百英里的密集植被、充满蛇与蚊子的荆棘丛，或许能略感一二。在这样的环境里穿行几乎是不可能的。一旦你在行进路线中意外地遭遇了更为茂密的次生丛林，或是动物的足迹将你引入了这片未知的领域，及时撤退是明智之举。重新回到原始丛林，那里的植被密度较低，提供了更多通行的可能性。

无论是原始丛林还是次生丛林，乍一看，似乎都是一条永无止境的障碍赛道。穿行其中的关键在于，耐心而巧妙地绕过每一个障碍，而非试图强行跨越或穿过。你需要巧妙地避开那些特别茂密的植被区域，以及木本沼泽、湖泊和泥炭沼泽等湿地。

在大多数丛林中行进，对体力是极大的考验。即便步伐相对迅捷，一天下来也很难行进超过 5 千米的距离。因此要时刻留意可以加快行进速度的小径和河流等自然通道。

泥炭沼泽、草本沼泽、木本沼泽和流沙

在河流与海岸线附近，以及水源与丛林边缘的交汇地带，存在着一系列复杂的湿地系统。这些湿地是由水、泥浆、茂盛的植被和松软的沙子共同构成的天然屏障，极其消耗体力。除了是对导航技能的一大考验，这些湿地还是鳄鱼等野生动物的理想栖息地，对你的生命和四肢安全构成威胁。因此，在规划路线时，尽可能绕过这些区域，并避免打湿衣物。

如果必须穿越这类地带，你可以就地取材，利用树枝、圆木和树叶等自然物品来分散体重。如果不幸陷入泥浆之中，应尽量保持水平姿势，然后利用蛙泳技巧游向最近的坚实地面。

直接用手触碰灌木丛不可取，稍不留神便可能受伤。

在丛林深处的红树林沼泽地里，经过数小时的跋涉，我试图找到一条通往海岸的捷径。这是一项艰苦卓绝的工作，而最后我不得不做出撤退的决定。在与沼泽较量之前，请三思而后行。当看到许多浑身淤泥的鳄鱼潜伏其中时，我的幽默感也荡然无存。因此，务必准备一个更好的方案。如果你受困于沼泽，在相互缠绕的树根和藤蔓之间寻找一处安全的栖息地，尽量远离水面。

河流

河流既是潜在的障碍，也是通往目的地的捷径，这取决于你是选择穿越河流还是顺流而下。在丛林地形中，河流通常是最直接的移动通道，同时也是一种准确的导航工具，因为每一条河流最终都将汇入大海。千百年来，人们一直把河流作为主要的出行方式，河流被誉为"丛林中的高速公路"，这一称号实至名归。

建造木筏

若你决定顺流而下，将面临两种选择：一是沿着河岸迂回前行，不断绕开沼泽与湿地，这样的行进速度相对较慢；二是自己动手，打造一个木筏或小船。在丛林中，你会惊喜地发现，制作木筏所需的材料随处可见：竹子（制作木筏的最佳材料）、巴沙木、捆绑用的藤蔓、坐垫用的树叶和船桨用的树枝。

最初，制作一艘船或独木舟似乎是个诱人的想法，但如同北极的冰屋一样，它们的建造远比想象中复杂，最好还是交给经验丰富的专家来完成。相比之下，木筏的表面积更大，翻船的风险相对较小。

木筏类型

木筏的设计应因地制宜，充分利用手头的材料。不必浪费力气拖着沉重的木材穿过森林。沿着河岸挑选轻盈、浮力好的木材，这是建造木筏的第一步。如果你手头有防水油布，可以将其包裹在木材上，以增加漂浮性能。总之，大自然形成的丛林材料已足够你所需。

巴沙木木筏

在丛林探险中，我曾使用巴沙木制作过木筏，这是一种非常好的轻型木材，漂浮性能极佳，而且非常轻便，便于搬运、

我试图躲避摄制组。

第四章 丛林

我一直都很喜欢划船！

切割和加工。巴沙树的树皮也很容易剥离成条状，可以做成非常结实的绑带。

在丛林中找到巴沙树后，砍下6根约脖子粗细、长约3米的树干，并排放在地面上。另外找两根较细的树干，与主结构形成90度，分别横放在两端。利用砍下的树皮作为天然的绑绳，将主结构捆绑在这两根横杆上，确保木筏的稳固性。

竹筏

竹子集柔韧、强韧和中空等特性于一身，是另一种出色的木筏建造材料。建造竹筏的技术很简单。首先，挑选出最粗壮的竹子并将其砍倒。然后在其顶部变细之前将其砍断，保留大约3~3.5米的长度最为合适。

收集足够多的竹子，将其并排摆放在地面上，形成一个宽阔的平台，足以让人舒适地顺水漂流。接下来，用小刀或其他锋利的工具，在每根竹子的两端钻出孔洞，这些孔洞要足够大，以便藤蔓能够自如穿过。随后，在竹子中间钻出第三个

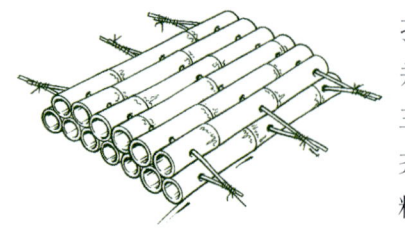

孔，确保竹子并排摆放时，三个孔都能对齐。最后，将粗藤蔓从竹筏的一侧穿入孔中，将竹子紧紧绑在一起即可。为了确保竹筏的坚固耐用，你至少需要两层厚实的竹子。

原木木筏

原木木筏是最简单也是最有效的漂浮装置之一。挑选两根笔直的树枝或幼树的树干，直径至少45厘米。将树干两端用藤蔓绑在一起，中间留出60厘米左右的活动空间。你可以选择用油布覆盖这个区域，或者直接坐在两根树干之间，如同坐在扶手椅上一般，即可顺流而下。一根长长的直杆则可用作桨，既可以用来划船，也可以像独木舟的桨一样使用。

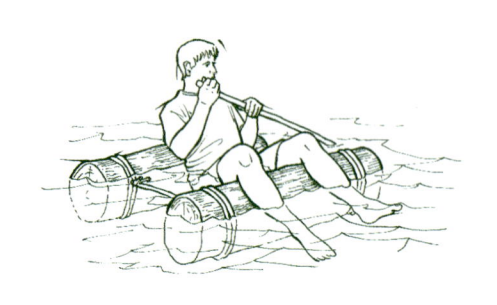

划筏技巧

操纵木筏的最佳方法是为其配备一个舵柄。首先，用A形框架将舵柄固定在木筏背面，然后将一根长杆捆绑在A形框架的顶部，使其能够深入水中。当你轻轻移动这根长杆时，木筏便会按照你的意愿前行。尽可能选择顺水漂流，但在水流平缓或浅水区域，你也可以借助竹竿给予木筏一些推动力。然而，在湍急的水流中，请不要使用长杆，因为它可能会将你意外地拽离木筏。在较深的水域，船桨将是你的得力助手。但在使用前，请牢记以下建议。

- 先在浅水区对木筏进行初步测试。
- 检查木筏的坚固程度，毕竟，木筏在水中沉没或破裂绝非我们所愿。为了增加安全性，建议在木筏上绑上比你预期更长的藤蔓或树皮，并在所有绳索上也加上一段，以收紧并固定绳索。
- 用绳子和布林结将自己和船桨牢牢固定在木筏上。
- 避免在木筏后方拖挂任何物品。
- 靠近河流弯道的内侧边缘行驶，此处的河水流速通常较为缓慢。
- 尽可能靠近河岸，以防意外发生。
- 时刻保持警惕，注意急流、瀑布和水花的声音。一旦察觉潜在的危险，应迅速转向岸边以避险。
- 请不要在夜间漂流。
- 切勿强行冲过急流。如果木筏翻转，可能会将你压在下面造成危险。如果急流无法避免，最佳策略是先让木筏单独通过，然后步行绕过急流，再重新坐上木筏继续前进。

穿越河流

河流有时清澈见底，有时深不可测；看似平静无波，实则暗流涌动；时而宽广无垠，而下一个转弯处，又可能突然出现狭窄的峡谷。面对大河必须格外小心，预

备好应急方案，以防突发情况需要迅速撤离。为了确保安全，尽可能事先做好充分准备，为装备做好防水措施，并配备有效的应急设备。

在尝试穿越河流或溪流之前，细致的观察必不可少。通过观察水面波动以及将木棍投入水流中观察其运动，我们可以大致估计出水的流速和深度。同时，站在高处俯瞰河流，有助于找到最佳渡河点，并发现可能存在的障碍物。

河流中的障碍物，如岩石或倒下的树干，会在水面上形成旋涡和波浪。特别是那些半浸在水中的树干，就像是一个过滤网，允许水流通过，却可能将你困住。强大的水流冲击力会将你牢牢地钉在树干上，造成伤害。因此，请尽量避开这些障碍物，并时刻警惕被河水冲走的碎石。渡河时务必小心谨慎，切勿在障碍物的上游失足，以免被障碍物压住或被巨石卡住脚踝。千万不要低估水流的力量。

丛林中的水往往比较浑浊，与山区清澈见底的溪流截然不同。一旦陷入泥浆和淤泥之中将会非常危险。必要时脱掉裤子和袜子，以减少前进时的阻力，并且上岸后有干爽的衣物可以替换。确保你最重要的求生工具（如点火设备）始终保持干燥。如果手头有塑料袋或其他防水材料，请将其包裹在行囊外面，制成漂浮物。渡河时，穿上靴子不仅可以保护双脚，还能在湿滑的河床上稳步行走。如果衣物已经湿透，可以尝试脱掉裤子，将脚踝部分紧紧绑起，使空气滞留在腿部，用作临时救生衣。

渡河时，务必携带一根长杆作为支撑，这便是所谓的三脚架技术。通过这种方法，你的双腿和手中的长杆在任何时候都能确保至少有两个点与河床保持接触，从而大大增强了稳定性。渡河的诀窍在于侧身移动，面向上游，这样你可以清晰地观察到可能被水流冲向下游的碎石，从而提前作出反应。另外，小心浅水区，浅水区有时比深水区更加危险和湍急。

若要游过湍急的深河，最明智的做法是顺着水流的方向，以一定的角度向下游游去。切勿试图与水流对抗。尽量保持身体与水面平行，这样可以减少被水流冲走的风险。

在穿越湍急的浅水急流时，建议采取仰卧的姿势，双脚指向下游，双手放在臀部旁。这种姿势可以增加浮力，有助于避开障碍物。同时，双脚抬起，以抵挡可能遇到的岩石，避免被淹没的树木或树根所困。避免在旋涡附近过河，旋涡通常出现在巨石等障碍物的下游，水流在越过和绕过这些障碍时形成的回吸效应极具危险性，很容易将你拉进水底。即使水温宜人，上岸后也应迅速生火取暖，并及时将湿衣物烤干。

在野外渡河，每一步总是伴随着风险，先花些时间仔细观察水流情况，避开急流区域。

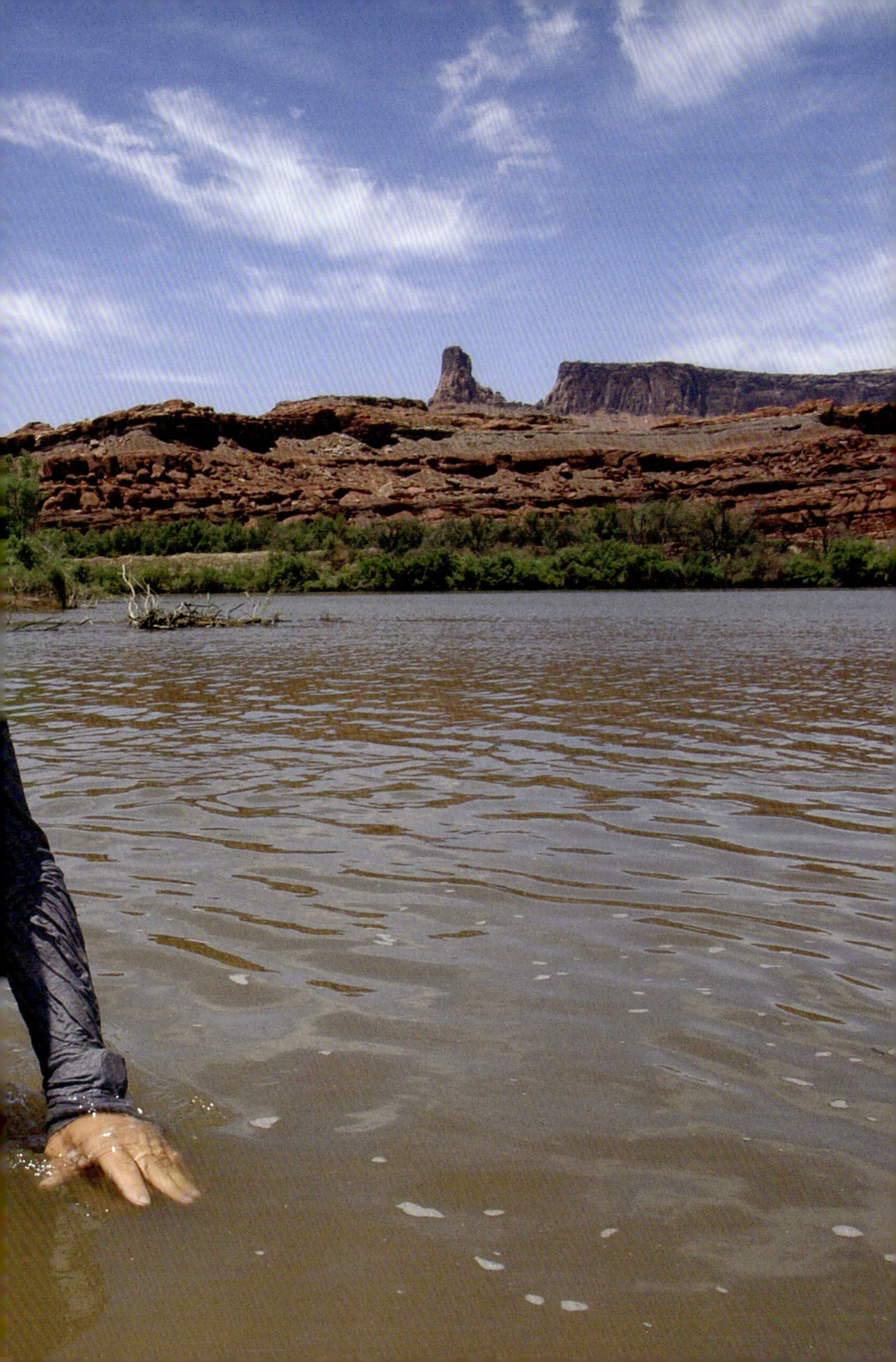

自然灾害

丛林中，潮湿多雨的气候与弥漫的臭气交织，常使人感到不适。如果你独自一人迷失其中，那些陌生的声音会让你心生恐惧。你将与地球上最密集的生物群落共享这个新家园。从蚂蚁、蜜蜂、蚊子到蜈蚣和蝎子，各种叮咬生物会从四面八方向你袭来，马蝇卵可能悄无声息地在你的皮肤下孵化。

此外，丛林中的蛇类也是一大挑战。尽管大多数蛇类并无毒性，且倾向于避开人类，但蛇类本身带来的恐惧感往往让人倍感压抑。在这种环境下很容易产生妄想症，这一点不足为奇。不过，这种恐惧感往往来自对蛇类的不了解。实际上，蛇类一般都很害羞，丛林之所以可怕，很大程度上是因为对于初来乍到者而言，这里的一切都显得如此陌生而不可知。

事实上，丛林非常适合生存。只要你能认清其中的威胁和危险，便有很大的机会在这里生存下来。相较于身体上的伤害，更多的是对精神上的考验。

咬伤和蛰伤所留下的小伤口，虽看似微不足道，却可能对健康构成长期威胁。预防总是胜于治疗。与饥饿、脱水或野生动物袭击的风险相比，死于无数细小伤口的可能性更大。因此，在丛林中活动时，应始终保证皮肤得到全面保护，尽量减少皮肤受到的伤害。丛林是生命的沃土，同时也是细菌、真菌和微生物的乐园。它们会迅速寄生在你的皮肤上，引发各种皮肤刺激和皮疹。因此，将这些潜在威胁扼杀在萌芽状态，便已成功了一半。尤其是在热带地区，即便是微小的擦伤，也可能迅速恶化，引发严重感染。

昆虫：小而恼人

大部分昆虫咬伤或蛰伤的毒性虽不足以杀死一个健康的成年人，但其所带来的寄生虫感染、血液中毒以及过敏反应等长期影响，却足以让人痛苦不堪，甚至危及生命。因此，预防是关键。

> 与饥饿、脱水或野生动物袭击的风险相比，死于无数细小伤口的可能性更大。

衣物

从避蚊胺（DEET）到香茅草，各种防护措施对于驱赶蚊虫有着或多或少的效果，但随着时间的流逝，人体的汗液（因其中的盐分）将成为比任何化学驱虫剂都更有吸引力的"诱饵"。因此，无论白天还是黑夜，都应该时刻保持身体被衣物所覆盖。记得把裤脚塞进袜子里，并将袜口扎紧，因为昆虫总是能找到人体最薄弱的防线。为了安全起见，每天至少应脱衣检查一次，确保身上没有水蛭或蜱虫附着。

制作头网

关键时刻，一顶简易的头网可以成为你的救命稻草。任何类型的衣料都可以制

第四章　丛林

作头网，关键是要足够大，能够宽松地覆盖住整个头部。首先，用一些树叶或树皮在头顶上垫出一个基座，这样布料就能围绕在面部周围，而不会紧贴着皮肤。接着，在布料上剪出几个小口子，以便观察周围环境。最后将布料塞进衣领里，确保头部得到全方位的保护。

远离昆虫

- 任何生物都可能将你的衣服和靴子当作巢穴。因此，在穿衣穿鞋之前，一定要抖一抖，养成检查靴子的好习惯。
- 在裸露的皮肤上涂抹液体油、泥土或动物脂肪作为保护层。虽然气味不太宜人，但能有效避免蚊虫叮咬。
- 椰子油是一种有效的驱虫剂。用刀刮开椰子核，然后置于阳光下暴晒，椰子油就会自然渗出，聚集在表面。椰子油还能帮助保护皮肤免受汗疹的伤害。
- 生火产生的烟雾可以驱赶昆虫，同时，用烟灰在庇护所周围的地面上画一个圈，也能有效驱赶地面昆虫。
- 白蚁丘外形看起来像普通的干泥巴，但实际上是经过消化的木头。燃烧白蚁丘会产生持久的烟雾，这种烟雾整晚都能发挥作用，可以有效驱赶咬人昆虫。
- 忍住不要抓挠被蚊虫叮咬的位置。抓挠可能会暂时止痒，但往往会造成更严重的伤口。
- 可以采用冷敷的方式或用泥浆和烟灰调制成的清凉膏止痒。

蛇类

大多数人都怕蛇，我也曾对蛇类心怀畏惧。但随着时间的推移，对蛇类的了解逐渐加深，我逐渐学会了与它们和平共处。这就是应对蛇类的关键所在：用了解蛇的生活习性，来取代非理性的恐惧。

在大部分热带地区，被掉落的椰子砸死的案例远比被蛇咬伤的情况要多。尽管蛇类并非人们心中最可爱的生物，但只要它们听到声响，通常情况下都会选择远离人类。不过，也有一些特例。例如东南亚的眼镜王蛇，南美洲和中美洲的巨蝮、矛头蝮和热带响尾蛇，以及非洲的曼巴蛇，它们有时会主动攻击人类。

即便如此，被蛇咬伤的概率比你想象的要小得多。而且，即使不幸被咬，蛇类并非都有毒性，被无毒蛇咬伤的比例超过50%。即使遇到毒蛇，也有25%的概率不会向你注射毒液（称为"干咬"）。这是因为对于蛇类而言，人类并非其自然的猎物，它们只有在极端情况下才会选择使用毒液进行自卫。

一般来说，蛇类喜欢在寒冷的季节寻找温暖的地方栖息，而在炎热的季节寻找凉爽的地方避暑。此外，大多数的蛇类是夜行性猎手，这也为我们提供了一个重要的安全提示：尽量避免在夜晚外出活动。

在大部分热带地区，被掉落的椰子砸死的案例远比被蛇咬伤的情况要多。

毒蛇类型

毒蛇拥有含毒液的特殊腺体以及用于注射毒液的中空长獠牙。

毒蛇大多可归为两类，通过毒牙加以区分。

第一类毒蛇长有固定的毒牙，这些毒牙始终竖立在上颚前部。这类毒蛇的毒液通常具有神经毒性，这意味着它们的毒液会攻击中枢神经系统，导致肺部麻痹，使受害者窒息。这类蛇被称为前沟牙类毒蛇。

另一类毒蛇长有可折叠的毒牙，这些毒牙通常藏在口腔内，但在攻击时会向前伸出。这类毒蛇的毒液含有溶血毒素，它能破坏血细胞，造成血液中毒，并影响循环系统运行，导致皮肤组织受损并引发内出血。这类毒蛇被称为管牙类毒蛇。

事实上，大多数毒蛇的毒液中既含有神经毒素也含有溶血毒素，但通常以其中一种为主。除此之外，它们的体内还有一种被称为细胞毒素的消化酶，这种酶能够攻击皮肤组织，导致组织坏死。

被毒蛇咬伤无疑是一件极其危险的事情，一定要尽量避免。

避开蛇类

- 选择休息地点时，不要睡在灌木丛、深草地、大石头或大树根周围。这些地方都是蛇喜爱的藏身之处。

除非你是蛇类专家，否则千万不要冒险处理蛇类。

- 每次穿鞋或穿衣之前，务必仔细检查鞋内和衣物内部，确保没有蛇类藏匿其中。
- 切勿直接伸手探查黑暗的角落，如岩石裂缝、茂密的灌木丛或空心木头，应先用棍子或长杆谨慎地检查。
- 遇到倒下的大树时，不可直接跨越。应先踩在木头上，仔细检查另一侧是否有蛇在休息（还要警惕在树干上伪装的蛇）。
- 在穿越浓密的灌木丛或深草时，务必手持木棍，并始终低头观察地面。
- 切勿直接用手触碰刚刚死去的蛇，除非已经确保将其头部彻底斩断。即使是死蛇，其神经系统可能仍然处于活跃状态，有可能造成咬伤。
- 听到蛇的声音时，应保持静止，并仔细观察周围环境，以确定蛇的具体位置。一旦发现蛇的踪迹，应缓慢后退，同时避免背对着蛇，以防其发动攻击。

千万不要试图割开被蛇咬伤的伤口或放血。

最好使用重棒或棍子等工具打击蛇类。瞄准蛇的背部，尽可能靠近头部，用力打断其脊柱。在击打之前，可以先用木棍将蛇钉住，然后迅速砍下蛇头。

取下蛇头后，应将其焚烧或掩埋，然后按照第二章所述的方法，将其开膛破肚，并烹煮蛇肉。

> 一旦被蛇咬伤，务必保持镇静，因为恐慌只会加剧心跳和血液循环，进而加速毒液的吸收。

处理蛇类咬伤

通过观察咬痕的形态，通常可以初步判断咬伤的类型以及蛇是否有毒。毒蛇和无毒蛇的咬伤都会留下椭圆形的点状伤口，但毒蛇的咬伤在椭圆形伤口上方还会留下一至四颗毒牙所造成的大刺痕。在被咬后两小时内，伤口还可能出现更明显的肿胀。

一旦被蛇咬伤，务必保持镇静，因为恐慌只会加剧心跳和血液循环，进而加速毒液的吸收。此时，应立即取下手表、戒指和手镯等任何可能束缚受伤部位的物品，并尝试在伤口和心脏之间使用止血带，以减缓毒液的扩散速度。试图用嘴吸出毒液是行不通的，因为蛇毒非常黏稠（而且一旦毒液进入口腔，会通过毛细血管迅速被吸收），而挤压咬伤处同样不可取，这可能将毒液被进一步挤入体内。

被蛇咬伤后，应保持平躺姿势，使伤口低于心脏水平。同时，应尽可能多饮水。切勿试图自行割开伤口或放血。因为这样做只会造成开放性出血而加速毒素的吸收，并使其直接进入血液循环系统。

当毒效逐渐消退后，最可能出现的长期问题是伤口周围的组织受损。咬伤部位极易受到爬行动物口腔中的细菌感染，因此即便是被无毒蛇咬伤，也不能掉以轻心。

务必要避开的蛇类

中美洲和南美洲

巨蝮：头部硕大，身体呈粉褐色，背部有深褐色的菱形斑纹。体长可达2.5米，具有血液毒性。

矛头蝮：身上有棕色和浅棕色斑纹。体长可达1.8米，具有血液毒性。

热带响尾蛇：身体呈金黄色，有菱形斑纹，颈部有两条深色条纹，尾巴能发出独特的响声。体长可达1.8米，具有血液毒性。

非洲和亚洲

曼巴蛇：身形纤细，头部较小。在树上生活的曼巴蛇是绿色的，而在地面生活的曼巴蛇是黑色的。体长可达2米，具有神经毒性。

眼镜蛇：受惊时颈部皮褶会迅速展开。体长可达1.8米，具有神经毒性。

珊瑚蛇：身上有独特的黑色和红色条带，其间有细小的黄色条带。体长可达1米，具有神经毒性。

澳大利亚

太攀蛇：身体呈浅褐色至深褐色，腹部呈黄褐色。体长可达2.7米，具有神经毒性。

虎蛇：身体粗壮，头很大，身上有棕绿色和浅棕色的带状斑纹，非常独特。虎蛇是一种非常常见的毒蛇，非常凶猛。体长可达1.8米，具有神经毒性。

澳大利亚棕蛇：身形细长，身体呈褐色，腹部呈灰白色。攻击性强。体长可达1.8米，具有神经毒性。

蜘蛛和蝎子

一些人对蜘蛛毒液存在严重的过敏反应。尽管蜘蛛并不常致命，但还是应该尽量避免与其接触。下面是几种毒性极强的蜘蛛。

狼蛛

分布地区：中美洲和南美洲的热带地区。

外观：体形较大，多毛，身体呈黑色。

栖息地：一般生活在洞穴里或树上。

中毒症状：狼蛛的獠牙很大，一旦被咬伤，疼痛和出血几乎难以避免，而且伤口极易感染。如果被狼蛛咬伤，我们应像处理其他开放性伤口一样，保持伤口清洁并覆盖，以避免感染。

漏斗形蜘蛛

分布地区：澳大利亚。

外观：体形较大，身体呈棕色或灰色。在受到干扰时具有攻击性。

栖息地：树林、丛林和灌木丛。其蜘蛛网有一个漏斗状的开口，因此得名。

中毒症状：一旦被漏斗形蜘蛛咬伤，可能出现疼痛、昏厥和发烧等症状。漏斗形蜘蛛是唯一一种能杀死健康成年人的蜘蛛。

黑寡妇

分布地区：种类繁多，在世界各地均有分布。黑寡妇主要分布在美国，红寡妇

则分布在中东地区，而棕寡妇分布在澳大利亚。

外观：身体呈黑色，雌性黑寡妇腹部有一个红色沙漏状斑纹，其中含有神经毒素。

栖息地：木材、岩石和碎石下。

中毒症状：最初只有轻微痛感，但很快会出现剧烈的局部疼痛，并逐渐蔓延至全身，最终在腹部和腿部集中表现。还可能会出现虚弱、颤抖、出汗和唾液分泌过多等症状。

蝎子

分布地区：气候炎热的各个地区。

外观：螃蟹般的钳子和随时准备攻击的钩状尾巴，让人一眼就能认出。

栖息地：从热带雨林到开阔平原再到高海拔山区，均有分布。

中毒症状：被蝎子蜇伤会非常疼痛，但对健康的成年人来说很少致命。肿胀和麻木会持续数天。

在丛林的夜间，蝎子曾从我身上爬过。蝎子是暗夜猎手，在黑夜最为活跃。不过，它们并没有恶意，只是在我身上爬来爬去，忙着自己的事情，除非受到挑衅，否则它们没有兴趣蜇我。一般来说，越小的蝎子蜇人越痛。我曾用两根手指捏住蝎子尾部的毒刺两侧，将其抓住。我将蝎钳折断，吃掉了剩余部分。

蜜蜂、黄蜂和大黄蜂

在茂密的丛林中，许多探险者因不慎惊扰了蜜蜂的巢穴，而遭到蜂群的大规模攻击，导致严重中毒休克而丧生。具有攻击性的蜂群可能非常危险。为了避免遭受蜂群攻击，我们有必要深入了解它们的行为习性。蜜蜂对运动、暗色和亮色以及呼出的二氧化碳都极为敏感。它们通常会在土丘、洞穴、中空的仙人掌或树干以及水坑附近筑巢。因此，在这些地方务必小心行事。如果不小心惊动了蜂群，切记不要惊慌失措，开始疯狂地拍打。这样的举动只会激怒蜜蜂，使它们群起而攻之，瞬间将你团团围住。相反，你需要保持冷静，迅速而平稳地远离蜂巢即可。在此过程中，尽量穿越一些灌木丛，以避免蜜蜂跟随你的轨迹。

若不幸被蜜蜂蜇伤，可以尝试用指甲或刀片小心地刮掉带倒刺的毒刺和毒囊。但要避免挤压伤口，以免更多的毒液进入体内。随后，应彻底清洗蜇伤部位，以降低感染的风险。

冷敷、泥灰浆、蒲公英的汁液和椰子肉都有助于缓解蜜蜂蜇伤。

冷敷、泥灰浆、蒲公英的汁液和椰子肉都有助于缓解蜜蜂蜇伤。

蚊子

蚊子会传播疟疾和登革热等疾病，其口器上还可能携带着马蝇的卵，给人体带来长期的健康隐患。这些疾病的症状包括突发高烧、头痛、关节和肌肉疼痛。这在荒野生存环境下无疑是雪上加霜。因此，一定要提前做好防护工作。

毛毛虫

许多毛毛虫身上带有毒性，一旦接触皮肤，就可能引发皮疹和过敏反应。如果你发现身上有这种虫子，请顺着它的头部拂去，这样更容易让它松开毛刺。毛毛虫在丛林中可能潜藏着一种意想不到的危险。

马蝇

蚊子的口器上可能携带着马蝇的幼虫，这些幼虫一旦钻入皮下，便会在皮下生长并形成疖子。遇到这种情况，可以把马蝇幼虫挖出来，或者用树液或凡士林堵住其呼吸孔，让它们窒息而死。在前面提到的德国少女朱莉安·科普克的非凡生存故事中，她的皮肤下钻满了马蝇幼虫。她描述了那种恐怖的感觉：夜里醒来，自己的皮肤好像有了生命一样，在她周围蠕动。在丛林中必须时刻小心马蝇，养成一种游击战般的心态，一有时间就仔细检查身体的每一个部位。

蜱虫

蜱虫有 8 条腿，其口器能紧紧咬住皮肤并吸食下面的血液。每天都要检查自己的身体，因为蜱虫善于藏匿在难以触及的部位，尤其是毛发浓密之处，常常让人难以察觉。它们会传播莱姆病等疾病，一旦发现，必须及时清除。在清除蜱虫时，必须确保其口器被完全拔出，因为口器的残留可能导致皮肤溃烂和感染。

盐、酒精或火的余烬可以迫使蜱虫松口（但过度灼烧可能会使其身体部分黏在皮肤上，反而增加了处理的难度）。涂抹树液或油也能使蜱虫窒息，从而达到清除的目的。注意不要挤压蜱虫的身体，处理完毕后要立即洗手，并经常清洁伤口，保持皮肤清洁。

水蛭

在沼泽地带，无论你的保护措施做得多全面，水蛭几乎是无法躲避的存在。它们会寻找热源，能够轻易地穿透衣物上的微小缝隙。虽然水蛭叮咬时并不疼痛，但伤口处却容易引发瘙痒。由于水蛭会注射天然抗凝血剂，这可能导致伤口大出血。

和蜱虫一样，使用盐、酒精或火源也能使水蛭松开吸盘，凡士林或某些树液也能使水蛭窒息。切勿直接拔除水蛭，因为这样做很可能导致伤口化脓。

第四章 丛林

鳄鱼

鳄鱼有两种类型：咸水鳄和淡水鳄。咸水鳄的体形更大、更强壮、更具攻击性。值得注意的是，尽管名为咸水鳄，但它们却也能在淡水河流中生存，甚至常常选择在那里栖息。

曾经出现过一些体形庞大的鳄鱼，有些鳄鱼的体长甚至达到了6米。其中有一条名为"甜心"的咸水鳄，在20世纪70年代曾令澳大利亚北领地（Australia's Northern Territory）的渔民们闻之而色变。还有更近一些的例子，2006年佛罗里达大沼泽地（the Florida Everglades）的短吻鳄引发了广泛关注，由于人类的喂食，这些短吻鳄开始习惯了人类的存在，甚至发生了攻击并吃人的事件。

鳄鱼与短吻鳄有一套独特的捕食战术。它们通常先将猎物淹死，然后将其拖到石头或水下的木头下，静静等待猎物腐烂到

鳄鱼是可怕的掠食者，也是世界上顶尖的生存者之一，这背后的原因显而易见。

如果怀疑附近可能有鳄鱼或短吻鳄，尽量不要下水。

一定程度，再撕碎吞食。在大沼泽地探险时，我曾目睹了这些体形健硕的短吻鳄，甚至有一次，我不得不在鳄鱼密布的河流中游泳。由于鳄鱼能在水下停留长达45分钟之久，我必须在确保安全的前提下，耐心等待。当我决定潜水渡河时，内心充满了恐惧，但我明白，这样做意味着我的身体和头部不太可能被鳄鱼误认为是乌龟或鸭子，而这两者正是鳄鱼的主要猎物。最重要的一点是，如果身处有鳄鱼或短吻鳄的环境，一定要远离水域，从河岸取水时也要格外小心。因为鳄鱼擅长观察猎物的饮水习性，然后伺机而动。千万不要成为它们的下一个猎物。

第四章　丛林

行军蚁

行军蚁往往聚集成蚁群，以数百万计的规模出现。由于它们的破坏力太强，无法长期定居在一个地方，所以行军蚁总是处于不断迁徙的状态。行军蚁是食肉动物，它们所到之处几乎寸草不生，从微小的昆虫到庞大的鳄鱼，都会被它们咬成碎片，并带回给蚁后。任何生物都无法改变行军蚁的行进方向，你也不例外，请敬而远之。

毒蛙

在丛林的溪流中，你可能会偶遇一些色彩鲜艳的小青蛙，请千万不要碰触。为了震慑捕食者，它们进化出了鲜艳的体色，这意味着毒性。而这些青蛙携带的毒素有时甚至可能导致死亡。因此，请避免将这样的青蛙作为食物来源。一些土著印第安人会用这种毒素制作毒镖，或用来麻痹水池中的鱼。

最后，同样重要的——牙签鱼

这种亚马孙鲶鱼只有2.5厘米长，大小和形状与牙签差不多，且全身透明，极难被察觉。大多数时候，牙签鱼从其他鱼类的鳃中吸食血液，但如果受到人体膀胱中盐分的吸引，它们能够顺着尿液进入人的尿道。一旦牙签鱼进入尿道，其带有倒刺的背鳍将使得取出变得极为困难，通常只能通过手术来切除。因此，最好不要直接在丛林的河流里排尿。

贝尔的丛林生存法则

第一，是友非敌

适应丛林这样一个陌生的环境是一场必须打赢的心理战。将其视作你的挚友，而非敌人。丛林能为你提供生存所需的一切资源。

第二，放慢脚步

速度并非丛林生存之道。走得越快，摔得越狠。因此，我们应慢条斯理地绕过障碍物，边走边仔细检查周围的灌木丛。

第三，保持遮蔽

丛林中，无数细小的伤口往往隐藏着最致命的威胁。因此，我们必须从一开始就尽量减少蜇伤、咬伤和抓伤，并确保皮肤得到全面的保护。

第四，睡在高处

丛林的地面是爬行动物的乐园。因此，我们应该尽量选择在高台或A形框架床上休息。

第五，河流——丛林中的高速公路

离开丛林的必经之路就是河流。寻找河流，并沿着河流前进。它们最终会引领我们回到安全和文明的世界。

"如果造物主赋予我们脖颈,必有其深意,定是要让我们昂首挺胸,勇往直前。"

——马丁·路德·金

第五章

沙漠

在北非的沙漠中，我度过了相当长的一段军旅时光。那时，我身为英国特种空军部队的一员，曾两度被派遣至沙漠地区，后来又在撒哈拉沙漠西部与法国外籍军团一起接受基础训练。这些经历坚定了我的信念：这样炽热如火的环境，最好是敬而远之。相信我，沙漠是个充满敌意的地方，或许是地球上环境最恶劣的地方。这里最显著的特征便是缺乏人类生存最必要的物质：水。

沙漠的特点在于降雨量严重不足，通常认为，年平均降雨量低于25厘米的地区便可称之为沙漠。智利北部的阿塔卡马沙漠（the Atacama Desert）是最干旱的沙漠，在这片土地上，年平均降雨量不足1厘米，有些地区更是从未接受过雨水的滋润。

沙漠的另一个显著特点是酷热难耐。沙漠的气温很高，夏季经常超过50℃。即便偶尔有雨水降临，也迅速被炽热的阳光蒸发殆尽，这使得地表极易受到侵蚀，形成独特的地貌。这些地貌曾经是海床和山脉，经过数百万年的风蚀，如今变成了地球上最壮丽的风景。

仔细研究世界沙漠地图，不难发现，在北半球，大片的沙漠地形占据了赤道和北回归线之间的区域。其中，最为人所熟知的便是北非的撒哈拉大沙漠（the Sahara Desert），以及其邻近的阿拉伯沙漠（the Arabian Desert）和中东沙漠（the deserts of the Middle East）。

在南半球，同样分布着诸多沙漠。智利北部的阿塔卡马沙漠、非洲南部的纳米布沙漠（the Namib Desert）和卡拉哈里沙漠（the Kalahari Desert）以及澳大利亚沙漠（the Australian Deserts）都位于南回归线以南。最后还有所谓的"冷"沙漠，如中亚的戈壁沙漠（the Gobi Desert）和北美洲的部分沙漠，这些沙漠一直延伸到北纬地带，虽然夏季酷热难耐，但冬季也极为寒冷。

地球表面有五分之一的面积被沙漠所覆盖。这里既有人们想象中一望无际、连绵起伏的沙丘，也有形态各异的地形地貌。根据地理位置、纬度和海拔高度的不同，沙漠中既有高山、岩石高原和峡谷，也不乏盐碱地或沙砾平地，其间还有零星的植被和干涸的河床。

这些多样化的地形地貌不仅为旅行者带来了独特的审美体验，更在精神层面深刻影响着他们对沙漠的认知。然而，这些地形同样对旅行者的生存构成了巨大的挑战。尽管基本的求生原则在任何环境下都适用，但面对沙漠，没有什么可以替代澳大利亚土著居民、撒哈拉的图阿雷格人[1]（the Tuareg）、阿拉伯沙漠的贝都因人[2]（the Bedouin）和美洲印第安人等沙漠居民世代相传的知识。

沙漠或许是地球上环境最恶劣的地方。

---

1 图阿雷格人是一个半游牧的民族，分布在尼日尔、马里、阿尔及利亚和利比亚等地。
2 贝都因人，阿拉伯人的一支，是以氏族部落为基本单位在沙漠旷野过游牧生活的阿拉伯人，主要分布在西亚和北非广阔的沙漠和荒原地带。

并非所有沙漠都是平坦的沙地！

没有这些沙漠居民的智慧，没有我们长期依赖的现代科技，21 世纪的冒险家们或许无法在沙漠中长久生存。

沙漠地形

砂质沙漠或沙丘

这类地形无疑是沙漠的典范，风蚀形成的沙丘连绵不绝，使得穿行其中的骆驼队仿佛变得微不足道，如同剪影般渺小，宛如戴维·利恩[1]（David Lean）导演的经典电影《阿拉伯的劳伦斯》[2]（*Lawrence of Arabia*）中的画面重现。撒哈拉沙漠和纳米布沙漠的大部分地区均属于此类，纳米布沙漠中的沙丘更是高达惊人的 365 米，绵延长达 30 多千米。

山地沙漠

山地沙漠的特点是峡谷密布、沟壑纵横。这种地形通常出现在经过数千年风蚀作用的山脉地区，风的力量将山脉雕刻成超现实的景观，高耸于沙漠之上。这类沙漠包括美国内华达州和犹他州大盆地沙漠（the Great Basin Desert）的大部分地区。我曾在莫阿布沙漠为《荒野求生》（*Born Survivor*）节目拍摄沙漠单元，那里的高温常常逼近 52℃，每一次踏足都仿佛置身于炽热的火焰之中。

岩石高原沙漠

这类沙漠是大片相对平坦的破碎地貌，其间深邃的峡谷纵横交错，这些都是远古河流曾经流淌过的地方所留下的痕

---

1 戴维·利恩（1908—1991），出生于英国萨里克罗伊登，英国导演、编剧、制片人。
2 《阿拉伯的劳伦斯》是由戴维·利恩执导的冒险片。

我曾和法国外籍军团在一望无际的沙丘中行进。

迹。美国大峡谷（the Grand Canyon）便是此类地形的杰作，也是美国西部沙漠地形的典型代表。

盐沼

盐沼地区是沙漠中最危险且求生难度最大的地形之一。盐沼的代表特征是水蒸发后留下的碱性盐壳，具有很强的腐蚀性，使得任何残留的水分都无法饮用。在中东的许多沙漠地区，都可以见到这种盐沼地形。

破碎沙漠

破碎沙漠的代表特征是枯竭的水道蜿蜒曲折，形成了干涸而破碎的地貌。山脊与沟壑交织其间，在松软的沙地上勾勒出迷宫般的图案。破碎沙漠遍布世界各地，是大多数沙漠边界的特征。

我们在西撒哈拉沙漠中行军。

寻找庇护所

在沙漠环境中，阴凉处和阳光直射处之间温差往往高达17℃。因此，在沙漠中建造庇护所，首要之务便是避免太阳直射。虽然与酷热相比，大多数人更加畏惧寒冷，但体温过高与体温过低都是致命的威胁。脱水和晒伤也是潜在的杀手，人体核心温度仅上升3.5℃，就会导致中暑。

然而，问题的棘手程度远不止于此。在沙漠中，我们不仅要寻找避暑之地，更要防备夜晚的严寒。白天，沙漠的气温可能会飙升至65℃，但到了夜晚，气温却可能骤降至0℃以下。在沙漠中，因曝晒而导致的死亡十分常见。

人体获得热量和散失热量的主要途径相同，即传导（直接接触）和对流（通过空气）。任何形式的庇护所都应尽可能地减少这两种热量交换过程的影响。

因此，在生存环境中，首要任务始终是明确优先级。

沙漠着装

在沙漠中，你的第一层也是最基本的庇护所，便是你身上的衣物。务必确保头部、颈部、皮肤以及眼睛免受阳光直射。选择宽松的长袖衬衫和长裤作为着装，它们不仅能让空气自由流通，更能减缓汗水的蒸发速度，使身体的自然冷却机制得以有效运作，将脱水的风险降到最低。在沙漠中行走时，建议采用鼻呼吸而非口呼吸，这样可以减少因口腔内大面积湿润组织蒸发水分而造成的脱水。

进入沙漠时，务必戴上宽檐帽，或者效仿当地沙漠居民，使用头巾作为遮阳工具。头巾不仅能够有效遮挡太阳的热量，还能阻挡风沙。我曾使用过一个实用的小窍门：在头巾上撒些尿液，利用水分的蒸发为头部降温。虽然这种方法可能会让你在人群中不太受欢迎。几天后，头巾上的气味会变得难以忍受，但湿气能帮助抵御强烈的阳光散发的热量。请记住：在生存环境中，你应该使用一切可以帮助自己的技巧，利用一切资源来保护自己的大脑，大脑是你最宝贵的生存工具！

在没有防晒霜的情况下，你可以尝试将火堆里的木炭或沙漠地面上的泥土涂抹在脸部和手部裸露的皮肤上。在眼睛下方涂抹木炭有助于预防日盲症，还能减少反射到视网膜上的强光（这也是美式足球运动员在眼睛下方涂抹彩色防晒霜的原因：分散强光）。若不慎丢失或损坏了太阳镜，尽可能用头巾遮住眼睛。

骆驼和我在西撒哈拉沙漠。骆驼是沙漠中的终极求生者。

头巾上只需留有细小的缝隙，便足以保证视线的清晰。

我还曾见识过另一种替代太阳镜的方法，那就是将三角叶杨的树皮绑在眼睛周围，并在树皮上划出一条细缝，以便观察外界。这是因纽特人的生存技巧，他们巧妙利用丝兰植物的叶片做成绳子绑在眼睛上。

关于在沙漠中应穿着深色衣服还是浅色衣服的问题，人们一直持有不同的观点。主张穿浅色衣服的人认为，浅色衣服可以反射热量，减少身体受热。而深色衣服则会吸收热量，使身体更加炎热。然而，这种主张的缺点在于，浅色衣服容易让太阳辐射穿透，导致皮肤灼伤，加速汗水蒸发。虽然深色衣服可能会在面料中保留更多热量，但它们能有效阻挡有害的紫外线辐射。如果选择宽松的深色衣物，还能确保空气流通，让身体的自然冷却系统发挥最佳效能。

因此，理想的解决方案是，在轻薄的深色衣服外面，再穿一件轻便的白色外套，这种做法深受许多沙漠长期居民的青睐。

白天，沙漠的气温可能会飙升至65℃，但到了夜晚，气温却可能骤降至0℃以下。

寻找庇护所

在考虑建造或挖掘庇护所之前，首先应寻找更简单、更便捷的庇护所形式。我们的努力必须是合理且有成效的，建造一

第五章　沙漠

个复杂的庇护所极其耗费体力,可能导致大量体液和盐分的流失。

在沙漠中,关键是要找到阴凉处,无论是凸出的岩石、巨石、沙丘、地面低洼处,都可以作为临时庇护所。但要记住,并非所有的树荫都能提供同等的遮阳效果。

在日间,植被(树木和灌木丛)通常比岩石更能有效地遮挡阳光,因为岩石会储存热量,并像烤箱一样向外散发炙热的气息。在莫阿布沙漠的一次探险中,我曾用一块炽热的岩石来煎捡到的乌鸦蛋。不出两秒,蛋便开始滋滋作响!

与此同时,植被可以通过蒸发作用,使周围的空气更加湿润。然而,到了夜晚,岩石的蓄热效果能为你带来温暖。如果你手边有救生被、雨披或类似降落伞的材料,可以将其搭在岩石的上方或周围。

若不幸遭遇车辆抛锚,请记住,留在车辆附近往往是最安全的选择。因为无论是从空中俯瞰还是地面搜索,车辆的存在都能增大你被他人发现的概率。但请避免长时间逗留在车内,因为白天的高温会将你烤熟,而晚上的低温会将你冻坏。利用车辆主体结构形成的阴影,在地面挖掘出一个浅坑。通常,地下15厘米处的温度会比地面低约17℃。在车辆两侧直至底盘处筑起沙障,这样不仅能防风,还能进一步降低庇护所内的温度。

1989年,英国夫妇安德鲁·休斯和简·休斯(Andrew and Jane Hughes)在撒哈拉沙漠边缘的突尼斯(Tunisia)度假时遭遇的不幸,充分说明了抛弃汽车这一庇护所是一种愚蠢的做法。当时,休斯夫妇带着两个年幼的孩子从旅馆出发,前往附近的杜塞集镇一日游。

途中,由于路况崎岖,路标模糊,他们的汽车在沙地上抛锚了。他们认为小镇就在附近,决定徒步前往,但经过一个小时的艰难行走,仍不见小镇的踪影。这时,安德鲁让妻子和孩子们沿原路返回车上。他知道,刚刚经过的路边有一些水箱,而且他们还随身携带着1.5升水。而他自己则继续向小镇方向前进,希望尽快找到救援。

然而,在酷暑中,缺少水分的安德鲁最终体力不支,昏倒在沙地上过了一夜。幸运的是,第二天早上,一位路过的农民发现了他,并把他带回了车上。但安德鲁没有想到的是,他的妻儿根本没有返回车上。农夫匆匆离去,留下安德鲁和他的汽车,而汽车不久后再次抛锚。在经历了更多的磨难之后,安德鲁终于被一队突尼斯士兵救起。然而,他们带来的消息却是如此残酷:他的妻儿因找不到水箱和汽车,在酷热与暴晒中无水可饮又毫无遮蔽,短短两天内便不幸离世。如果他们当初选择在夜幕降临前待在汽车旁边,情况或许会有所不同。

建造庇护所

付出的努力必须合理且有成效，因此，任何需要体力劳动的庇护所建造工作都应在清晨或傍晚进行。此时光照充足，温度适宜，脱水的风险也会降到最低。在沙漠中，关键是要发挥想象力，随机应变，最大限度地利用手边一切可用的材料。

庇护所需要一个屋顶来遮挡阳光。事实上，如果没有携带应急遮阳物，如救生被、雨披、防水油布甚至雨伞，任何人都不应该冒险进入沙漠。因为在荒芜的沙漠地带，很难找到树叶和树枝等自然遮阳材料，这些应急遮阳物可能就是我们唯一的遮阳手段。如果你的手边确实有一些遮阳材料，务必将其对折使用，因为双层遮阳材料的效果往往优于单层。外层可以有效阻挡阳光的直射，而中间的空气层则有助于通过对流散热。

庇护所种类

植被

根据沙漠的不同地形，小树和灌木丛可以提供非常有效的遮荫。如果材料充足，可以建造倾斜式庇护所和 A 形框架结构（详见第二章），它们都能有效遮挡阳光。利用树根和树枝搭建的植被平台不仅可以在白天抵御地面的炽热，还能在夜晚抵御寒冷的侵袭。

悬岩和洞穴

如果身处岩石遍布的沙漠地形，悬岩和洞穴无疑是理想的庇护所。它们通常具有一定的深度，有助于空气流通，从而驱散岩石上积聚的热量。前提是要时刻保持警惕，提防蛇类、蜘蛛、蝎子，甚至是美洲狮，以及各种会咬人或蜇人的生物。这些生物可能先于你抵达，同样想在炎热的白天寻求庇护。值得一提的是，在炎热的白天，没有树荫庇护的蛇类会在一小时内死亡。所有动物都和你一样需要遮阳。

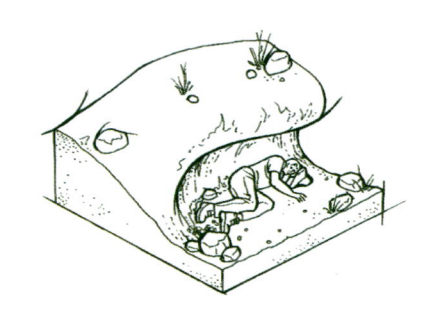

人造遮阳物

太空毯、雨披或防水油布等人造材料都能有效遮挡阳光，太空毯具有反光表面，在沙漠的闷热天气中非常实用。在极端情况下，我们可以将太空毯铺在地上，将自己裹在其中。但如果条件允许，更推

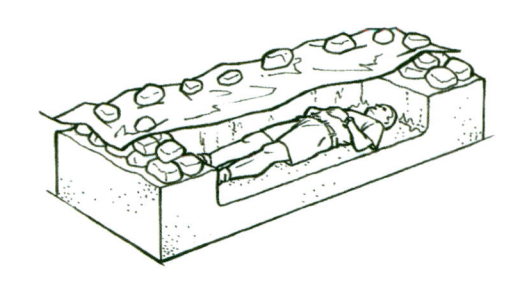

荐的做法是将其搭在石头或灌木丛上，以保持空气流通。此外，在两层屋顶之间留出 60~90 厘米的空间，可以大大降低下方的温度。

浅坑庇护所

寻找能够在地面上投下阴影的自然地貌，然后在阴影的一侧挖掘一个浅坑，其宽度不应超过 60 厘米。利用挖出的沙土，在浅坑的两侧筑起一道遮阳墙。在规划庇护所的位置时，尽量将其设置在南北中轴线上，这样的布局能确保太阳在每天从东向西的移动过程中，为庇护所投下最大的阴影面积。如果你手边有防水油布或太空毯等遮阳材料，请将其覆盖在浅坑上，并用石头压住固定，以增强遮阳效果。如果没有这些材料，但有平整的石头，也可将其叠放成金字塔的形状，盖在浅坑上。建造浅坑庇护所是一项耗时耗力的任务，因此建议在清晨或傍晚阳光较为温和的时候进行。

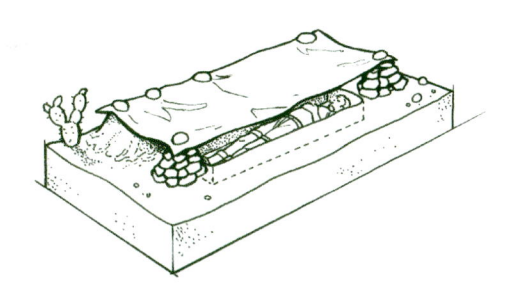

沙漠是最具挑战性的生存地形，那里的太阳威力足以令你的体力耗尽。你必须保持机敏。

寻找水源

在沙漠中生存，脱水无疑是头号公敌。在烈日当空的正午时分，人体内的水分会以惊人的速度流失，每小时大约1升。更为严峻的是，在这片荒芜之地，找到可靠的水源来补充体液的机会微乎其微。人体即便在没有食物的情况下，也能勉强支撑3个星期，但在沙漠中没有水的供应，就像休斯一家的不幸遭遇一样，人们往往难以坚持超过2天。我在犹他州工作过的搜救队有一句座右铭："缺水12小时倒下，缺水24小时死亡。"千万不要让这句话成为你的写照！

在气温超过29℃的沙漠中，专家建议每人每天的实际饮水量最低应达4.5升左右。

由于水的重量沉重，任何人在没有机动交通工具或骆驼的情况下进入沙漠，所携带的水量无论如何都不足以在毫无补给的情况下生存多日。因此，与其他荒野环境相比，在沙漠中一旦迷失方向，寻找返回文明世界的道路或等待救援是更加紧迫的任务。

请思考这个问题：在气温超过29℃的沙漠中，专家建议每人每天的实际饮水量最低应达4.5升左右。这还仅仅是建立在能够找到树荫休息的前提下。一旦气温飙升至50℃以上，并且需要徒步前行，那么每日的饮水量便会急剧攀升至13.5升以上。因此，在沙漠中我们应该遵循这样的饮水准则：在高温环境下，每小时补充1升水。

在绝大多数沙漠地带，正常的沙漠环境往往意味着雨水稀少，植被贫瘠，你能在这里找到足量水源的机会非常有限。因此，保护水源是当务之急。请务必牢记：盲目而慌乱地寻找水源，往往会因出汗而流失大量体液，甚至超过你可能偶然发现的水量。

在任何沙漠求生的情况下，你都应该迅速找到阴凉处，并尽量减少体力消耗。只有这样，你才有机会保持体内水分充足。

如果你手头仍存有一些水，关于是否应该定量饮用，沙漠求生专家们对此确实意见不一。常识告诉我们，若你仍然能够正常排尿，就没有必要急匆匆地一饮而尽。然而，如果你已经出现了中暑晕倒的征兆，那么再节约用水也失去了意义。因此，你需要根据自身的实际情况做出决定。如果已经严重脱水，那么应尽可能补充水分。如果还未达到脱水的地步，定量饮水或许是最明智的选择。

简单的呼吸也会导致大量的体液流失。沙漠中的热空气被吸入肺部后，在呼出的同时会带走体内的水蒸气。因此，包括贝都因人在内的许多沙漠居民都有捂住嘴巴的习惯。这也是为什么在沙漠中，你应该尽量使用鼻子进行呼吸的原因。

我曾经亲身体验过墨西哥部落塔拉乌

沙漠里像这样的河沟能拯救生命，学会识别指向水源的标志。

马拉人[1]（the Tarahumara）的独特生存智慧，他们在沙漠酷暑中，每天仅靠少量水分就能完成 80 千米的长跑。

其秘诀在于将一口水含在口中，不咽下去，只用鼻子进行呼吸。这意味着他们呼吸的空气中始终带着湿润的水分。

这一方法虽行之有效，但实践起来却需要钢铁般的意志，不断抗拒吞咽的冲动。想象一下，糖霜甜甜圈和舔舐嘴唇是多么大的诱惑！在实践中，我每次为自己设定 15 分钟的小目标，坚持口中有水而不咽下，这不仅使旅程变得相对轻松，也有助于保持体内水分的平衡。

小贴士：模仿骆驼。骆驼的长腿可以保持脚下的空气流通（因此，在沙漠中的白天，你应该躺在灌木丛上休息，以保持脚下的空气流通）。骆驼休息时，还会将身体的一端朝向太阳，以最大限度地减少阳光直射的面积。你同样可以借鉴这一智慧：躲避阳光、使用遮阳物或寻找阴凉处来尽量减少阳光直射。

水源迹象

在出发寻找水源之前，请花点时间仔细观察周围的沙漠，寻找水源的踪迹。请记住，每踏出一步，都可能加剧你身体的脱水状况。经验丰富的探险者通常可以从远处捕捉到水源的迹象。相较于漫无目的的寻觅，合理的推测更为明智。

以下自然迹象都能说明地表或附近有水。

> 动物通常在清晨和傍晚饮水，在这两个时间段，大量动物移动的痕迹很可能预示着附近存在水源。

植被

在干涸的沙漠地貌中，植被集中生长的地方往往格外引人注目。虽然一丛丛灌木、仙人掌或小草并不能保证一定有近在咫尺的水源，但通常意味着地表 45 厘米范围内有水或曾经有水。

动物足迹交错

和人类一样，动物也离不开水源。它们有着自己的生活习惯，每天都会回到同一水源地。因此，动物的足迹经常会在水源附近交错，汇合形成一条清晰的路径，而这条路径很可能指向水源所在。动物通常在清晨和傍晚饮水，在这两个时间段，大量动物移动的痕迹很可能预示着附近存在水源。

动物粪便

与动物足迹一样，动物粪便的集中地同样表明这里是动物经常聚集的地点，而这样的地点往往位于水源附近。

鸟类飞行

鸟类亦遵循着固定的饮水节律，通常在早晚寻觅水源。当一群鸟儿从头顶飞过时，它们往往是朝着水源方向飞去。特别

---

[1] 塔拉乌马拉人，墨西哥北方奇瓦瓦州西南部的印第安人。

是鸽子的出现，几乎可以断定附近必有水源。与其他鸟类相似，鸽子在前往水源的途中往往飞得很高，而在回来的路上飞得很低。但请记住，这一规律并不适用于秃鹫、老鹰或猎隼等肉食性鸟类，它们的体液主要来源于猎物的血肉。

蜜蜂和成群的昆虫

蜜蜂通常在水源附近 800 米的范围内活动，它们会沿着直线往返于水源之间，但请注意，务必避免惊扰蜂群。苍蝇也会在水源附近出没，而蚊子的出现几乎可以肯定你已经找到了水源所在。

沿岸沙丘

水分往往会从内陆渗入海岸线附近的沙漠，留下一片湿地。这片湿地中蕴藏着宝贵的水资源，并且其中一些地表水的盐度处于可接受范围，或者你也可以通过沙漠蒸馏器进行蒸馏提纯。高水位线附近的沙丘有时也会形成浅水池，其浅层的地表水是可以饮用的。

水源

水，无论在何处，总会受到重力的影响，流向低处、滴落或渗入土壤。因此，相较于山脊或沙丘之上，在山谷、干涸的河床、沟壑、狭窄的峡谷以及悬崖或岩石的基底附近，找到水源的成功率会更高。当多孔岩层被两层不透水的岩石所夹持时，尤其是在悬崖的底部或岩石的突出部位，有可能形成泉水。水流通过这层多孔岩石的过滤，最终以泉水的形式涌出地面。

无论身处何地，都要保持敏锐的观察力。虽然雨水会迅速浸入沙子或土壤之中，但可以在岩石表面的水坑中蓄留一段时间，而阴暗的砂岩空洞更是能够蓄水数月之久。

在经历季节性降雨或山洪暴发的沙漠地区，我们常常能发现大大小小、深浅不一的干涸水道。在距地表约 1 英尺（约 30 厘米）的深度下，这些水道往往蕴含着水分。如果水道呈现蜿蜒曲折的形态，那么最佳取水点便是弯道外侧的最低点。因为在洪水泛滥时，这里是水流速度最慢的地方，而当水流干涸时，这里蓄水的时间也最长。

从湿润的沙子或泥土中提取水分，可以采取一种简易而有效的方法：将抹布或头巾浸湿后，再将其中的水分拧出至容器

终于结束了和法国外籍军团的基础训练。

中。当然，更为专业的做法则是挖掘井眼或制作太阳能蒸馏器。如果决定冒险进入山洪暴发的地区，务必时刻关注天气变化，因为在极端情况下，原本干枯的河床可能在几分钟内变成汹涌的洪流。我曾听闻，在山洪暴发时，溪谷能在极短时间内蓄满深达2.5米的洪水，其威力之大，足以致命。

由于水源稀缺，且缺乏持续流动的清洁水源以冲走污物，沙漠中的水特别容易受到各种污染。这主要是因为大部分水源为静态水体，且往往含有腐烂的小型啮齿动物尸体等污染物。因此，为了预防疾病，避免体液进一步流失，我们可能需要采用过滤和净化技术（详见第四章）。当怀疑水质受到污染，又无法进行煮沸消毒时，可以使用沙漠蒸馏器进行水的蒸馏处理，但这一过程不仅耗费体力，还可能因效果有限而得不偿失。

自然水源

仙人掌

人们往往过于乐观地估计了仙人掌作为水源的价值，即使是沙漠居民也仅在别无选择时才将其用作水源。首要问题是找到一种无毒或味道不至于令人作呕的仙人掌，其次就是如何提取仙人掌中的汁液。尽管如此，在美洲沙漠中，鱼钩桶仙人掌仍

人们往往过于乐观地估计了仙人掌作为水源的价值，但在万不得已的情况下，它们确实可以救你一命。

第五章　沙漠

是紧急情况下补充液体的理想之选，其独特的桶状外形和鱼钩状的刺非常容易辨认。

刺梨

刺梨等仙人掌果实同样富含水分，可以捣成泥状以提取其中的液体。刺梨的茎部虽然也富含水分，但如果其汁液呈白色，则千万不可饮用，因为那可能并非刺梨，而是有毒的植物。生长在墨西哥下索诺拉沙漠（the lower Sonoran Desert）的管风琴仙人掌同样结有甜美多汁的果实。

龙舌兰

龙舌兰在欧洲热带花园中已有数百年的栽培历史，其叶片修长而低垂，尖端锐利，围绕花茎生长成莲座状，非常容易辨认。其叶柄底部经常积水。美洲世纪植物大龙舌兰的茎干硕大，植株可生长到 10 米高，从很远的地方就能辨认出来。雨水常常汇聚在其底部，因此可以从其茎叶中收集大量水分。

树木、植物和根茎

在世界各地的沙漠中，许多树木和植物在危急时刻都能成为极其有用的水分来源，包括非洲和澳大利亚猴面包树的树干、澳大利亚针叶树的树根、撒哈拉沙漠药西瓜的嫩芽以及南美洲阿塔卡马沙漠中的各种龙舌兰和丝兰。在澳大利亚，许多树木都是天然水库，包括猴面包树、沙漠木麻黄、澳洲木麻黄和茶树，它们的树皮下积聚的水分可以利用虹吸效应吸出。猴面包树、异叶瓶木、金合欢树和一些桉树

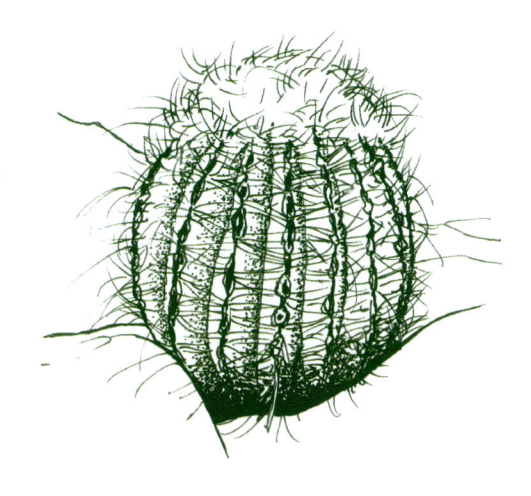

187

的根部可以剪成小段，一头朝上放置在容器中，这样其中的水分就会慢慢渗出来。

小贴士：仙人掌每年仅需极少量的水便能顽强存活，而沙漠中的某些灌木，比如柽柳，每日则需从地下水库中汲取数加仑的水来维持生命。如果你能找到这些灌木，不妨留意四周的岩石，上面可能留有盐沉积物的痕迹。这些沉积物正是水分蒸发的证明，通常来源于岩石上渗出的涓涓细流。我曾在莫阿布沙漠发现过这样的渗水处，我利用喇叭花空心的茎秆当作吸管，吸取了一些富含矿物质的淡水。只需短短几秒，这片水池又会重新充盈。

即使是在干涸的沙漠中，大自然也蕴藏着生存所需的一切资源。以三裂叶漆树为例，它的红色浆果上覆盖着一层矿物盐。这些浆果可以直接使用，是维生素C的绝佳来源，能有效补充人体流失的矿物质。美国印第安原住民在沙漠中用篮子收集这些浆果，用于烹饪，并在迁徙途中作为盐的替代品。如果汗水滴入眼中不再引起刺痛，则说明你的身体盐分已不足，需要补充更多的矿物质。

吉普赛井

如果你有幸在干涸的水道附近发现一块湿润的土壤，那么可以在远离积水的地方挖一个小坑，让周围的水分慢慢渗透进来。如果初次取出的水质显得浑浊，则应排干积水，等待新的水分再次渗入。最好在干涸的河床外侧弯曲处挖坑。在这些地方的最低点向下挖掘，深度不要超过一英尺半（约46厘米），过深则可能只是无谓地消耗体力。

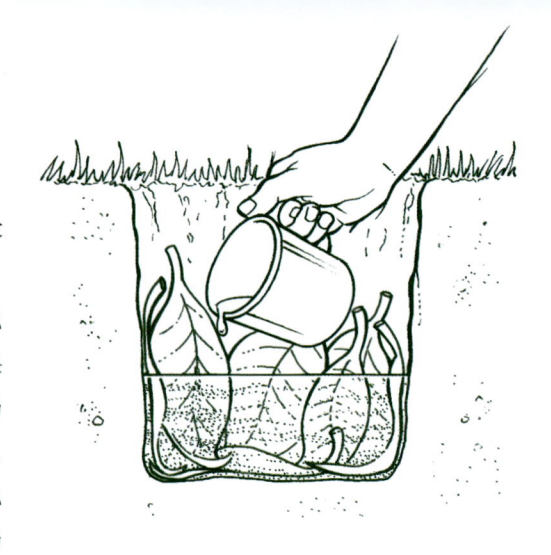

冷凝水

即使在最干燥的环境中也存在水分。或许你无法用肉眼看到它，但空气中总会弥漫着一些水蒸气，泥土中、花草树木的叶子和根部也有水分。如何将水蒸气凝结成液态水，并且确保凝结的水量超过汗水流失的水量，这才是真正的挑战。

太阳能蒸馏器或沙漠蒸馏器

关于沙漠蒸馏器是否有用，人们始终争论不休。沙漠蒸馏器的原理相对简单，它是通过一个坑和一块透明塑料布来冷凝地下的水分。当塑料布与周围地面之间产生温差时，地下的水分便会在塑料布的内侧凝结成水珠，并滴入提前放置好的容器中。

一些生存专家声称，沙漠蒸馏器能够在24小时内产生多达0.5升的水量。然而，这一切完全取决于土壤本身的含水量。事实上，只有当蒸馏器被安置在潮湿的河床上时，才有可能收集到半升水量。在这样的环境中，你或许能够直接从蒸馏器中舀出水来，或者从一条湿透的头巾中挤出水来。不过，即使是在凉爽的夜间，挖掘蒸馏器所耗费的体力也并不划算，因为最终收获的可能只是几口水而已。

因此，太阳能蒸馏器更应当被视为获取其他水源的补充手段。不过，这项技术依然值得我们去了解和掌握。毕竟，它同样可以应用于水资源相对丰富的地区，用于蒸馏受污染的水或盐水。如果你拥有足够的水容器和塑料布，并打算在一个大本营中驻留相当长的一段时间，那么设置多个蒸馏器无疑会是一个更为明智的选择。

> **如果汗水滴入眼中不再引起刺痛，则说明你的身体盐分已不足，需要补充更多的矿物质。**

在地面上挖掘出一个碗状的坑，深度在 60~120 厘米之间，宽度则在 90~120 厘米之间。确保洞坑的两侧有一定的倾斜角度，以防止土壤向内塌陷。同时保持坑洞外围始终处于同一水平线上，否则将无法正常工作。接下来，在坑的中央挖一个较小的孔洞，用来装水。若条件允许，可从该孔洞中引出一根细小的管子，以便日后能够轻松吸水，而无须拆卸整个蒸馏器。

接着，用沙子把塑料布的一面刮干净，这样有助于冷凝水顺利地流入孔洞中。然后把刮干净的一面朝下覆盖在坑洞之上，并在中央放置一块石头，以固定塑料布，并使其呈现出一个陡峭的漏斗形状。需注意的是，如果阳光过于炽热，石头可能会熔化塑料，因此建议在放置石头前先用布料包裹起来。最后，在坑洞的边缘用泥土和石头将塑料布的边缘钉牢，形成一个不透气的密封圈。在此过程中，确保塑料布不会接触到坑洞的内壁，以免妨碍冷凝水流入容器中。

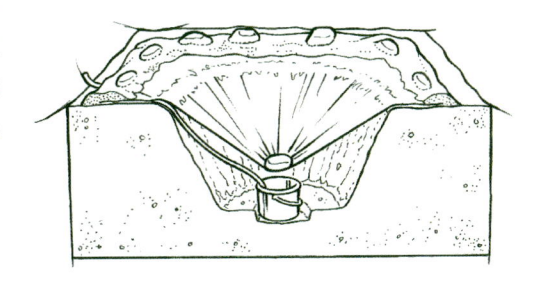

露水收集器

首先，需挖掘一个深度约为 45 厘米的坑洞，用防水材料铺设坑底。在坑内填满石头，在夜间，这些石头表面会凝结露水，在日出之前我们可以轻轻舔食掉这些露水。这种方法源于贝都因人的智慧，他们会在日出前翻开半埋在土里的石头，其较冷的一面便会凝结露水。

小贴士：为了增加蒸馏器的集水量，你可以在坑底铺满石头，并在上方覆盖周边的植被，如树叶、仙人掌或沙漠灌木丛等。此外，将尿液或受污染的水加入蒸馏器中，同样能进行蒸馏。我曾在这样的露水收集器中使用尿液来增加湿度，效果很好。学会珍惜资源，不要浪费每一滴尿液。如果你有一块抹布，也可以用来收集尿液。尿液从浸湿的布料上蒸发的速度会比从植物上蒸发更快。

蒸发蒸馏器

在植被茂密的地区，蒸发蒸馏器或许能展现出卓越的效能，且相较于太阳能蒸馏器更容易安装。只需选取一株健康无毒的植物，将一个透明的袋子套在其茂盛的枝叶上，并牢牢固定，防止空气进入，并且确保袋子直接暴露在阳光之下。根部肥厚的植物通常比根部细长的植物含有更多水分。当阳光照射在叶片上时，叶片中的水分会逐渐蒸发，并凝结在袋子的底部。当收集到一定量的蒸馏水时，在袋子上扎个小洞，便可将水倒出饮用，随后再次将袋子打结密封。需要注意的是，每个蒸馏器的放置时间不宜过长。一般来说，几个小时后，即使叶子中仍含有一定的水分，其蒸发速度也会大大降低，甚至停止出水。此时，我们需要及时将袋子中的水排出，并重新开始新一轮的蒸馏过程。为了提高工作效率，可以同时放置多个这样的蒸馏器。

根据自身的实际情况做出决定。如果已经严重脱水，那么应尽可能补充水分。如果还未达到脱水的地步，定量饮水或许是最明智的选择。

山洪能在几分钟内冲垮沙漠沟壑。

寻找食物

在沙漠中，寻找食物绝非首要之事。事实上，若水源难寻而食物尚存，在找到水源之前，应尽量避免进食。消化过程会消耗体内宝贵的体液，并会加剧脱水症状，尤其是在摄入油腻或咸味食物时。碳水化合物（如水果、根茎和叶子）中常含有一定水分，而脂肪和蛋白质（如肉类和坚果）则需要更多的体液来消化。

根据经验，若未能准备好至少 0.5 升的水，即使是蔬菜也不应食用。若未能准备好大约 1.5 升的水，肉类更应忌口。如果你手头有脱水的生存口粮，在没有水的情况下千万不要食用。

在沙漠地区中，许多植物的果实、根、叶或茎都可以安全食用。尽管有些植物吃起来口感粗糙得像纸板，但仍含有宝贵的营养成分。此外，所有哺乳动物、爬行动物、昆虫、蛴螬和鸟类的肉，只要去除头部、内脏和所有毒腺，均可作为食物来源。

在考虑捕食动物之前，应优先寻找植物和昆虫作为食物来源。因为捕食动物往往会消耗大量的体液和体能，得不偿失。当然，有些爬行动物（如蜥蜴）可能是个例外，有时可以徒手或用陷阱来捕捉蜥蜴。因此，我在第一章中介绍的制作陷阱的技术在沙漠地形中同样可以派上用场。

"丛林美食"（Bush tucker）是澳大利亚人对内陆沙漠食物的称呼，如今已经成为主流叫法。蚂蚁、蜥蜴、蝗虫和蛇类等沙漠土著居民喜爱的主食，现今甚至出现在城市顶级餐厅的菜单上。因此，尽管撒哈拉沙漠和阿塔卡马沙漠等严酷之地食物稀缺，但在许多其他沙漠，食物来源远比乍看之下更丰富多样。

> **若水源难寻而食物尚存，在找到水源之前，应尽量避免进食。**

植物和树木

沙漠中的植物大多分为两类：一类是昙花一现的植物，仅在每年降雨之际才会短暂地绽放生命；另一类则是多年生植物，通过在根系、叶片和茎秆中储存水分，进而演化成能够长期在干旱环境中生存的植物。许多类型的沙漠中都有可食用的树木、灌木和植物，但其中很多都必须煮熟后再食用。但在水资源匮乏的沙漠环境中，这一步骤往往难以实现。特别需要注意的是，避免食用任何带有乳白色汁液的植物，它们几乎都有毒性。因此，在不确定植物是否安全的情况下，切勿轻易尝试食用。如有任何疑问，请参照第四章所介绍的食品安全测试。

棕榈树

棕榈树的绝大部分部位均可食用，包括果实、花朵、花蕾和树干肉。经过烹饪处理能极大改善其口感。水椰的叶片长达 6 米，生长在叶柄底部的种子可食用。糖棕生长成熟后可高达15米，其果实可食用。枣椰树在中东地区广泛分布，被誉为沙漠中的珍品，其叶子煮熟后也可食用。而椰子肉更是营养丰富，无论是青椰、未熟椰子还是成熟椰子，均可放心品尝。需注意的是，仅青椰的椰子汁适宜饮用，因为成熟椰子的汁液具有润肠通便的效用。

刺梨

刺梨是梨果仙人掌的果实，被誉为"沙漠中的金枪鱼"。它生长在主植株的扁平垫周围，成熟时呈鲜红色。

采摘刺梨时，用棍子轻轻将其敲落，以免被细毛扎伤。然后将刺梨放在沙里滚动几圈，去掉尖刺。再把果实劈开，吸干水分，吃掉果肉。即便只有未成熟的青果，也同样可以食用。如果想吃到仙人掌主体的果肉，可以用灼烧或剥皮的方法去除尖锐的大刺。

管风琴仙人掌和巨人柱仙人掌的果实同样可食用——这种巨大的仙人掌造型独特，极易辨认，经常在牛仔漫画中出现。但这两类仙人掌主要生长在美国西南部的索诺拉沙漠。

豆科灌木

在美国的沙漠中可以找到几种豆科灌木的身影，其中一些可以生长到9米之高。所有这些豆科灌木的豆荚均可食用，这是美洲土著印第安人最喜爱的食物。此外，许多地区都有大量的牧豆树，也是良好的遮荫植物。

金合欢树

金合欢树家族庞大，全球范围内约有1300个品种，其中大部分原产于澳大利亚。金合欢树是中等大小的灌木丛生树木，叶子很小，可以煮熟食用。其根部蕴藏着丰富的水源，而种子可以烤着吃。

猴面包树

猴面包树的果实丰硕，有时果实甚至可以生长到25厘米。其树干向外鼓起，果实和种子均可直接生吃，这种树在非洲和澳大利亚都很常见。

昆虫

昆虫，尤其是昆虫幼虫，是极好的营养来源。昆虫幼虫体内含有宝贵的脂肪、蛋白质和碳水化合物，此外，许多昆虫体内还含有大量水分，易于消化吸收。但是注意避免食用毛虫或任何表皮透出黑色的蛆虫。

白蚁和蚂蚁卵

白蚁和蚂蚁卵是灌木丛中最为可靠、最有营养（也最是美味）的昆虫类食物。捕捉白蚁的方法很简单，只需将一根树枝插入白蚁堆中，然后旋转树枝。白蚁的自然撕咬反射就会使它们紧咬住树枝不放，为你提供一顿健康的大餐。另一种捕捉方法是在白蚁穴或蚁巢的顶部挖一个洞，用塑料袋接住掉落的白蚁即可。生食白蚁能最大程度地保留其营养价值，但人们往往对炒制后的风味赞不绝口。然而，对我而言，生食白蚁仍是我的首选（若菜单上仅有昆虫佳肴的话）。

蝙蝠蛾幼虫

这些体形硕大的白色食木蛴螬是蝙蝠蛾的幼虫，以金合欢属植物和其他桉树的含糖树液为食。它们富含蛋白质和钙质，是澳大利亚原住民数千年来赖以生存的主要食物之一，无论是生吃还是烧烤都美味可口。鲜活的蛴螬的体内充满了汁液，味道微甜，而煮熟后的味道更是可与鸡肉或大虾沾上花生酱相媲美。想要发现蛴螬的踪迹，只需留意枯树、树桩和树根上留下的孔洞即可。

蝗虫和蚱蜢

蝗虫和蚱蜢煮熟后均可食用，其外骨骼有助于自身保持水分，但在食用前必须去掉外骨骼以及头部、腿部和翅膀。

蟋蟀

蟋蟀常常选择灌木丛或岩石背后的昏暗角落作为藏身之所，以此来躲避白天的酷热。待到傍晚时分，它们会出来觅食，那独特的蟋蟀鸣叫会暴露它们的位置。利用这一点，轻轻移开石头，迅速地用手拍打，即可将其捕获。我曾用这种方法捕捉到很多蟋蟀。在食用蟋蟀之前，需要去除容易卡在喉咙里的腿部。然后其他部分，包括头部和身体，都可以直接生吃。虽然蟋蟀的外表如同外星生物一般，看起来很可怕，但它们是蛋白质含量最丰富的昆虫之一。

蝎子

严格说来，蝎子并不属于昆虫，而是蛛形纲动物。因为它们拥有8条腿，而非6条。只要快速而安全地去除蝎子尾部的毒刺，蝎子的其他部分是可以直接生吃的。在操作时，用一根手指夹住尾部毒囊两侧，确保蝎钳无法夹住你。请记住：通常情况下，蝎子的体形越小，其毒液的毒性越强。因此在选择食用的蝎子时，需要谨慎权衡。我曾在肯尼亚吃过一只鲜活的蝎子，当时我还在犹豫是否要先吃掉利爪一般的钳子，以防它咬我。当我鼓起勇气将其放入口中咀嚼时，却发现味道出奇地好，而且还含有丰富的蛋白质和营养物质。不过，食用蝎子还是要谨慎行事。

虽然蟋蟀的外表如同外星生物一般，看起来很可怕，但它们是蛋白质含量最丰富的昆虫之一。

哺乳动物和爬行动物

在世界各地的沙漠地带，栖息着袋类动物、野山羊、猪、兔子、蛇、蜥蜴和牛等动物。所有爬行动物均可食用，包括毒蛇，但在食用毒蛇之前，务必去除其头部和毒腺。

蜥蜴

蜥蜴往往喜欢待在岩石上阳光充足的地方，有时徒手便可捕捉，当然也可借助棍棒或投掷重石来捕捉。美国原住民有一个古老的蜥蜴捕捉技巧。他们利用丝兰的叶片纤维和旧鞋带编织成一个陷阱，然后在诱捕蜥蜴或将其赶出洞穴之时，用陷阱将其困住。食用蜥蜴时，要特别注意避开其腺体，因为这些腺体可能含有毒素。巨蜥的脂肪丰富，因此要煮熟后再食用。巨蜥的肉质洁白细腻，口感鲜美。

蛇类

所有的陆地蛇类均可食用。捕杀蛇类最好的方法是，在安全距离外，从后方瞄准蛇的头部，用一块重石精准投掷。有条件的话，可以用一根木棍先将蛇头稳稳压住，再投掷重石，这样的捕杀效果更佳。我曾见过另一种非常有效的捕蛇技巧。首先将蛇头固定住，然后抓住蛇尾（位于肛门上方）迅速将蛇甩过头顶，将蛇头猛地砸向地面。这种方法能一击毙命。

对付蛇类时，关键在于了解所在地区的毒蛇特性。通常来说，毒蛇的头部较大，呈三角形，尾巴则较为圆润。掌握了这些特征，就能更好地识别并防范它们。相比之下，其他蛇类往往是无毒的，你可以放心地追捕它们。蛇肉的美味程度堪比一块牛排！但捕猎毒蛇时仍需格外小心。

在食用蛇肉之前，务必去掉蛇头。值得注意的是，由于神经末梢仍然活跃，有些蛇在被砍掉头部后还可能会咬人，处理时要特别小心。沿蛇腹纵向切开蛇皮，剥掉外皮后再开膛破肚，烹饪蛇肉。

蝎子除了尾部顶端的毒囊以外，其余部分均可食用。

导航与行动

无论手持地图与否，在各种复杂的荒野地形中成功导航都是一项艰巨的任务。迷失方向几乎是家常便饭。在我踏足过的众多荒野地形之中，沙漠的迷失感尤为令人惶恐，其风险之大，难以估量。若是在丛林或山区中迷路，我深知只要保持冷静，恪守基本的生存法则，便能抓住一线生机。然而，在沙漠之中，时间的流逝格外无情，即使侥幸找到了水源，其稀缺性也往往难以支撑长时间的生存。请谨记那句座右铭："缺水 12 小时倒下，缺水 24 小时死亡。"

沙漠是个极易让人迷失的地方。前一刻，你或许还自信满满地确定自己身在何处，地平线上某个遥远的物体也被你牢牢锁定。但下一刻，同一个地标已从视线中消失，或者被另一个形态相似的物体所替代。这个陌生的物体似乎在向你招手，引诱你走向截然相反的方向。此时，你不免感到阵阵迷茫。

事实上，这一切与头部内外热量的影响有着密切的联系。在距离地面不超过 3 米的范围内，空气的温度异常高，足以使光线产生闪烁和折射现象，这种现象便是人们常说的海市蜃楼。在这样的条件下，地平线上的物体若隐若现，弯曲变形。而这一切都是在你已经充分补充水分并采取防晒措施的情况下发生的。设想一下，若大脑因缺水而开始衰竭，精神控制力逐渐减弱，那将是何等艰难的境地。

因此，我们必须时刻保持清醒的头脑，从一开始就避免让自己陷入这样的绝境。与其他野外活动相比，沙漠探险更要深思熟虑，每一滴水和每一分能量都必须得到充分利用。

当独自一人迷失在茫茫沙漠之中，惊慌失措的情绪往往会让人急于抓住任何可能的救命稻草，不惜一切代价寻找出路。或许是那个他们确信位于正南方的水坑，然而那个水坑可能早已干涸或难以发现。或许是凭着直觉孤注一掷，笃定道路或城镇就在某个方向。

这种盲目的策略成功率极低。在烈日炎炎的沙漠中，短短几个小时的炙烤，便可能让你陷入绝望的无助境地，一无所获。如果决定继续前行，务必选择太阳较为温和的早晚时段。此时光线柔和，更容易判断方向，地平线上的物体也更为清晰。

> 在距离地面不超过 3 米的范围内，空气的温度异常高，足以使光线产生闪烁和折射现象，这种现象便是人们常说的海市蜃楼。

正如我们在第一章中所探讨的，利用太阳、月亮和星星来辨别方向的方法多种多样。其中木棍成影法便是一种有效手段，它通过观察太阳移动的影子、手表指针或新月的影子，来大致确定南北方向。

在北半球，如撒哈拉沙漠或蒙古和中国的戈壁滩，当夜幕降临时，晴朗的夜空中北极星熠熠生辉，指向北方。而在南半球，如澳大利亚辽阔的沙漠地带，找到南十字星便能轻松地识别南方。

此外，观察圆桶仙人掌（又名指南针仙人掌）的生长方向也是辨别方向的一个实用窍门。这些仙人掌倾向于朝南生长，向太阳的方向倾斜。单独一株仙人掌可能不足以作为参考，但如果你注意到一丛丛的仙人掌都朝同一个方向倾斜时，那么这个方向很可能就是南方。据说其中的原理是，开花植物为了保护花朵免受太阳热量的伤害，会倾向于侧对着太阳直射的方向，就像骆驼在休息时会把身体一侧对着太阳一样。

在沙漠中，在了解盛行风方向的前提下，沙丘的形状也可以用来判断方向。沙丘迎风的一面通常比背风的一面更为陡峭。

然而，尽管在沙漠中辨别方向看似并不复杂，但决定最佳的前进方向往往靠的是运气而不是判断力。徒步穿越任何类型的辽阔沙漠都是一项极其艰巨的挑战，因此应仔细权衡行动的利弊。

当月亮或星星足够明亮时，夜间行进有时也是可行的，但必须格外小心。因为在沙漠地形中受伤的情况屡见不鲜，即使是简单的扭伤脚踝，也可能意味着失去继续前进的机会。在月光暗淡、视线模糊的夜晚行进是不明智的，在这样的环境下很容易迷失方向，看不清峡谷和沟壑等危险地貌。

请记住一个实用的观察技巧，将视线放在物体的正上方或一侧，而非直视它们，这样可以看得更清楚。这是因为我们眼睛中的视杆细胞集中在视网膜的外缘，对光的敏感度远高于中心的视锥细胞，而后者对颜色更为敏感。

穿越沙漠地形

要成功穿越沙漠地带，首先应按照上述方法确定方向，并在地平线上选定一个与目的地方向一致的参照物。为了确保沿直线行进，在行进过程中要不断回头检查自己的脚印，或者沿途留下小石堆作为标记，以便在回望时清晰辨认自己的行进路线。

盛行风会将沙子吹成波状纹理，当你走在这样的沙地上时，请注意行走与这些褶皱的相对角度，并在前进过程中保持该角度不变。

在所有地形中，沙漠是最令人身心疲惫的。因为在这里，时间的流逝与脱水的风险都会对你的安全构成威胁。

时刻呵护好你的双脚，因为它们是你穿越沙漠的唯一依靠。确保沙子不会进入靴子缝隙，一旦感觉到丝毫的摩擦，都需立刻停下脚步，重新调整靴子。如果忽视了这种微小的不适，情况很快就会恶化，而预防总是胜于治疗。在莫阿布沙漠，由于高温炙烤加之在沙丘间的滑动摩擦，我的脚肿胀得很厉害。每当在树荫下稍作休憩时，我都会腾出时间轻轻按摩双脚，让疲惫的肌肉得以舒缓，并脱下鞋袜，让双脚透透气。

前行时保持稳健的步伐，每半小时停下来休息几分钟，同时补充水分。在面对沙丘时，一定要沿着沙丘之间的山谷线前进，那里的沙子相对坚硬，更易于行走。

前行障碍

突发洪水

时刻警惕干涸的河道流域突然涌现流水，一旦察觉到降雨的征兆，应立刻转移至地势较高的安全区域。即便附近未见降雨迹象，山洪也可能在毫无预警的情况下爆发。哪怕远在150千米外的高地降雨，雨水也会迅速地穿越坚硬的岩石地面，涌入山谷。你正在行走或休息的小沟壑会在瞬间变成汹涌的洪流，带来致命的风险。

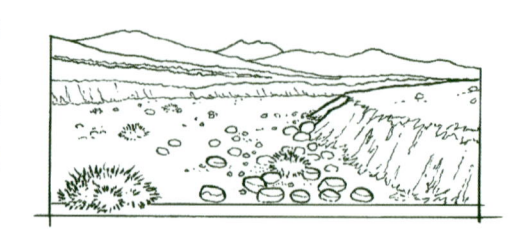

因此，切勿在易发生山洪的沟谷中停留。

石质河床相较于沙质河床，更易受到洪水的侵袭。当该地植被茂盛而周围地区却异常干涸时，一定要提高警惕，这通常预示着河道洪水频发。

1997年，12名游客无视天气警告，冒险进入亚利桑那州的羚羊峡谷。他们仅深入峡谷100米，便被突如其来的山洪冲走，唯有导游侥幸生还。

流沙

流沙广泛出现在世界各地的沙漠之中。它实际上是沙子与从地下涌出的水混合而成。流沙的表面有时会被一层干沙覆盖，这使得流沙往往难以被及时发现。流沙通常不会很深，你的双脚可及底部。但当你不幸遭遇流沙，面临下沉的危险时，应将沙子视为普通水流（尽管其密度大于水），采取仰面漂浮或"游泳"的姿势，尽可能保持身体水平。

在莫阿布沙漠中，我曾陷入河岸的流沙中，向大家展示了牛是如何在流沙中迅速丧命的。流沙的危险性在于，你越是挣扎，其吸力就越大。因此，切勿盲目挣扎，保存体力，设法让身体浮出水面，然后像猴子一样灵巧地爬出流沙。

留意沙漠中的植被丛，它们往往预示着地下水源的存在。

沙尘暴

由于不同温度的气团相互混合，沙漠中很容易刮起大风，进而形成沙尘暴。有时，沙尘暴的时速可达130千米。与雪掩埋静止物体的方式不同，沙尘积聚后会迅速被风卷走，因此被沙尘掩埋通常不是主要的危险所在，而主要危险在于容易使人迷失方向，或者在风暴结束后难以重新定位。如果可以的话，迅速寻找天然的保护物，然后顺风躺下，头部或脚部朝向原定的行进方向。这样，当沙尘暴过后，便能清晰地知道应朝哪个方向继续前行。同时，务必用适当的材料保护好眼睛、面部和嘴巴，然后静待沙尘暴结束。

海市蜃楼

沙漠中的海市蜃楼是一种自然现象，源于光线在沙漠地表上方过热的空气中发生的折射。这片炽热的空气层使得远处的山脉等物体在地平线上若隐若现，给人一种错觉，仿佛那些物体比实际距离近得多。要想更清楚地观察周围的景物，一种方法是找一个离地面3米以上的制高点俯瞰四周。另一种是等到傍晚时分，当气温逐渐下降，光线折射的影响也会减弱。

判断距离

在沙漠中，判断远处物体的距离极其困难。由于缺乏尺度感，加上光线在热空气中发生折射，更是加剧了判断距离的难度。实际经验表明，人们对距离的估算往往仅有实际距离的三分之一。比如，实际距离3千米开外的岩壁，在视觉上可能看起来只有1千米远。这种错误判断往往会导致严重的后果。

自然灾害

在沙漠中，潜在的危险有很多，如蛇类、蝎子、蜜蜂、毒蜘蛛、沙尘暴和山洪等，但在这些威胁之中，炎热及其带来的的影响才是头号杀手。

在地面温度有时高达65℃的地形中，长时间直接暴露在红外线和紫外线下会迅速损伤你的皮肤和眼睛，导致快速脱水，身体核心温度无法得到有效控制，从而引起痉挛、衰竭、中风等一系列严重症状，最终导致死亡。

正如我们已了解的，在沙漠的生存环境中，减少阳光直射、避免高温造成的脱水是首要目标。在白天阳光最为炙热的时段，务必寻找阴凉处躲避。在清晨或傍晚气温相对较低时出行。如果月光明亮，那么夜间出行也是一个不错的选择。一定要克制住脱掉衣服的冲动。衣服是你唯一可以随身携带的遮阳物，更是你抵御高温侵袭的第一道防线。

太阳辐射的影响

人体吸收热量的途径包括阳光直射、地面传导和空气对流。若缺乏适当的防护措施，人体将无法有效通过排汗来降低体温。在极度炎热的环境中，人体正常的核心温度只要上升几度，就会引发一系列严重的健康问题。

衣服是你唯一可以随身携带的遮阳物，更是你抵御高温侵袭的第一道防线。

痱子

长痱子与身体对高温环境的适应过程密切相关。当身体突然暴露在高温环境中时，汗腺可能会受阻，导致皮肤表面出现瘙痒和刺痛。

热痉挛

在过热的环境中大量出汗之后，可能会出现严重的肌肉痉挛。这是由于体内盐分或电解质的大量流失造成的。每流失半升汗液，人体可能会失去多达2克的盐分，从而导致肌肉吸收水分的能力下降，引发肌肉痉挛。

低钠血症

在水源供应充足的情况下，如果一个人在沙漠高温环境中持续饮水却停止进食，通过出汗流失的钠、钾和其他电解质也可能导致一种称为低钠血症的水中毒。其症状包括恶心、头晕和昏厥。此时，如果没有其他形式的盐分补充，你可以尝试从岩石或崖壁上舔食一些盐分，这些盐分是由矿物质含量高的水蒸发后留下的，或者寻找前面提到的三裂叶漆树的浆果补充电解质。

热衰竭

热衰竭的征兆包括面色苍白、皮肤出汗、精疲力竭、虚弱、头晕、脾气暴躁以及思维混乱等症状。导致热衰竭的原因是身体逐渐脱水,以及体内核心温度不断升高。

中暑

体温过高症是指人体失去了通过排汗来调节核心热量的能力,导致人体核心温度上升到40.5℃,最终导致中暑。在极端的条件下,中暑可能突然发作,不伴随任何肌肉痉挛或热衰竭的预警症状。中暑的典型表现有剧烈头痛、皮肤灼热但无汗、脉搏高达每分钟160次以上、眼白发红、脸部呈甜菜红色,以及虚弱、疲劳、头晕、颤抖、恶心、腹泻和呕吐等症状。

沙盲症或日盲症

沙盲症或日盲症是由于阳光从沙石表面反射造成的眼部损伤,其原理与寒冷地区的雪盲症相似。在没有太阳镜的情况下,最好的保护措施是利用树皮、衣服或头巾遮住双眼。此外,将木炭灰擦在眼皮上也有助于减少眩光。建议随身携带一块生火用的煤炭,每隔几小时重新涂抹一次以保持效果。

对于这些热应激反应,只有一种有效的治疗方法,那就是尽快找到阴凉处和水源,补充水分,并缓慢冷却身体。

请记住,作为沙漠中的唯一幸存者,你的精神状态将很快受到太阳炙烤的影响,稍有不慎便可能陷入无法自救的境地。预防永远胜于治疗。

蛇类

与丛林中一样,沙漠中的毒蛇也是一大潜在危险。因此无论身处何处,或是将双手置于何处,都需保持高度的警觉。手杖或拐杖既可以用来支撑身体,也可以用来查看前方路况。大多数蛇类在感知到有人靠近时,会选择主动避开,但如果它们受到惊吓,则会表现得极具攻击性。在炎热的白天,蛇类会寻找阴凉处藏身,因此在灌木丛下或岩石背风处休息时要格外小心。在攀爬山坡时也要保持警惕,在爬上岩架之前,务必仔细观察四周环境,因为那里可能已经有不速之客捷足先登了。

蛇是伪装大师,务必当心!

早上应将靴子脱下，并仔细检查身上所有的衣物，确保没有藏匿的沙漠生物。无论白天还是黑夜，在沙漠中切勿赤脚行走。关于不同种类毒蛇的毒素特性以及被咬伤后的应对措施，请参阅第四章。

务必要避开的沙漠蛇类

珊瑚蛇：身形纤细，身上有红、黄、黑三种颜色的鲜艳条纹。分布于美洲沙漠和墨西哥南部。体长可达60厘米，具有神经毒性。

埃及眼镜蛇：杀害埃及艳后的罪魁祸首，也叫埃及毒蛇。毒牙短小，头部较小，具有眼镜蛇特有的颈部扩张特征。体长可达1.8米，具有神经毒性。

死亡蝮蛇：原产于澳大利亚，是世界上最致命的毒蛇之一。身体呈灰褐色，有深色条纹，体形较宽，尾部较细。死亡蝮蛇是夜行生物，白天会将自己埋入土中。体长可达90厘米，具有神经毒性。

沙蝰：栖息于撒哈拉沙漠和中东地区的沙漠地带，以其独特的侧移方式在沙地上行走而闻名。身体呈浅黄褐色，有深色斑块，头部呈三角形。体长可达60厘米，具有血液毒性。

蝎子和蜘蛛

在全球范围内，蝎子的种类多达800种，虽然大部分蝎子的毒性并不致命，但被其蜇伤仍然会给人带来极度不适，这无疑会加重你在恶劣环境中的生存压力。因此，应当尽量避免与蝎子接触。除非你明确地知道如何妥善处理，比如食用它们。一般而言，蝎子的螯肢越大，其毒液的毒性越弱，反之亦然。蝎子大多是夜行生物，白天则隐藏在凉爽、潮湿、阴暗的地方，因此在接近这些区域时应格外小心。

在美国拍摄期间，我曾遇到过一种巨型毛蝎，它的确是一种令人印象深刻的野兽。但真正值得注意的是树皮蝎，它们体形相当小，身体呈半透明黄色。树皮蝎能够注射一种神经毒素，引发剧烈的疼痛，并导致肌肉痉挛和呼吸困难。请记住，蝎子的毒液储存在尾巴中。

最致命的沙漠蝎子分布在非洲沙漠和中东地区，它们的体长可达15厘米，携带着强烈的神经毒素，足以致命。若不幸被蛰伤，可能会出现身体痉挛、复视、失明和眼球不自主快速运动等严重症状。因此，强烈建议在每天早上检查靴子，确保没有蝎子藏匿其中。

至于沙漠毒蜘蛛，仅限于黑寡妇蜘蛛和棕色隐遁蛛。

美洲狮

山狮或美洲狮广泛分布于美国西南部的四大沙漠之中。它们生性谨慎，极少出现在人类视线之中，通常也不会主动攻击人类。然而，当踏入它们常用来休憩的洞穴，或是接近它们捕猎的水潭时，一定要保持高度警惕。近年来，美洲狮攻击人类的事件有所增加，这可能是因为它们的自然栖息地和狩猎范围越来越多地受到人类活动的影响。

蜜蜂

蜜蜂看似与沙漠关系不大，但在世界上的某些沙漠地区，如北美的索诺拉沙漠，蜜蜂的数量非常多。详见第四章关于蜜蜂的介绍。

徒步穿越任何类型的广袤沙漠都是一项艰巨的任务。因此在清晨、黄昏或月圆之夜行动。

贝尔的沙漠生存法则

第一，珍惜每一滴水

在沙漠中，脱水是头号公敌。不要浪费任何一滴水，把寻找水源作为第一要务。

第二，遮盖头部

在极端炎热的天气里，你的头部和颈部会像在极寒天气里一样迅速散热。用松散的布料将头部和颈部轻轻地包裹起来。

第三，寻找荫蔽

直接暴露在阳光下会导致快速脱水。做好防晒措施，避免阳光直射，利用地形和周围的树叶遮阳。

第四，保存体力

任何剧烈的运动都会让身体出汗。在炎热的天气里，除非确信有所收获，否则不要白白耗费体力。

第五，把握早晚时光

如果你确定继续前进会有助于生存，并且有信心找到水源，那么应选择在太阳不那么猛烈的时候，如清晨或黄昏时分，或是月圆之夜前进。

"自力更生。"

——美国谚语

第六章

海洋

我划着小船，穿过阿拉斯加巨大的浮冰，终于抵达安全地带。

第六章 海洋

艺术与文学作品中，海难与落难者的故事屡见不鲜。莎士比亚（Shakespeare）的最后一部也是最伟大的作品《暴风雨》（the Tempest）以一场海难为开端；柯勒律治（Coleridge）的《古舟子咏》（The Rime of the Ancient Mariner）讲述了一个幸存者在一艘满载鬼魂的囚船上求生的故事；席里柯（Géricault）的《梅杜萨之筏》（The Raft of the Medusa）描绘了一幅史诗般的海难画卷，其中暗藏着同类相食的隐喻，震惊了19世纪的法国。

此外，还有众多关于海上求生的经典小说，或是真实记录，或是虚构想象，包括赫尔曼·麦尔维尔（Herman Melville）的《白鲸》（Moby-Dick）、笛福（Defoe）的《鲁滨孙漂流记》（Robinson Crusoe）、亨利·沙里埃（Henri Charrière）的自传体小说《巴比龙》（Papillon）以及威廉·戈尔丁（William Golding）的《蝇王》（Lord of the Flies）。这样的作品不胜枚举，对于迷失在茫茫大海上的恐惧，人们似乎抱有无尽的痴迷——而这其中自有充分的理由。

在科技日新月异的今天，或许有人认为海难之后的远洋探险已经成为历史，但事实并非如此。诚然，与第二次世界大战期间的高峰期相比，遭遇海滩的人数已大幅减少。然而，每年仍有人踏上他们以为是短暂旅程的征途，却在几个小时后发现自己仅带着微薄的口粮，在无边无际的大海上漂泊。

问题在于，尽管我们拥有各种现代技术——卫星紧急无线电示位标、海上救生服、全球定位系统、卫星电话、甚高频无线电以及能够从海水中提取淡水的反渗透泵——但在关键时刻，并非每个人都能熟练运用这些技术。更重要的是，并非每个人都做好了应对突发情况的充分准备。而令人惊讶的是，这些意外往往发生在看似平静的晴空之下。

尽管在多数情况下，安全程序都能很好地发挥作用，确保幸存者在数小时内能得到装备精良的救生艇的及时救援。

207

然而，命运之神并非总是如此眷顾。对于那些孤身一人的游艇驾驶员、逃难的难民，或因船只事故而流落异国他乡的探险者来说，他们的命运或许不会如此顺利。在这样的情境下，你或许将独自面对大海的浩渺与无情，身上仅携带最基础的安全装置、信号辅助工具和求生设备。英国特种部队始终教导士兵，做好应对意外的准备是关键。

大海广袤无垠，变幻莫测，即便是身体强健之人，也可能逐渐丧失所有希望。生命之源——水，可望而不可及。有营养的食物近在咫尺，但带上船却并非易事。远处的船只从地平线上驶过，却对漂流者绝望的求救声一无所知。救赎似乎总是那么近，却又总在喘息间悄然溜走。你只能在这无形的牢笼中，日复一日地等待，无力自救，如同漂泊在带有隐形栅栏的笼子里。

海洋之广袤，与地球上的其他荒野截然不同。海洋占据了地球表面四分之三的面积，约有 3 亿立方英里（1 英里约为 1.6 千米）的海水。地球由五大洋组成，大西洋、印度洋和太平洋将陆地分隔为几大板块，北面是北冰洋的冰冻水域，南面则是南冰洋。中央海洋的表层洋流如同一个巨大的心脏，将温暖和冰冷的海水不断循环到世界各地，从而调控着世界气候。

海洋缺乏显著的地表特征和地标，这一点与陆地有所不同。在陆地上，无论身

2003 年，我和北极探险小队的船员们迎着北大西洋的风暴前进。

处何方，360 度的视野中总会有些许景物映入眼帘，天地交接之处也总有些许轮廓可寻。但当你独自一人乘坐救生筏，漂浮在海上时，空旷与寂寥就是日常现实。这种孤独感绝非一般。海洋比地球上任何其他荒野都更能击穿心灵。

遭遇海难，无论是现实还是隐喻，都意味着你曾经依赖的任何安全保障都将被无情剥夺。在这片浩瀚无垠的大海面前，个人的地位与身份显得微不足道。海洋既能让人感受到自身的渺小，也能使人堕入绝望的深渊。而面对这一切，个人的反应将决定其最终的命运。

当身处被动境地时，求生意志往往会受到前所未有的严峻考验。或许在本书探讨的所有生存环境中，海上持续生存的挑战需要付出比其他环境更为坚忍的意志力和不懈的努力。

> **海洋之广袤，与地球上的其他荒野截然不同。**

这或许解释了为什么诸多最杰出的生存故事都发生在海上。其中，最为人称道的传奇之一，便是欧内斯特·沙克尔顿在1916年所完成的壮举。沙克尔顿驾驶着一艘敞篷小船，穿越了长达1300千米的南极冰冷海域，从象岛前往南乔治亚岛，只为给其他受困船员带去一丝生机。

而最长的海上生存记录，当属中国水手潘濂（Poon Lim）所创造的4个半月奇迹。在第二次世界大战期间，一艘英国货船贝洛蒙号在巴西海岸附近遭到了U型潜艇的鱼雷袭击。尽管潘濂的游泳技术并不出色，但他凭借着救生衣的浮力，在波涛汹涌的海面上漂浮了整整两个小时，最终艰难地爬上了救生筏。救生筏上的物资极其有限，仅有一罐10加仑的水、一些巧克力、糖、饼干和一个手电筒。

在接下来漫长的133天里，潘濂凭借着坚如磐石的意志，与大海展开了殊死搏斗。他充分发挥聪明才智，为我们展现了一堂生动的海上求生课。他的求生意志驱使着他不断探索，因此当口粮耗尽时，他能够成功地从海中收集淡水、捕获食物。

在没有任何求生经验的情况下，潘濂竟然独立发现了许多本章和本书前文提及的生存技巧。他将救生衣的帆布作为防水油布用来收集雨水；将绑口粮的麻绳改造成钓鱼线；利用手电筒里的弹簧和救生筏木板上的钉子自制钓鱼钩；他甚至用饼干罐打造出一把小刀，用以处理钓上来的鱼。他将鱼开膛破肚，切成条状以便制成鱼干，剩下的则留作鱼饵。用从船底拖来的海草筑成鸟巢，用鱼做饵，诱捕到了一只海鸥。他饮用海鸥的血，食用其肝脏，甚至吸食骨髓以补充水分。在一次惊人的尝试中，他成功捕获了一条鲨鱼，并将其拖上了救生筏。他提前用帆布包裹双手，以免被绳索划伤。

与其他许多海上幸存者一样，潘濂也曾饱受飞机与船只经过却无人发现的煎熬。这种无助的经历，更加坚定了他抵达陆地的决心。在海上独自漂流了133天之后，潘濂终于被一艘过往船只救起。令人惊讶的是，船员们发现他的身体状况竟然出奇地良好（甚至没有消瘦），可以继续进行为期三天的捕鱼之旅，之后才被送往医院接受治疗。

这个海上求生故事实在是非同寻常，以至于英国海军在之后的几十年里，将潘濂的故事作为生存手册中的典型案例。

欧内斯特·沙克尔顿爵士——天生的海上求生者。

寻找庇护所

在茫茫大海上，幸存者与庇护所紧密相连，宛如一体。若无人操控，救生筏可以独自漂流，但失去了救生筏，你将无处可去。你在弃船、弃机时匆匆登上的那艘救生筏，或是你像《巴比龙》中的主人公一样用椰子搭建的简易木筏，将是你抵达陆地之前唯一的伙伴，也是保护你免受恶劣天气侵袭的唯一庇护所。只要能够在大海中避开沉船的风险和寒冷的侵袭，甚至是被炸死的危险或被海洋生物吞噬，终有一天，你会重新回到陆地。这一过程可能需要历经数月乃至数年的等待与漂泊，但请相信，洋流和海风终将把你送回岸边。唯一的问题是，当你到达陆地时，是否还有一息尚存。

能否在这场与大海的较量中生存下来，很大程度上取决于你的身心状态、所乘坐的救生筏以及你在灾难初始阶段拥有的设备和口粮。对海难幸存者的研究与分析表明，在灾难发生之前，做好充分准备能显著提高幸存的机会。

就其本质而言，海难的发生往往令人措手不及。史蒂夫·卡拉汉（Steve Callahan）在其著作《漂流》（*Adrift*）中，讲述了自己在大西洋上历经76天，漂流长达3200千米的故事。在独自横渡大西洋的旅途中，他的游艇不幸与一条鲸鱼相撞，短短几秒钟内，船体便开始迅速下沉。虽然在这一过程中几乎命悬一线，但史蒂夫仍然想方设法地捞起了求生袋，然而，他最初却难以割开这个关键的生存工具。

救生筏上储备的食物和水仅够史蒂夫维持两周的生存，但他深知，要抵达加勒比海地区，还需历经约三个月的漫长旅程，因为来自撒哈拉的信风最终会将他送往那里。若是没有求生包中的物资，缺乏利用蒸馏装置制造淡水的能力，也没有鱼线和鱼叉捕鱼的手段，史蒂夫几乎注定会走向死亡。

> **只要能够在大海中避开沉船的风险和寒冷的侵袭，甚至是被炸死的危险或被海洋生物吞噬，终有一天，你会重新回到陆地。**

此外，许多其他案例也证明了遵守安全程序并事先熟悉安全设备的重要性。若机组人员能够确保设备处于良好状态，以便在紧急情况下能够迅速而有效地部署，那么许多人原本可以避免悲剧的发生。然而，有时安全设备的制造商也未能充分考虑到那些在极端环境下挣扎求生的人可能面临的身心双重挑战。这些设备的操作说明过于复杂，在紧急情况下难以迅速理解并执行，或者某些必要的操作对于手指冻得僵硬的人来说显得过于繁琐。

当船体开始沉没，自你午夜时分从睡梦中惊醒，感受到冰冷的海水无情地涌入船舱的那一刻起，必须不假思索地执行每一个需要执行的动作。若你试图花时间整

第六章　海洋

我独自置身于南太平洋的一座岛屿上，思索着如何逃生。

理思绪，回忆物品的具体位置，或是确认是否带齐了所需之物，那么你恐怕已身处生死边缘，正在与死神进行最后的较量。

一旦你发现自己已身处救生筏上，面对海上求生的严峻挑战，那句海上求生课程所强调的口诀——"割绳、下锚、封闭、维持"，应该自然而然地浮现在你的脑海中。首先，迅速割断将救生筏与沉船相连的绳索，以防绳索拖着救生筏一起下沉。紧接着抛下海锚，这将有助于稳定筏身，让你保持在沉船附近，增加被救援人员发现的可能性。随后封闭救生筏入口，以保证热量不流失，同时抵御海浪、雨水、严寒和烈日的侵袭。最后，竭尽全力维护救生筏的完好、装备的齐全、食物的供应、卫生的清洁以及士气的高昂。

在坚实的陆地上，你可以做很多事情来改善你的庇护所，而在大海上，你只能最大限度地提升现有庇护所的效能。除此之外，别无他法。当难民为逃离战争或经济崩溃而选择乘坐不适宜的船只出海时，他们往往因缺乏基本的准备工作而付出生命的代价。

当你发现自己孤身一人置身救生筏上时，请抛出海锚，或者利用水桶或其他大型容器做一个简易的临时锚，以减缓水流的冲击。这将帮助你保持在沉船附近，如果你已经发出了求救信号，救援人员也更容易找到你。另外，海锚还有助于保持船只或救生筏朝向风浪，而不是侧向风浪。一般来说，侧向海浪常常是翻船前的警示信号。在风浪来临之前，及早部署海锚，

当船体开始沉没，我们必须不假思索地执行每一个必要的行动。

211

保持船头朝向大海。

在晴朗的天气里，应始终待在遮阳篷下，以减少脱水。而当暴风雨来临时，应立即展开救生筏上的遮盖物，并采取措施减少漏水。尽量保持救生筏的底部干燥，并用帆布或油布覆盖以隔热。除非事故发生在热带地区，否则在克服溺水或受伤的初步危险后，暴露在寒冷环境中将成为最致命的威胁，脱水次之，然后才是缺乏食物。

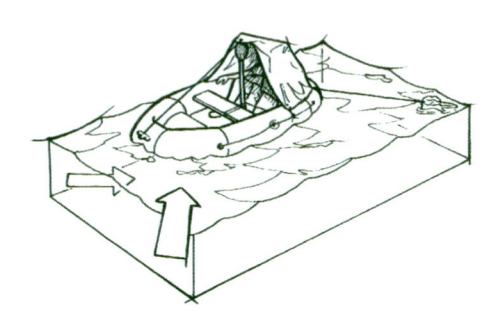

此刻，请在脑海中仔细梳理你所拥有的所有装备和口粮，并制订一个合理的定量配给计划，以最大限度地延长日益稀缺的物资供应时间。留出防水油布收集雨水，并制作一些捕鱼工具。捕鱼需要耐心，但现在就应开始尝试，因为你需要大量的时间来练习和精进技巧。

定期检查救生筏的充气情况，确保浮力稳固但不紧绷。请记住，救生筏的管子在高温下会膨胀，而在夜晚会因内部空气冷却而收缩。仔细寻找任何可能造成摩擦并导致漏水的地方，一旦发现，应立即修补，切勿拖延。"小洞不补，大洞吃苦"这句谚语在海上生存中尤为贴切。

躲避海上风暴

对于海上幸存者而言，保护自己不受外界环境影响是一场持久较量。在这场较量中，船上的装备固然关键，但有许多例子表明，有人在船只沉没后侥幸存活，却因陷入消极无助的状态而最终丧命，他们本可以采取诸多措施来保护自己。要知道，在寒冷的环境中，取暖总是比保暖困难得多。

小贴士：你可以利用海锚来调整救生筏的方向，使其与风向保持一定的角度，这样它能捕捉到一丝凉风，为你带来片刻舒适。

寒冷

体温过低是继溺水之后导致海上事故死亡的又一主要原因。在温带地区和极地地区，由于常年潮湿，寒冷问题尤为突出。如果有救生服，应始终穿着。务必避免长时间暴露在冷水中。因此，一旦发现救生筏内积水，应立即舀出，而不是任其在筏内荡漾，尤其是在太阳下山后，水温会急剧下降。与陆地上的庇护所地面一样，你应尽可能使自己与冰冷的救生筏底部隔绝。垃圾袋是一种非常有效的临时防潮防寒措施。

定期检查救生筏的充气情况。仔细寻找任何可能造成摩擦并导致漏水的地方，一旦发现，应立即修补，切勿拖延。"小洞不补，大洞吃苦"。

海上求生的关键在于永不言弃。

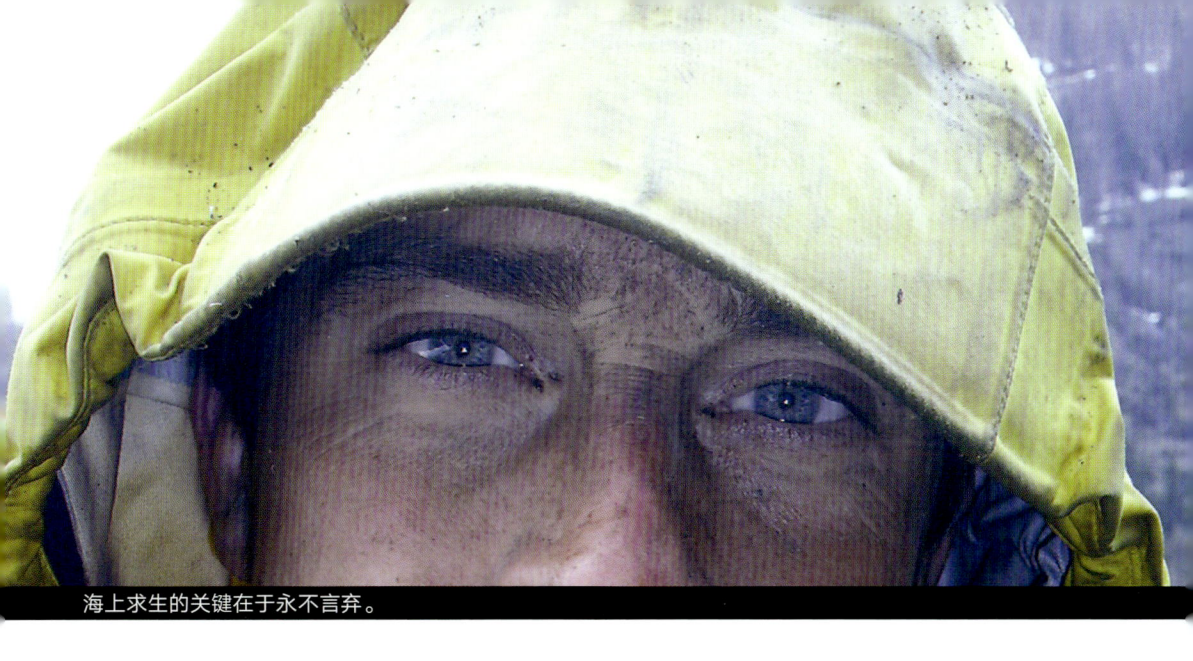

阳光

务必想尽一切办法保护自己免受阳光直射，因为晒伤不仅会导致严重脱水，形成的水疱还可能进一步恶化。好在大多数现代救生筏都配备了顶篷，你应该充分利用这一设施，在顶篷下躲避阳光，同时确保通风良好。如果救生筏没有顶篷，你也可以利用防水布或帆布搭建一些简易的保护措施。如果有帽子，务必要戴上，或者用海水浸湿的衣物遮挡头部和颈部。海面反射的强光对眼睛伤害极大，下巴等区域也容易被晒伤和擦伤。必要时，可以用一块布裹住眼睛，并在布上剪出几个小孔以便观察四周。此外，晒干鱼肝并收集渗出的鱼油，可得到一种有效的天然防晒霜。实际上，任何形式的油脂或脂肪，包括鸟类脂肪，都有助于保持皮肤水分，并提供一定程度的防晒和防盐分侵蚀的保护。

盐分

长期浸泡在盐水中会对皮肤造成严重伤害，很快就会出现溃疡和疖子，这些伤口容易肿胀和感染。由于救生筏空间极为有限，很难移动和缓解脆弱部位的压力，特别是手部、肘部和臀部，压疮和褥疮等问题也可能随之而来。盐水会吸走皮肤的自然保湿成分，进一步加速皮肤恶化。每当下雨时，务必利用雨水洗净身上和衣物上的盐分。

风暴

在遭遇恶劣天气时，请务必收起临时风帆，并及时抛锚。如果海浪从后方袭来（即顺水），应操纵海锚，使舱门远离波浪，防止海水进入救生筏。同时，坐在离来风最近的一侧，以保持救生筏稳定，并在船上降低重心、保持低位。如果感觉救生筏有被吹翻的危险，可以适当放掉一些气。这样做会让救生筏变得更加柔软，在水中的位置更低，从而减少翻船的可能性。但注意放气时要适度控制。

寻找水源

无论是真实案例还是虚构小说，海难幸存者无一例外地描述了他们身处茫茫大海，四周皆是水却难得一饮的苦涩讽刺。看似富饶的海洋，实际上却如同一片干涸的沙漠。

一旦你安全地坐上救生筏，对水的渴望便会迅速涌上心头。由于重量和体积的原因，在救生筏上储存大量的水是不切实际的，因此救生筏上通常会配备一些极其有用的装置：太阳能蒸馏器或反渗透泵。这些设备采用的冷凝原理与我们在第五章中介绍的太阳能蒸馏器相同，但它们体积更小、设计更合理。对于这样的蒸馏器，自然是多多益善。

保存水源

在任何荒野地形中求生，保存体内和体外水分都至关重要，这一点无论如何强调都不为过。尽管在温带地区，短时间内维持生存所需的每日水量仅为60~170毫升，相当于四分之一到半杯水的量。然而，为了保持身体正常的水分平衡，每日至少应摄入1升的水。

即使有了太阳能蒸馏器的帮助，以及收集雨水的可能性，对救生筏上的可饮用水进行定量配给仍是一项明智的预防措施。因为你无法预知何时才能获救或到达陆地。在生存考验开始的第一天如果体内

在南极洲，你必须在世界上两大荒原——海洋和冰原——中努力求生。

水分充足，通常建议限制饮水量。这是因为身体需要迅速适应缺水的环境，避免不必要的浪费。过多摄入的水分只会随尿液排出体外。

要像对待黄金一样对待每一滴水。利用身边每一个可用的容器来收集水，哪怕是微不足道的垃圾袋，也要保持密封，并牢牢固定在救生筏上。当储备的水量足够时，记得轮换使用容器，优先饮用存放时间最长的水，以确保水质的新鲜。

采取一切可能的预防措施，防止饮用水受到海水的污染。在饮水前，建议先漱口并轻轻润湿嘴唇，这有助于保持口腔和喉咙的湿润，缓解急性的口渴症状。在炎热的白天，除了躲在遮阳篷下避暑，如果出汗过多，还可以尝试用海水浸湿衣物来降低体温。但请务必注意，这种方法只适用于极端酷热的情况，因为盐分可能导致皮肤溃疡，给人带来不适。相比之下，最好用尿液浸泡衣物，因为尿液对皮肤有一定的杀菌作用。

此外，还可以选择在救生筏附近游泳降温，但一定要非常小心。在游泳前，请确保将自己牢固地绑在救生筏上，而且要密切注意鲨鱼。有一次，我想跳入水中降温，却差点遭遇一条长达 16 英尺（约 4.9 米）的虎鲨的袭击！许多悲剧的开端，都是由于水流或风力将救生筏吹离了正在游泳降温的幸存者。救生筏的漂流速度往往超过人的游泳速度，水流的速度往往超乎想象。务必小心！下水前一定要仔细观察海面情况，尽量避免不必要的风险。

> **要像对待黄金一样对待每一滴水。利用身边每一个可用的容器来收集水，哪怕是微不足道的垃圾袋。**

晕船：身体的警告

通常，晕船问题会在本章的"自然灾害"部分讨论，但晕船是脱水问题的核心，因此有必要尽早提及。晕船这种痛苦的经历，无人能够幸免，其症状不难辨认：额头出汗的刺痛感，随之而来的是头晕、胃部不适，以及突然意识到自己可能无法及时赶到船边呕吐。

对于在海上航行的任何人而言，晕船就如同登山者遭遇的高原反应，危险重重。造成晕船的原因是感觉器官的暂时紊乱。在波涛汹涌的海上，周围的一切都在不断移动，使得我们用于定位的感官极易受到干扰。通常，我们的眼睛、内耳中的液体以及骨骼中的传感器会依赖地面或地平线等静止参照物来感知转动。然而，当这些参照物也在移动时，感官便失去了固定的方向判断依据，从而导致晕船反应，其最直接的体现便是呕吐。

一般而言，人们可以逐渐忍受并适应晕船带来的不适。然而，这种体验在救生筏上却截然不同，它不再是一场可以一笑而过的冒险。

晕船和生病的实际感受在此刻显得微不足道，呕吐物引来鲨鱼的可能性也很小，真正的风险在于失去宝贵的体液和盐分。在这个水源稀缺的环境中，你很难再次进行补充。

大多数救生筏上都备有晕船药,一旦察觉到晕船的迹象,应尽快服用以缓解症状。建议持续注视地平线,这有助于我们的感官锁定在一个稳定的参照物上,减轻晕船带来的不适。另外,按压手腕中心也是一种针灸疗法,通过刺激手臂神经,帮助大脑忽略来自其他感官接收到的矛盾信息。

我记得一位格陵兰岛的老渔民在我出海之前曾告诉我,晕船通常会经历两个阶段。第一阶段,你会感到极度痛苦,仿佛生命即将走到尽头。而第二阶段,这种痛苦依然存在,但此时的你只希望结束这一切。当时,我对此只是付诸一笑,并未深刻体会。直到航行了800千米后,抵达北极圈的边缘,面对9级大风和0℃以下的严寒,我们的小船在波涛中摇摇欲坠,每个人都陷入了无休止的呕吐之中,生存的希望变得愈发渺茫。然而,这些都是后来的事情了。

> 第一阶段,你会感到极度痛苦,仿佛生命即将走到尽头。而第二阶段,这种痛苦依然存在,但此时的你只希望结束这一切。

我们终于完成了在冰冷的北大西洋上长达4800多千米的横渡。

收集饮用水

雨水

有效地收集雨水的关键是提前做好准备。观察天空的云层变化（详见第一章）。将防水油布、床单或帆布铺成碗状，覆盖尽可能大的面积。这项工作最好提前一天完成，并将收集装置在原地放置一夜。因为在黑暗和风雨交加的夜晚，匆忙搭建不仅困难重重，而且汹涌的海浪和狂风也会让搭建工作变得异常艰难。

露水

海上的清晨仍然会有露水形成，收集露水也是获取饮用水的途径之一。即使晚上不太可能下雨，也要在外面铺上防水布，以期在清晨时分收集到这些微量水分。

太阳能蒸馏器

如果救生筏中配备了一个或多个太阳能蒸馏器，请仔细阅读说明书，因为不同的太阳能蒸馏器有不同的设计。一旦你漂流到海上，务必迅速将其安装妥当。太阳能蒸馏器通常为充气式，呈球形或圆锥形，但只能在平坦的平静海面上使用。在太阳的照射下，黑色的布料会迅速升温，促使海水蒸发，凝结于蒸馏器边缘的水滴将缓缓汇聚至蓄水池中。然而，在严酷的生存环境下，太阳能蒸馏器的产水能力相当有限，即使你运气很好，每天也只能收集大约0.5升水。

如果有合适的材料，也可以根据第五章所述的设计原理，自行建造简易的太阳能蒸馏器。只需在大容器的底部放置一个加重的杯子，其周围用任何可用的吸水材料围起来，在大容器中倒入大约1英寸（约25毫米）的海水，确保杯子被海水环绕。接着，用塑料布覆盖整个容器，并在中央加重，使塑料布自然下垂，形成漏斗状，正对杯口。在明亮的阳光下，海水便会逐渐蒸发、凝结，并滴入杯中。但请注意，这种简易结构的蒸馏装置只适用于风平浪静的海面。

反渗透泵

反渗透泵，无疑是海难幸存者获取淡水的一大技术突破。它能以极高的压力将海水抽出，并通过一层精密的薄膜，将盐分过滤掉，从而得到宝贵的淡水。然而，在严酷的生存环境中，我们不应将反渗透泵视为唯一的淡水来源，而应将其视为一种重要的补充手段。

鱼类和海龟

鱼类的脊椎和眼睛中含有宝贵的可食用液体。你可以将脊柱和脊骨切成两半，或者将其包裹在布中，然后用力拧断，使其中的液体流出。至于鱼眼睛，我通常会选择整只吞下，这样可以避免品尝其中的味道。当然，鱼的血液也是可以饮用的，但务必注意及时饮用，因为血液很快就会变质。海龟血液中的盐浓度与人类血液相似，是极好的液体来源，割开海龟的喉咙就能轻松收集。

灌肠补水

灌肠是一种非常有效的身体水分补充方式，因为直肠具有吸收液体的功能。如果你收集的水源受到污物或救生筏上的塑料残留物的污染，且无法进行有效净化时，灌肠便成为一种可行的补水途径。通过直肠吸收水分，可以绕开胃部，从而避免摄入可能存在的污染物。1972年，杜格尔·罗伯逊和林恩·罗伯逊夫妇就很好地利用了这种技术。当时，他们与三个儿子以及一些朋友的儿子在加拉帕戈斯群岛以西海域遭遇了虎鲸袭击，双桅帆船被击沉，他们只得在救生筏上漂流求生。

实施灌肠补水时，应首先使用鱼油或脂肪润滑软管或管道，然后将软管轻轻插入直肠内，最大深度约为8厘米。接着，向其中缓慢倒入约半升水。完成后躺下休息10分钟，让直肠充分吸收水分。建议每天重复此过程两次。

饮用海水的危害

一定要避免饮用海水，尽管做到这一点可能需要强大的自制力。历史上，不少海难幸存者因身体极度虚弱而抵挡不住诱惑，尝试饮用海水，结果却因出现幻觉和神智错乱而陷入疯狂的境地。有些人起初只是用海水漱口，但盐分残留会加剧口渴，最终诱导他们咽下海水。海水实际上是有毒的，其中的盐分浓度高达血液的三倍，饮用海水最终会导致肾脏衰竭。

> **海水实际上是有毒的，其中的盐分浓度高达血液的三倍，饮用海水最终会导致肾脏衰竭。**

在某些特殊情况下，长期少量饮用尿液或海水，同时辅以大量淡水补充，可能对身体有一定的维持作用。但事实证明，这种情况仅适用于有稳定可靠的淡水供应，能够大量稀释盐分或尿液的情况。

如果没有充足的淡水供应，千万不要尝试这种方法。相反，应积极地运用智慧，发挥创造力。尝试钓鱼，制作蒸馏器，收集雨水和露水，这些都是更为可行的选择，但务必远离海水的诱惑。

饮用海水除了会加剧脱水，还会进一步消耗体液，让人陷入更深的绝望之中。有人认为，海水中的高浓度盐分会限制脑细胞间的液体流动，从而导致精神错乱。

这正是人们在绝望中可能会陷入疯狂，甚至自相残杀的原因。你的身体需要的是水，而非肉类。据说，《白鲸》背后的真实故事中，船员们被发现时正在海上漂流，最后两名幸存者已经陷入了神志不清的状态，争抢着被他们吃掉的同伴的残骨。这无疑是生存状况中最为悲惨和令人痛心的阶段。

饮用海水：奇怪但真实

关于饮用海水的话题仍然存在一些争议。1951年，法国人阿兰·邦巴尔（Alain Bombard）在没有任何食物和水的情况下，自愿乘坐充气筏横渡大西洋。在最初的7天里，他仅仅依靠少量的海水维持生命，随后又补充了从鱼类和雨水中获取的淡水。历经65天的海上漂流，邦巴尔终于抵达了巴巴多斯（Barbados），虽然体重锐减近半，伴随着腹泻、皮疹和脚趾甲脱落等种种症状，但他依然奇迹般地存活了下来。

虽然邦巴尔的实验是一个勇敢者挑战自然的精彩故事，但却经不起严格的科学分析。他并未详细记录海水与淡水的相对摄入量，且轻描淡写地提及在航行途中曾被过往船只接走两次，享用了一餐并很可能摄取了淡水。

事实上，饮用海水不会立即致命，但其所带来的风险却是巨大的。在缺乏淡水的情况下，即使你没有因盐分过高而陷入疯狂，你的肾脏功能也将在短短一周内急剧衰竭。

小贴士：千万不要因为觉得马上就能获救，而大量饮用海水以示庆祝。救援人员有时可能因为各种原因无法及时发现你或失去你的踪迹，因此你可能需要在海上再忍受许多天的煎熬才能最终被救起。只有当你真正登上救援船只的那一刻，才是庆祝的时刻。

逃离荒岛时，海浪往往是第一道障碍。

寻找食物

尽管海洋中的鱼类资源丰富，但如同那看似触手可及却难以饮用的海水一般，深海捕鱼对于身处困境的海上幸存者而言，充满了挑战与考验。虽然比预想的要艰难得多，但随着救生筏的底部逐渐长出藤壶和杂草，逐渐形成一个微小的生态系统，将会吸引着越来越多的鱼儿前来觅食。这无疑为幸存者提供了更多的捕鱼机会。

在过去，英国海军在远航时会给水手食用酸橙，以预防坏血病。但这可能不是你当下需要担心的事情，因为坏血病的形成至少需要三个月的时间。鱼肉中富含人体所需的大部分维生素，除了优质的蛋白质外，鱼肉中还含有丰富的维生素 A 和维生素 D，而鱼肝中更是富含维生素 B1 和维生素 B2。

吃或不吃

在水源稀缺的情况下，必须慎重对待进食问题。若无足够的水分来辅助消化，任何食物的摄入都可能成为负担。特别是那些富含蛋白质的食物，如鱼类、海龟、鸟类或海藻，它们相较于碳水化合物而言，需要更多的水分来分解。然而，海洋中的大部分食物恰恰是以蛋白质为主。因此，如果你的生存口粮中有碳水化合物，最好优先选择碳水化合物，因为消化它们所需的水分较少。

实际上，在缺乏专业捕鱼设备的情况下，从救生筏上捕鱼是一项极具挑战性的任务。因此，你肯定会先消耗完手头的碳水化合物口粮。

海上捕鱼

救生筏上的物品往往能改装成捕鱼工具，关键在于幸存者的智慧和创造力。鱼线可以用鞋带、衣物线、船帆和防水油布制成，鱼钩可以用金属、塑料、骨头或安全别针制成。鱼叉则可以通过在船桨的末端绑上刀片制成。

然而，鱼饵的获取却是一个颇具挑战性的悖论——在钓到鱼之前，我们往往无法获得鱼饵。因此，首先要利用救生筏上一切可作为诱饵的物品。不过，一旦成功钓到了鱼，便可利用这些鱼作为后续钓鱼的饵料，从而增加捕获的成功率。

鱼儿会被聚焦的光点所吸引。因此在夜间，尤其是满月高悬之时，是钓鱼的绝佳时机。若有镜子或其他反光物品，可将

照在水面上的月光可以帮助你吸引鱼群。

> 鱼儿会被聚焦的光点所吸引。因此在夜间，尤其是满月高悬之时，是钓鱼的绝佳时机。

月光反射至水中，吸引鱼群。火把等人造光源同样能发挥此效。相反，在白天，鱼儿喜欢阴暗的地方，所以要把鱼线垂在救生筏的阴影下。此外，请记住光线在水中的折射原理。若瞄准的位置比鱼看起来的位置更靠近救生筏，那么用捕鱼枪（如果有的话）刺中鱼的机会将大大增加。史蒂夫·卡拉汉在大西洋漂流时，花了将近两周的时间才成功刺中一条鱼。最后他意识到，当瞄准的鱼几乎位于船的正下方时，即直接向下瞄准，距离的偏离和光的折射便会减至最小，从而提高捕鱼的精准度。

如果你钓到了鱼，但没有烹饪设备，那就直接生吃吧。我经常这样做，这是最新鲜的做法。

如今，随着寿司这种美食从日本传入西方，生吃鱼的概念已不再陌生。尽管珊瑚鱼可能含有毒性，但深海捕获的鱼类则无须此虑。

绷紧的鱼线

绷紧的鱼线，对于每一位渔民而言，都无疑预示着丰收的喜悦，但对于海上幸存者来说，意义更加重大。这将是你和鱼之间生存斗争的开始。想想欧内斯特·海明威（Ernest Hemingway）笔下的故事吧。当你陷入这场激烈的搏斗时，别忘了绷紧的鱼线可能会对救生筏和你的双手造成伤害，而这两者对你的生存都至关重要。因此，不妨为你的双手和救生筏找一些保护用的帆布。

尖锐的鱼钩

鱼钩设计得很锋利，在使用时要小心，以防对你自身、救生筏以及鱼类造成潜在伤害。在操作过程中，请务必保护好双手，同时确保不损坏救生艇。这一点同样适用于用矛刺鱼时！

鱼群出没

钓鱼爱好者都知道，将带羽毛的鱼钩投入鱼群中，鱼群疯狂觅食时，鱼线几乎要从水中跃出。短短几秒内每次下钩都有收获，那种感觉是多么地美妙。如果看到一群鱼游过来，不要犹豫，立刻把鱼线抛到船外。

小即是美

尽管潘濂确实成功捕获了一条鲨鱼，但如果你也碰巧钩住了一条大鱼，建议立即剪断鱼线。一旦大鱼靠近你的救生筏，可能会给救生筏带来沉没的风险。而且，除非你能迅速地把鱼晒干，否则你根本无法处理这些鱼肉，因为它们会在半天之内变质。割断鱼线，去寻找那些体形适宜的鱼类吧。

珊瑚鱼和雪卡毒素中毒

避免食用任何外观可疑的鱼类。在热带地区，尤其是靠近陆地的海域，食用珊瑚鱼时要格外小心，因为许多珊瑚鱼携带雪卡毒素，这种毒素会在以热带海洋珊瑚礁为食的鱼类体内积聚。一般来说，尖刺、颜色发青、眼睛凹陷、长有斑点、鱼肉起皱或有难闻的气味都是鱼可能患病或有毒的迹象。食用有毒的鱼甚至可能比一夜未进食更快地走向死亡。

享用战利品

除了鱼头和鱼尾，鱼的几乎每个部分都可以食用，包括内脏。虽然内脏看似不太可口，但可以煮熟食用。而鱼骨含有骨髓，可以吸干享用。在热带地区，鱼肉在几小时内就会变质，所以要把不能立即食用的鱼肉切成片状，在太阳下晒干，然后储存起来备用。晒干后的鱼片几乎可以无限期保存。定期翻动鱼片，确保它们不会发霉。为了缩短晾晒时间，鱼片应该切得越小越好。

飞鱼

横渡海洋的游艇手基本上都见过飞鱼群从水面上掠过的神奇景象，这其实是它们正在试图躲避捕食者。有时，在宁静的夜晚，还能听到飞鱼在甲板上"砰砰"作响的声音，然后是短暂的窜动，最后归于寂静。待到次日清晨，这些飞鱼便成了你的早餐。若是在夜晚偶遇飞鱼群，不妨用手电筒照亮它们的方向，因为飞鱼往往会被亮光所吸引。而当白帆扬起时，它们往往会径直飞向白帆，然后目瞪口呆地落在甲板上。飞鱼还是吸引鲯鳅的极佳鱼饵。

鸟类

所有鸟类经开膛破肚和拔毛之后，生熟皆可食用。因此身处海上，不要畏惧尝试去捕捉它们。有时，鸟儿可能会自行落在救生筏上，这时你可以利用船桨击打、鱼叉戳刺或闷死等方法捕捉它们。简单的套索（详见第一章）也是很有用的捕捉技巧，用一块诱饵吸引鸟儿踏入圈套，便可轻松套住它的腿。此外，利用带有鱼钩和诱饵的鱼线，或在顶棚上放置三四个挂着诱饵的安全别针，也是捕捉鸟类的有效方法。在处理鸟类时，最快速的方式通常是抓住其翅膀并扭断脖子。

海龟

海龟营养丰富，在中美洲的许多地区，土著居民至今仍将海龟作为食物。海龟的血液、肉和蛋是绝佳的营养来源，比鱼类更有营养价值。如果可以的话，尽量选择捕捉雌海龟，因为其体内的蛋富含蛋白质和脂肪。而区分雌海龟和雄海龟的方法相对简单，雄海龟的尾巴较长，下壳凹陷。

使用鱼钩或鱼叉时，务必注意自身安全，不要试图与大海龟缠斗。因为它们的爪子和喙具有强大的攻击力，可能会对你和救生筏造成严重的伤害。作为孤立无援的唯一幸存者，最安全的捕捉方式是在将海龟带上船之前将其淹死。具体操作是将海龟的头部浸入水中，直至其停止移动。

如果有飞鱼落在你的救生筏上，感谢上帝，接着享用它吧！

第六章 海洋

在大沼泽地，我将亲身实践我的教程内容。

海龟的血液是极好的液体来源，别忘了趁血液还新鲜时及时喝下去。

浮游生物

浮游生物对于鲸鱼而言是重要的养分来源，对你而言，它们同样有诸多益处。浮游生物遍布世界各大洋（但更喜欢寒冷的海洋环境），只需在船后拖曳一张细密的小网，如一条女式紧身裤或一件编织紧密的衣服，就能捕捉到它们。浮游生物白天停留在海面附近，而夜幕降临则会下沉到海洋深处。你的劳动成果可能像是一锅恶臭的汤，但其中含有丰富的维生素C和糖分。

海草

不要忽视海洋中的水果蔬菜——海草。它们不仅美味可口，更是富含蛋白质、碳水化合物、维生素和矿物质等多种营养成分。海草最佳的食用方式通常是煮熟后食用，尽量避免生吃。当然，如果淡水匮乏，无法将海草清洗干净，那么最好还是暂时放弃这一美食。获取海草的最佳方法是在船尾挂上一条带钩的绳子，不过请务必确保，即使不慎遗失了钩子也无伤大雅。

海边食物

如果上岸后发现自己身处一座荒岛上，那么找到海鲜和贝类的机会通常会大大增加。它们数量繁多，种类丰富，而且捕捉起来也相对容易。

螃蟹、龙虾和海胆

在世界各地的海岸线上，螃蟹和龙虾等甲壳类动物比比皆是，章鱼、鱿鱼、贝类和海胆也是丰富多样。海胆可以掰开壳之后食用内脏。我的经验之谈是，海胆看起来和吃起来都像婴儿的大便，但是营养非常丰富！

此外，贻贝、帽贝、藤壶、蛤蜊、海螺和海蛞蝓等海洋生物也都可以食用。

所有鸟类经开膛破肚和拔毛之后，生熟皆可食用。因此身处海上，不要畏惧尝试去捕捉它们。

荒野求生 | 贝尔野外生存手册

在横跨北冰洋的探险中，我们历经数周，在冰冻的水雾中艰难前行，打破了世界纪录。

海螺

海螺生长在热带地区沙质海底的海草中。敲碎海螺壳的末端，可以打破保护壳内的真空状态，从而轻松地将里面白色的海螺肉取出。在食用时，先去除周围的黑皮，只保留白肉。

海参

海参生活在世界各地的沙质海底中。当拾起并挤压海参时，它们会渗出白色黏稠的丝液。这种黏液具有一定的刺激性，因此在食用海参之前，务必进行彻底的清洁，并去除海参内脏。

海参非常容易辨认！

导航与行动

由于失去了龙骨、风帆和动力源,将不得不完全受制于世界各大洋中变幻莫测的风向和洋流。在其他荒野环境中,行动和方向的选择都不会受到如此严重的限制。作为被困在救生筏上的唯一幸存者,你将无法抗拒那股强大的自然力量,更谈不上对其进行长距离的控制。此外,充气筏的航行能力有限,大多数情况下只能随波逐流。尽管你可以借助船桨和海锚进行有限的操控和推进,但大海最终仍会将你引领至它所选择的目的地。

观察海上幸存者史诗般的长距离航行地图后不难发现,许多人的起点距离陆地不到80千米,却因风向和洋流的缘故,反向漂流了数百千米之远才得以获救。这些案例告诉我们,试图与大自然的风浪抗衡是徒劳无功的。在远距离导航时,应该转而采用更为实际和有效的策略,利用太阳和星星来估计自己的位置,并对自己的漂流方向有一定的了解,以便判断自己何时可能接近陆地。

确认位置

在广袤无垠的大海上,地貌特征几乎难以寻觅,这使得我们在第一章中讨论的天体导航技术显得尤为重要。通过观察天空中明亮的星座,如北半球的大熊星座和北极星,以及南半球的南十字星,我们可以很容易地确定指南针的基本方位。

> 确保救生筏始终位于陆地风的上风向,这样当你接近陆地时,就可以顺风漂流到岸边。如果任由自己被吹向下风方向,很可能会完全错过目标。

救生筏的漂流轨迹受到风向和水流的双重影响,但风向的影响通常更为显著。在北半球,救生筏的漂流方向通常与风向形成约30度的右偏角;而在南半球,则形成约30度的左偏角;在赤道附近,风向和水流大多朝向西方。此外,北半球的洋流通常呈现顺时针流动,而南半球的洋流则呈现逆时针流动。凭借这些海洋知识,并结合星象所确认的方向,你就能大致计算出最有可能登陆的位置。

凭借微弱的方向感知能力和手中的海图,你应该朝着航道导航,因为在那里将有更多的机会获得救援。同时还应选择降雨量较高的地区,以便收集淡水。确保救生筏始终位于陆地风的上风向,这样当你接近陆地时,就可以顺风漂流到岸边。如果任由自己被吹向下风方向,很可能会完全错过目标。

转向方法

即使是最先进的救生艇也不配备龙骨，而龙骨是任何船只逆风航行时必不可少的部件。如果没有龙骨，我们可以通过以下方法，利用风向和水流的影响来实现转向。

- 调整救生筏的充气量。当救生筏充气饱满且坚硬时，风力能够推动救生筏更快地驶过水面。但在无风的情况下，如果救生筏中的空气量略少，且在水中的位置较低，则水流的作用会更大。
- 部署或收起海锚。
- 将救生筏的出入口对准风向。
- 架设临时风帆。
- 将船桨作为舵。

现代救生筏的设计初衷实际上只是为了满足漂流的需求，因此不必长时间主动掌舵和推进。只有在看到陆地时，才有必要利用临时风帆的有限机动性，扫描海岸线寻找最佳登陆位置。

临时风帆

在海上求生的大多数情况下，搭建临时风帆都需要发挥想象力，以及对现有材料的创新使用。首先将船桨绑在一起，形成桅杆的基本十字结构，然后再将这一结构固定住救生筏的横向座椅、两侧和后方（如图所示），从而形成了基本的索具结构。如果手头有更多的绳子，可以将桅杆从上至下固定于救生筏的不同位置，以增加其稳定性。然后，可以用防水油布、遮阳罩或任何其他足够大、足够结实的织物来遮挡桅杆，形成临时风帆。

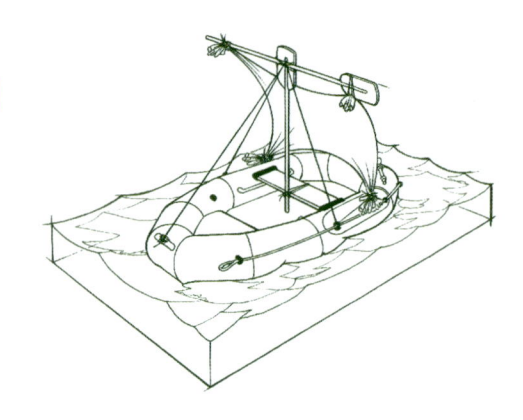

基本结构就位后，切勿直接将风帆固定在救生筏的底部，因为强风一旦袭来，很可能会将救生筏掀翻。相反，应该在临时风帆的四角绑上可用的绳子，并将其固定在救生筏的侧面，以便在强风中及时解开绳子。

> 当救生筏充气饱满且坚硬时，风力能够推动救生筏更快地驶过水面。但在无风的情况下，如果救生筏中的空气量略少，且在水中的位置较低，则水流的作用会更大。

海锚

传统的锚通过抓紧海底来固定船只，因此船只的移动范围局限在以锚为圆心的有限区域内。而海锚则与之不同，它利用阻力来最大限度地减少船只在风中的旋转和移动。当船只受到洋流的拖拽时，海锚还可以起到制动的作用。海锚最适合在恶劣天气下使用，以稳定船只，在天气平静时则可以收起，以便救生筏能最大程度地利用洋流。

第六章 海洋

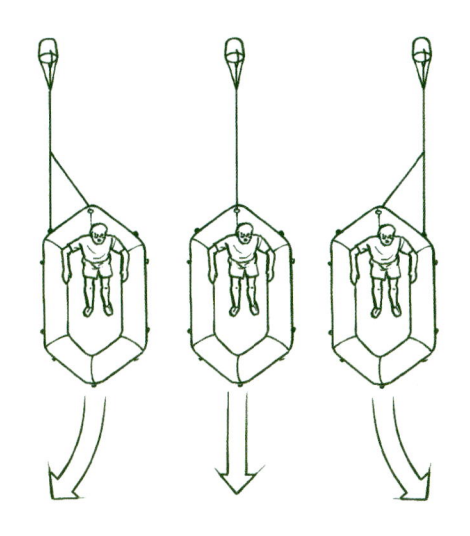

海锚的设计多样，但大多数都包含一个降落伞形或圆锥形结构。若你的救生筏未配备海锚，你也可以将一个底部有洞的桶绑在绳子上，或者甚至用一块布绑在绳子的末端。当海水灌满这些简易装置时，便会产生阻力。

为了充分发挥海锚的效率，调整绳索的长度至关重要，确保救生筏在波峰时，海锚位于波谷位置。这将有助于在恶劣天气中保持救生筏的稳定。在风向与洋流同向时，不宜使用海锚，以免其制动作用影响船只的前进。但当风向与洋流逆向时（即所谓的"顺风逆水"），则应使用海锚，以帮助你保持与洋流方向一致。

海锚还可以在一定程度上通过拖曳转向来控制方向。将海锚置于救生筏的正后方，可使你保持与洋流同向行驶。将其置于左侧，将使你向洋流的左侧转向。置于右侧则会使你向洋流的右侧转向。这一原理可能初看之下与直觉相悖，但其原理与舵的工作原理完全相同。

陆地迹象

如果知道陆地近在咫尺，无疑能够迅速振奋人心，确认自己前行的方向是准确无误的。事实上，在真正目睹陆地之前，你很可能已经看到、闻到或听到了其他陆地迹象。在长时间的海上航行之后，气味的变化会非常明显。我有多次这样的经历，在看到陆地之前，便早早地嗅到了陆地的气息。在经过长时间的水雾和海水浸泡之后，那浓郁的牧场气息、青草芬芳或是石南花的独特香气，是一种难以言喻的美妙感受。

鸟类活动

鸟群的出现通常是陆地临近的可靠预兆，当然，这也需排除鸟群正在迁徙远离陆地的特殊情况。注意观察它们的动向。有时候，鸟群会在清晨远离陆地，傍晚返回陆地栖息，特别是海鸥、鸭子和鹅等鸟类，它们的出现往往意味着陆地已近在眼前。

海鸥的出现表明陆地就在附近，它们也可以成为我们的食物来源！

227

积云

当你在远处观察到一朵静止的积云（详见第一章），而周围其他积云却在随风飘移，或者在原本晴朗无云的天空中突然出现一朵积云，那么这往往预示着陆地可能就在附近。积云经常在岛屿上空凝聚，有时甚至会呈现出成岛屿本身的形状。此外，还要注意云层底部的颜色变化。特别是在热带地区，若云层底部呈现出绿色，那很可能是由于下方丛林茂密，植被的绿色向上反射所致。

海天颜色变化

在靠近陆地的地方，海水颜色往往会发生变化，可能是由于水深变浅（在温带水域呈现浅蓝色，在热带水域则呈现浅绿色）或者会因为河口的淤泥而变成棕色，例如，南美洲沿岸亚马孙河的棕色淤泥甚至蔓延到了大西洋数百英里处。在热带地区，天空和云彩一样，会因为植被的反射而呈现绿色。清晨的闪电可能表明附近有山脉存在。在极地地区，云层底部的深灰色是开阔水域的常见景象，而在靠近陆地附近时则会开始变浅。

波形

在接近陆地时，波浪的形态可能会发生变化。这是因为附近的陆地会扰乱洋流和海浪的模式，如果你在岛屿的无风区接近陆地，风的影响也会减小。如果海浪在逐渐减小，但风力保持不变，这通常意味着附近有岛屿挡住了风的去路，你正在接近岛屿的无风区。

浮木和植被

水中浮木或植被数量的增加通常表明陆地就在附近。

风向

在白天，风一般由海洋吹向陆地，而在傍晚则是由陆地吹向海洋。这是因为陆地比海洋升温更快。热空气随之上升，来自海洋的冷空气便会迅速填补这一空缺，因此白天风向由海洋吹向陆地，夜间则相反。如果你发现了这种特定的风向模式，再结合其他迹象，便可以更加确信附近存在陆地。

登陆

即使在人口密集的陆地附近，搜救飞机也可能因为种种因素无法及时发现救生艇的踪迹。你只有在真正踏上陆地之后才能获救。只要能安全登陆，在岛屿或大陆的海岸线上生存要比在海上生存容易得多，淡水和食物的供应也将变得更为充裕。

然而，找到陆地的喜悦，有时会因为上岸的种种困难和上岸后可能遭遇的未知危险而烟消云散。当沙克尔顿带着队员们穿越地球上最汹涌的大海，长途跋涉了1300千米，最终抵达南乔治亚岛时，他们

登陆可能非常危险，因此一定要尽可能选择好地点。

在荒岛上求生，耐心、毅力和想象力都是不可或缺的。

岛屿周围往往有危险的暗礁和岩石——要学会如何小心地接近海岸线。

却不得不面对在西侧登陆的严峻挑战。这一选择意味着他们将以最少的装备，穿越险峻的山脉，才能抵达东海岸的捕鲸站。这是他们营救留在象岛上同伴的唯一途径。登陆充满了未知与风险，因此一定要选择一个安全的登陆地点。

选择登陆地点

在历经数千英里的海洋漂泊之后，最应当避免的就是在上岸时遭遇溺水风险。但这种情况很容易发生。当海浪猛烈冲击陆地坚硬的表面时，海洋所蕴含的能量会以一种惊人的力量爆发出来。我们只需回想海啸冲击陆地时的恐怖场景，就能深刻体会到在恶劣的自然条件下，海洋总是占据绝对优势，尤其是在漂流了多日后，你的身体肌肉可能已严重萎缩。

在接近陆地时，理想的登陆地点应该是平静、平缓的海滩，远离岩石和悬崖，

因为那里的海浪往往最为猛烈。在热带地区，还要注意避开珊瑚礁，因为珊瑚礁非常危险，在恶劣天气下，很容易将救生筏撕裂，对船员造成伤害。河流入海处通常没有珊瑚礁，但也要小心危险的水流。

保护自己

在登陆时，应确保所有能固定的物品都已牢牢固定好，无论是固定在自己身上还是救生筏上。同时确保自己穿好鞋子和防护服。注意不要将自己紧紧绑在救生筏上，以免在紧急情况下被拖入水中。如果你穿着救生衣，务必确保其已正确充气。此外，仰泳会比其他泳姿更省力。在登陆前，移除救生筏上方任何可能会迎风或遮挡视线的东西，如遮阳篷。若不幸被抛出船外，且发现自己正被冲向岩石，请将双腿抬起放在身前，这样你的双脚和膝盖可以缓冲一些冲击力。

观察海浪和潮汐

最安全的登陆地点是在海岸线附近海浪最小之处，即风向和洋流影响最小的地方。通常，这样的地点位于陆地的背风处，而非盛行风吹向陆地的地方。在潮汐区，应尽量掌握潮汐的节奏，了解潮水涨退的时机。在涨潮时上岸，随着潮水被带到海滩上，远比在退潮时上岸要好得多，因为退潮时可能伴随着严重的暗流。

使用海锚

在接近陆地时，放置一个海锚，将有助于稳定救生筏，使之与海浪成90度，从而防止救生筏在浪尖上不受控制地冲上岸。为了确保海锚在海面附近浮动，避免被海底的碎石卡住，可以将浮力较大的物品（如充气塑料袋）固定在海锚之上。利用船桨或划桨引导救生筏朝向岸边，并不断调整海锚，以维持缆绳的张力。

与海浪保持垂直

尽可能使救生筏与海浪保持垂直，避免侧向海浪，因为这样会使救生筏迅速失去稳定性，并面临被海浪掀翻的风险。将船桨作为船舵来帮助推进。

七层波浪原则

正如《巴比龙》一书中所述，男主人公在制订计划，制作椰子筏逃离魔鬼岛时所观察到的，海浪通常会以7层波浪的形式向陆地靠近，并逐渐增强。在恶劣的天气里，尽量在一轮海浪的尾声与下一轮海浪的起始之间，寻找最佳时机靠近海滩。

避免冲浪

面对汹涌的风浪，要确保自己不会像冲浪者一样被海浪卷入浪尖，冲向海岸。冲浪者可以随心所欲地侧身离开海浪，但你可能会被冲到沙滩或岩石上。最佳应对策略是前后划桨，使救生筏保持在海浪的波谷之间。如果你被甩出救生筏并试图游向岸边时，同样的技巧也适用，始终保持在波谷中，避免与海浪正面交锋。

切勿抵抗水流

倘若你被洋流牵引着拖入深海，或是被其拖拽至与海岸平行的方向，切勿试图与之抗衡。让它带你去它想去的地方，或者调整救生筏的方向，使之与洋流垂直，直到你到达边缘地带。与洋流保持斜角游向岸边，控制好自己的节奏。

等待靠岸

随着你逐渐接近陆地，海浪的冲击力也会逐渐减弱。此刻，不妨借助一个海浪的力量，让它把你推向海滩，尤其是在面临强烈回流危险的时候。尽可能地向海滩方向游，等到救生筏靠岸后再跳出去，并尽力地将救生筏拖上海滩。

> 与洋流保持斜角游向岸边，控制好自己的节奏。

自然灾害

在海上幸存者所面临的所有危险中，那些潜伏在救生筏下巡逻的生物，无疑是最令人长期提心吊胆的恐怖存在。虽然它们对生命和身体的实际威胁，可能不及暴露在外的恶劣环境、脱水及食物匮乏等风险，但大白鲨们就在那里游荡。

鲨鱼

对鲨鱼的恐惧是人类最原始的本能之一。这种恐惧似乎唤醒了我们的部分集体潜意识，源自人类尚未到达食物链顶端，成为丛林之王的遥远时代。鲨鱼是顶级掠食者，它会从黑暗的深海悄无声息地发起攻击。

鲨鱼的生存范围极其广泛，从热带海域到最寒冷的北极水域，它们游弋于世界的每一个角落。尽管鲨鱼的种类超过 500 种，但真正对人类构成威胁的仅有十余种，而其中最危险的三种鲨鱼分别是大白鲨、虎鲨和公牛真鲨。

受到噪声、振动以及血腥或腐食的气味吸引时，鲨鱼会从数英里之外游过来。它们对任何异常声响或振动都特别敏感，一旦猎物受伤——无论是人类、鱼类还是同类——它们便能从百亿分之一的血液浓度中捕捉到微弱的信号。这意味着，即便在奥林匹克游泳池大小的区域内，鲨鱼也能轻易嗅出一滴血的气味。此外，鲨鱼还拥有感知电场的能力，这有助于它们导航和探测猎物。

鲨鱼的攻击速度惊人，最高可达每小时 65 千米。它们的嘴里长满了一排排锋利的三角形牙齿，下颌闭合时的咬力近似蒸汽锤的力量。

尽管鲨鱼袭击救生筏的事件偶有发生，但整体而言仍属罕见。据统计，全世界每年发生 50~70 起鲨鱼袭击事件，平均造成 10 人死亡，而根据佛罗里达州自然历史博物馆的"美国鲨鱼袭击事件档案"记载，渔民每年捕杀的鲨鱼数量在 2000 万到 1 亿之间。根据这些数字可以得出，鲨鱼对人类的报复比例为 1∶200 万到 1∶1000 万，这让鲨鱼看起来相当宽容。

尽管如此，对鲨鱼仍需保持高度警惕。当你怀疑附近有鲨鱼出没时，请务必牢记以下安全准则：

- 不要钓鱼，即使钓到了鱼，也务必将其放归大海。
- 不要在水中清洗或解剖鱼体。
- 切勿将垃圾或废弃物扔到海里。若需丢弃垃圾，请一次性将其扔到救生筏后方，以免在海面上留下明显的轨迹，并注意在夜间和救生筏移动的时候再扔。
- 不要将胳膊、腿或装备悬挂在水中。
- 保持安静，不要四处走动。
- 不要主动攻击鲨鱼，除非确信自己正面临鲨鱼的直接威胁。
- 若需要大小便，请一次性从救生筏上排出，以免留下痕迹，同样，选择在夜间或救生筏移动时进行。
- 如果不幸受到鲨鱼攻击，利用刀具、

棍棒甚至拳头等武器，反复刺向鲨鱼的眼睛、鼻子、腮或头部正上方的神经中枢等要害部位。

鲸鱼

鲸鱼攻击游艇的故事有很多，包括我前面提到的史蒂夫·卡拉汉和罗伯逊一家的两个例子，更不用说《白鲸》一书讲述的故事。但事实上，鲸鱼通常不会攻击救生艇。当鲸鱼意外靠近时，请停止正在进行的一切活动，包括钓鱼，并保持安静。确保救生艇侧边没有拖挂任何东西。通常鲸鱼会很快失去兴趣并继续前进。

梭鱼

梭鱼是一种细长的食肉动物，体长最高可达2米，但通常只有90~120厘米长。梭鱼有一口锋利无比的牙齿，它们的撕咬能力令人望而生畏，可以迅速而有效地制服猎物。虽然梭鱼通常不会主动惹事，但确实存在梭鱼攻击人类的先例。但这些案例通常发生在浑浊的水域或是夜间，当受害者佩戴珠宝或其他明亮的物品时，会吸引梭鱼攻击。注意，梭鱼经常成群结队地出现。

水母

水母通过它们的刺丝囊捕捉猎物，刺丝囊是其触手中一个小型器官，末端有倒钩，就像微型鱼叉，能够注射毒液麻痹猎物。水母蜇伤人的事件时有发生，但大多数受害者经过剧痛的煎熬后，通常都能幸存下来。如果不幸被水母蜇伤，应该立即在伤口上撒尿，因为尿液中的酸性物质有助于中和水母毒液中的蛋白质。

在众多水母中，大约有70种被认定为对人类具有潜在威胁。以下是最常见和最致命的水母。

箱形水母

箱形水母主要栖息在太平洋和印度洋，靠近澳大利亚北部和菲律宾的海域，通常在每年的11月至次年的4月之间出现。箱形水母也被称为海黄蜂，是海洋中毒性最强的生物，甚至可能是整个地球上最致命的生物。它的触须中含有的毒液足以杀死三个成年人，其标志性的白色箱形"身体"通常有篮球般大小，一眼就能辨认出来。箱形水母有一束10~60根的刺状触须，最长可达9米。

僧帽水母

僧帽水母常见于墨西哥湾和加勒比海，但有时也会被湾流带到欧洲北部，最南可到达澳大利亚。尽管它常被简单地称为水母，但实际上它是由多个个体相互联合形成的巨大群体。僧帽水母的触手通常长达12米左右，但被其蜇伤很少致死。僧帽水母的身体由一个充满气体的气囊组成，形状类似于膀胱，通常呈粉红色、蓝色或紫色。这个气囊长达30厘米，会高出水线15厘米。气囊下方悬挂着长长的触手，这些触手有时可长达50米。

在任何求生场景中，关键不在于与地形作斗争，而在于顺应自然，融入地形，利用地形特征让自己回到安全的地方。

贝尔的海洋生存法则

第一，做好准备

充足的准备能显著提高海上求生的成功率。反复演练求生技巧，并确保所有设备都已维护妥当，在紧急情况下能够迅速地部署。

第二，抵御风雨

做好全面的防护措施至关重要，否则寒冷和潮湿会迅速导致体温过低，而烈日直射则会导致脱水和灼伤。

第三，保存水资源

只有在暴雨期间才能大量饮水。其余时间应尽可能收集并储存每一滴水，装满每个容器，避免任何浪费。一旦感到晕船不适，应立即服用晕船药物（现代救生筏中通常配备有此类药物），因为晕船可能导致严重的脱水和虚弱。

第四，避免饮用海水

小小的一口海水无法解渴，却可能会导致神志不清和肾衰竭的症状，这是最糟糕的情况。

第五，永不言弃

在海上，精神力量是支撑我们前行的关键。救生筏如同漂浮的监狱，如果不做好心理准备，身处其中却消极等待只会消磨你的意志。坚强起来，你生来就是冠军，相信自己有生存下去的决心。

求生者四大素质

（一）技能

如果你能悉心领悟并勤于练习本书中的生存技能，那么在孤身流落荒岛或其他险恶之境时，这些技能将为你赢得生存优势。带着这本书踏上探险之旅，或把它作为求生装备的一部分。将其置于床头或洗手间的角落，每天抽出片刻来翻阅，不断汲取新知识。

这本身就是一种很好的自律。请记住：知识就是力量。这些技能是你成为全能生存者的基础，在此基础上，你还需要加强以下层面的技能。

（二）体能

如果没有足够强健的体魄来施展这些技能，也没有力量支撑你继续前进到达安全地带，那么这些技能纯粹是纸上谈兵。因此，务必保持身体健康。让体能训练成为一种日常习惯，每隔一天至少进行30分钟的锻炼。无论是快步走、跑步，或是做一些简单的力量训练，例如俯卧撑和仰卧起坐，以及拉伸运动，都能助你增强体能。跑步、力量训练和拉伸运动是良好体能的基础，并将在生死关头为你带来关键优势。此外，这三项训练还能确保你的大脑清晰，注意力高度集中——在荒岛求生时，这两者的重要性不言而喻。

（三）好运

在所有伟大的求生故事中，运气总是扮演着举足轻重的角色。然而，好运并非仅仅是随机的恩赐，它更像是一种心态的映射。学会怀抱对生活的美好期许，坚信幸运会降临于你。你是否想过，为什么一个总是担忧嫁给胖银行家的女孩，最终却真的与胖银行家步入婚姻殿堂？这是因为人的思想如同磁铁。这是宇宙的吸引力法则：我们心中所期待的，往往最终会成为现实。我所认识的最幸运的人，无一不是充满热情、积极向上、期待好运的人。你也应当成为这样的人。套用一句广为流传的名言："我所需要的不是优秀的将军，而是幸运的将军。"

（四）求生意志

你的生存最终取决于你的求生意志。你对于生存的渴望有多强烈？你的决心又有多么坚定？更具体地说，你愿意挖掘自己内心深处的力量到何种程度？我最喜欢的一则故事，讲述了两只不幸落入牛奶罐的老鼠的命运。第一只老鼠认为逃跑无望。因为罐壁太高、太滑，无法攀爬。在它看来，死亡已不可避免。于是它选择了放弃，滚落进牛奶里，希望死得痛快些。而第二只老鼠则看到了不一样的景象，它看到了牛奶背后潜藏的可能性。它开始踩水——实际上是踩牛奶！随着踩踏的节奏越来越快，慢慢地，牛奶开始凝固变稠。它继续踩踏、继续游弋，牛奶很快变成了奶油，然后慢慢地凝固成了固态的黄油。

那只勇敢的老鼠最终爬出了罐子。我想，意志力大概就是成为一个优秀求生者的最后一个要素吧。

结束语

　　这本书汇聚了丰富的生存知识，或许超出了你当下所需，但关键在于，你要牢记每个基础要点中的几个基本技巧——如何搭建坚固的庇护所、掌握简易的生火技巧、诱捕动物以及收集水源等。而书中的其余部分将帮助你更好地了解荒野世界的运作方式。当你学到了更多知识时，可以将这些新知补充到基础生存技巧中。随着时间的推移，你会逐渐适应并找到适合自己的独特小技巧，此乃幸事。

　　我小时候初次学习这些生存技能时，我发现，在洗澡、如厕或是火车站等待的闲暇时光里，随手翻阅这本书，是吸收这些知识的最佳方式。时至今日，我依旧保持着这样的习惯，我的浴室里摆满了这个时代优秀的求生手册。

　　在本书中，我力求将我所学到的最实用、最易记、最高效的生存技巧汇编成册——有些所谓的"专家"建议的陷阱制作复杂且耗时。当你浑身湿冷且孤身一人时，你所需要的是能够快速而简单地获取食物和水源。这本书的目标始终在于帮助你活下来，而不是让你在木工比赛中争金夺银。

　　最重要的是，这本书为你提供了在世界上最荒凉的地形中生存所需的知识和技能。这些技巧久经考验，对我来说屡试不爽。

　　最后，我想补充一点，掌握一项独特的"生存"小技巧总是令人受益匪浅。我的一项拿手绝技便是能让鸡陷入沉睡。

　　在与法国外籍军团共同训练期间，我

曾经在酒吧里和人打赌，展现过这一技能。那时，一只公鸡每晚都鸣叫不止，搅得我们夜不能寐，而士官们又严禁我们伤害它。于是，我与其他新兵打赌，声称能在短短60秒内让这只公鸡安静入睡，并安稳地躺在吧台上。我成功做到了，没想到，这一成就为我赢得了比攀登任何高峰或加入任何部队还要多的赞誉！

其实，这个方法非常简单，最难的部分就是捉到这只红毛公鸡。你得把它逼到角落，猛扑过去，用床单将其罩住，想尽一切办法将其抓住。一旦你把它抱在怀里，它开始发出刺耳的鸣叫声时，便是下注的绝佳时机。没人会相信这只狂躁不安的公鸡能在60秒之内陷入沉睡。等到你对桌上的赌注感到满意时，便握住公鸡的脖子（别担心，我不会伤害它），然后把它的头轻轻压在翅膀下固定住。保持安静，不要动，不出60秒，公鸡就会睡着，误以为夜幕降临（毕竟，鸡并不是最聪明的动物）。当你感觉到它已安静下来并放松身体时，就可以把它的头展开，让它的头耷拉在桌子上继续酣睡。这时，你便可以信心满满地去领取你赢得的奖金了。

祝你好运，希望你喜欢这本书。将来若在某家酒吧看到一只鸡安静地昏睡在吧台上，我便会知道，你至少读过这一页！

致谢

首先,我要感谢《荒野求生》节目的制作团队和摄像团队……你们都清楚自己是谁。我们曾一同走过无数国家,经历过无数漫长的拍摄日夜,遭受过无数蚊虫叮咬,也分享过许多欢声笑语。特别感谢西蒙·雷伊(Simon Reay)和保罗·里茨(Paul Ritz),谢谢你们。

同时,我要感谢环球出版社的萨拉·埃姆斯莉(Sarah Emsley)和道格·扬(Doug Young),坎宁安管理公司的克洛伊(Chlöe)和西蒙(Simon),以及ARG的迈克尔·福斯特(Michael Foster)和利伯蒂(Liberty),感谢你们始终如一的支持和鼓励。感谢理查德·马登(Richard Madden)陪我熬过了无数个午夜,你在诸多方面都展现出了卓越的才华。

此外,我还要感谢布里斯托尔多样性组织的罗布·麦基弗(Rob MacIver)、探索频道的玛丽·多纳休(Mary Donahue),以及英国电视四台的拉尔夫·李(Ralph Lee),感谢你们从一开始就对我充满信心,这份信任让我倍感温暖。

最后,我要将最深的感激献给我的爱人莎拉和两个儿子,在这一整年中,感谢你们一直陪伴在我身边,即使未能亲临现场,但在精神上始终陪伴着我。我保证,我会在家中陪伴你们,度过更多美好的时光。

正如所有史诗般的故事所印证的那样，生存之根本在于希望。当内心的一切都在呼喊"放弃"时，是希望的力量让你得以继续前行。在我众多冒险与探险的旅程中，这种希望凝结在了这些照片中。这其实非常简单，有我的家人——莎拉、杰西和马默杜克——陪伴身边，便是我最大的幸福，也是我一生的骄傲。
谢谢你们。

我无法想象，一个未曾竭尽全力投入人生这场游戏的人能够获得成功。在生存的世界里也是如此，幸存者总是那些为了活下去而付出一切的人。在生活和生存中，如果你犹豫不决，就会失去力量。

更多有关贝尔·格里尔斯的信息，请访问：
www.beargrylls.com。

悲观主义者总是将机会视为困境，
而乐观主义者则能从困境中寻得转机。